Hesse

Ein deutsches Versprechen

HELGE HESSE

Ein deutsches Versprechen

Weimar 1756–1933

RECLAM

MIX
Papier | Fördert gute Waldnutzung
FSC® C014889

2023 Philipp Reclam jun. Verlag GmbH,
Siemensstraße 32, 71254 Ditzingen
Druck und buchbinderische Verarbeitung:
Friedrich Pustet GmbH & Co. KG,
Gutenbergstraße 8, 93051 Regensburg
Printed in Germany 2023

ISBN 978-3-15-011436-0

Auch als E-Book erhältlich

www.reclam.de

Inhalt

Vorweg

Ein Ort kann durch seine Menschen zu einem Versprechen werden. Weil sich zwischen 1756 und 1933 viele herausragende Menschen in Weimar die Erfüllung der vielfältigsten Versprechen erhofften, entwickelte sich die kleine Stadt zu einem der geistigen und kulturellen Kraftzentren Deutschlands. In einem Zeitraum von etwas mehr als anderthalb Jahrhunderten entstanden hier zahlreiche Ideen und Werke, die von Deutschland aus noch immer in die Welt strahlen. Dazu gehören bedeutende Beiträge zu Philosophie, Wissenschaft und Literatur, neue Ansätze in der klassischen Musik, das Beschreiten neuer Wege in der Malerei, in der Kunstausbildung und nicht zuletzt bahnbrechende Neuerungen in der modernen Gestaltung und Architektur.

Weimar wurde als Kraftzentrum der Kultur und Kunst vor allem deshalb groß und weltweit so wirkmächtig, weil es prägenden Persönlichkeiten zahlreicher Nationen zum Lebens- und Arbeitsmittelpunkt wurde. Sie kamen aus Italien, aus Russland, Belgien, den Niederlanden, Frankreich oder England, gaben Anregungen aus ihrem Kulturhintergrund und schöpften sie vor Ort aus ihrer Wahlheimat. Mit alldem verbunden ist ein nie direkt gegebenes, aber immer wieder zu ahnendes Versprechen eines Deutschlands, das friedlich zum Fortschritt der Menschheit beiträgt, eines Deutschlands, das aus seiner Kultur, seiner Sprache, seinem Denken, seinen Ideen und seiner Kreativität heraus offen ist für Einflüsse anderer Kulturkreise und auf diese Weise die eigene Kultur bereichern und beständig weiterentwickeln will. Denn eine tiefe und bedeutende Kultur bildet sich nur im Austausch.

Weimar als Ort deutscher Versprechen für eine bessere Welt verschwand 1933, als die Nationalsozialisten die Ernennung

Adolf Hitlers zum Reichskanzler nutzten, um die Republik sofort und radikal durch eine umfassende brutale Diktatur zu ersetzen, die auch und gerade in Weimar mit dem Bruch aller menschlichen Versprechen einherging. Mit dieser Zäsur endet das Buch.

Es bleibt der Blick auf all das, was Weimar als Ort in der Welt noch immer inspiriert, jenes Weimar, dessen Ideen in ein neues Jetzt und eine neue und hoffentlich bessere Zukunft getragen werden. Seine Strahlkraft scheint durch in der Architektur der Moderne, in der Gestalt von Alltagsgegenständen, in den Klang- und Konzertkonzepten der deutschen Band Kraftwerk, in Zitaten des Triadischen Balletts, bei David Bowie und Madonna, in der Gestaltung der Cover des Jazz-Labels Blue Note.

Dieses Buch folgt den großen Persönlichkeiten, die dieses Weimar prägten. Es erzählt die Geschichten von Lebenswegen und verbindet Leidenschaften, Ziele, Verbindungen, Feindschaften, Siege und Niederlagen, und es zeigt, wie ein Ort zu einem Versprechen werden kann: durch seine Menschen.

Der junge Herzog und Anna Amalia
1756–1775

Prolog – Ein neuer Herzog

Unten im Tal des Flusses Ilm pfiff der Winterwind durch die Gassen Weimars. Oberhalb der kleinen Residenzstadt im weiten Park von Belvedere lebte in einem Schloss ein 10-jähriger Junge mit Namen Ernst August Constantin; schüchtern, schwach und oft krank. Er war der Erbprinz des kleinen Fürstentums Sachsen-Weimar-Eisenach. Seine Mutter hatte er vor zehn Monaten verloren, und nun, am 19. Januar 1748, verstarb auch sein Vater, Herzog Ernst August I., in dessen Zweitresidenz Eisenach.

Zwanzig Jahre lang hatte der Herzog seinem kleinen Fürstentum und den darin lebenden etwa 90 000 Seelen seinen Willen aufgezwungen. Den Prunk auskostend, den Frauen nachstellend, in den Wäldern das Wild erschießend, das man ihm vor die Flinte trieb. Beamte seines Hofes hatte er zur Heirat mit Frauen gezwungen, mit denen er das Bett geteilt hatte; und manchen wohlhabenden Höfling hatte er so lange inhaftieren lassen, bis der ihm sein Vermögen überschrieb oder eine hohe Geldsumme zahlte. Ernst August I. brauchte das Geld für seinen Hof, vor allem aber für die zwanzig Schlösser, die er gebaut hatte, und für sein übertrieben großes Heer, durch das er hohe militärische Ränge im Kaiserreich zu ergattern hoffte. Viele seiner Erpressungsopfer aber verklagten ihn erfolgreich bei kaiserlichen Gerichten. Nun hinterließ er neben einem nahezu ruinierten Kleinstaat über 1000 Hunde und fast 400 Pferde.

Die meisten seiner Schlösser verfielen bereits. Zu denen, die noch genutzt werden konnten, gehörten das Rokokoschloss

Dornburg und der Wohnort seines einzigen verbliebenen Sohnes, das Barockschloss Belvedere südlich von Weimar.

Erbprinz Ernst August Constantin verdankte seine Geburt allein dem Tod des damals noch einzigen verbliebenen Sohnes seines Vaters, der sich, nachdem seine Frau verstorben war, eigentlich nur noch seinen Gespielinnen hatte widmen wollen. Als dann ein neuer Erbprinz hermusste, hatte er kurzerhand erneut geheiratet und noch einmal vier Kinder gezeugt. Von den drei Jungen war nur Ernst August Constantin, der Zweitgeborene, am Leben geblieben. Liebe und Zuneigung erfuhr er wohl kaum. Er war ein Instrument. Ein Erbfolger. Der Vater überließ die Erziehung den Höflingen, und zuletzt sah er seinen Sohn fünf Jahre vor seinem Tod.

Ein Erbfolger war wichtig. Ohne ihn lief ein Fürstentum Gefahr, aufgeteilt zu werden. Ernst August hatte selbst von solch einem Fall profitiert: Weil einem Teil seiner Familie der Erbfolger gefehlt hatte, war ihm Eisenach zugefallen. Der Verlust und der Zugewinn von Landesteilen war seit Generationen Usus in Ernst Augusts weitverzweigter Familie, den Ernestinern. Diese gehörten wiederum zu den Wettinern, einem der ältesten Geschlechter des deutschen Hochadels. Die Wettiner hatten sich bei der Leipziger Teilung 1485 in Ernestiner und Albertiner getrennt. In den nachfolgenden Generationen teilten sich die Ernestiner in weitere Linien und zersplitterten ihre Gebiete in Sachsen und Thüringen. Auch dadurch schwand die Macht des einst großen Sachsen, während im Norden Brandenburg-Preußen aufstieg.

Früh hatten sich die Ernestiner nach der von Martin Luther eingeleiteten Abspaltung von der Kirche in Rom auf die Seite des Protestantismus geschlagen. Der Ernestiner Friedrich der Weise hatte dem für vogelfrei erklärten Luther nach dem Reichstag in Worms auf der Wartburg nahe Weimar Schutz geboten. Später, im Schmalkaldischen Krieg gegen den katholischen Kaiser Karl V., verlor Johann Friedrich von Sachsen, genannt Der Großmütige, 1547 seine Kurfürstenwürde und einen großen Teil seines Herrschaftsgebietes. Er war es, der 1552 das kleine Örtchen Weimar zur Hauptstadt seines verbliebenen Herzogtums Sachsen-Weimar gemacht und 1557 im benachbarten Jena eine Universität gegründet hatte. In der Erfurter Teilung 1572 spalteten sich die Ernestiner erneut. Dabei entstand unter anderen das Haus Sachsen-Weimar.

Die Stadt Weimar war aus einer Ansammlung von Hütten und Häusern um eine zunächst hölzerne Befestigung auf einem erhöhten Stück Land entstanden. Daran vorbei schlängelte sich in mehreren Armen durch ein Tal das Flüsschen Ilm. Der Name Weimar leitet sich vermutlich von der Benennung des Platzes als geweihter Ort oder heiliger Wasserstelle ab. Von ›wih‹ für ›heilig‹ und ›mare‹ oder ›mere‹ für ›Wasserstelle‹. 984 wurde der Ort erstmals schriftlich erwähnt.

Aus einer Wehranlage aus Holz auf einer Anhöhe am Ufer der Ilm baute man eine Wasserburg, um die herum das Netz der Gassen Weimars wuchs. Aus der Wasserburg wurde die Burg Hornstein. Ab Mitte des 16. Jahrhunderts, Weimar war nunmehr Residenzstadt, entstand am Hof ein lebhaftes Interesse an Kultur. 1617 gründete man die Fruchtbringende Gesellschaft, auch Palmenorden genannt, eine Art Sprachförderungsvereinigung, in der fast 900 Adelige die deutsche Sprache pflegten. Man betrieb ein Münzkabinett, Orchester und Theater.

Weil Ernst August I. nach dem Hinzukommen von Eisenach zwei Fürstentümer in Personalunion regierte, durfte er sich fortan Herzog nennen. Sein Herrschaftsgebiet, nunmehr Sachsen-Weimar-Eisenach betitelt, war aufgeteilt in zwei getrennte große Gebiete sowie kleine Ämter und Exklaven. Andere Fürstentümer besaßen wiederum Enklaven auf Ernst Augusts Gebiet. Um von der Residenzstadt Weimar zur Zweitresidenz Eisenach zu gelangen, musste man fremdes Staatsgebiet durchqueren. So war das Herzogtum ein kleiner weiterer Flickenteppich im großen Flickenteppich Deutschland.

Vieles hätte jetzt mit dem Tod Ernst Augusts I. in Weimar enden können. So auch das Herzogtum selbst. Ernst August hatte zwar die Primogenitur eingeführt, wonach der älteste Sohn alle Regierungsgewalt und Güter erbte, so dass Erbteilungen, die das Herzogtum und die Familie schwächten, ausgeschlossen wurden. Doch kränklich, wie Ernst August Constantin war, musste man in einer Zeit, da viele Kinder das Erwachsenenalter nicht erreichten, wie es ja diese Familie ebenfalls bewies, mit allem rechnen. Kurzum: Das Haus Sachsen-Weimar drohte in diesen Tagen jederzeit zu verschwinden, zumal im Fall des vorzeitigen Ablebens Ernst August Constantins die Verwandten in anderen Fürstentümern nicht abgeneigt schienen, sich das kleine Herzogtum einzuverleiben. Ob Weimar dann noch Residenzstadt bliebe, ob es überhaupt seine Bedeutung bewahren könnte, war fraglich. Und so ging bei Weimarer Höflingen, Beamten, Kaufleuten, Handwerkern und Bediensteten die Angst um. Denn das Städtchen war abhängig vom Hof der Herzogsfamilie.

Der 10-jährige verwaiste Erbprinz kam unter die Vormundschaft seiner Vettern in den Herzogtümern Sachsen-Coburg-Saalfeld und Sachsen-Gotha-Altenburg. Am Hof in Gotha versuchte man, ihn auf seine zukünftigen Aufgaben vorzubereiten. Erheblichen Einfluss auf seine Erziehung übte bald Heinrich Reichsgraf von Bünau aus, der ab 1751 zum obervormundschaftlichen Statthalter ernannt worden war.

Die junge Braut

Am 8. Dezember 1755 erklärte der Kaiser den 18-jährigen Ernst August II. Constantin für volljährig und damit für fähig, die Regentschaft anzutreten. Der junge Herzog hatte sich zu einem hochgewachsenen, schmalen, blassen jungen Mann entwickelt und wirkte, auch wegen seines schüchternen Wesens, wie ein dünnes Schilfrohr in einem Sturm. Ende des Jahres übernahm er die Regierung. Kränklich war er noch immer. Darüber, was für ein Mensch er war, ist wenig zu erfahren. Zurückhaltend war er wohl, das scheint aus den Auskünften über ihn durch. Er, der allein dafür geboren worden war, eine Funktion zu erfüllen, wird in vielerlei Hinsicht einsam gewesen sein. Mit einem schwachen Körper als Bürde dazu. Es heißt, er habe zur Melancholie geneigt. Ein wenig abgeschnitten von der Welt war er, wie Weimar selbst. Er ahnte wohl, dass er nicht viel Zeit haben würde, um wenigstens die Pflicht zu erfüllen, den Fortbestand seines Hauses zu sichern.

Kaum an der Regierung, nahm er die Erfüllung seiner wichtigsten Aufgabe in Angriff. Anfang 1756 trat er mit seinem bisherigen vormundschaftlichen Statthalter Heinrich Reichsgraf von Bünau, nun Vorsitzender des Geheimen Consiliums, also des höchsten Regierungsgremiums Weimars, und damit im Grunde Ernst August Constantins Premierminister, eine Reise an. Es galt, eine Braut zu finden.

Die Reise ging nach Braunschweig. Dort regierte Herzog Karl I. über das Herzogtum Braunschweig-Wolfenbüttel. Wie die Familie Ernst August II. Constantins, die Wettiner, gehörte die Familie Karls, die Welfen, zum deutschen Hochadel. Karls Gattin Philippine Charlotte aus dem Hause Hohenzollern war eine Schwester des preußischen Königs Friedrich II., mit dem Karl gute Kontakte pflegte.

Ernst August II. Constantin und Karl I. waren nur zwei Fürsten im aus über 200 Fürstentümern bestehenden Deutschland. Das wiederum bildete unter dem Dach des Heiligen Römischen Reichs Deutscher Nation einen letztlich doch sehr heterogenen und losen Staatenverbund, der mit einem einheitlichen Staatengebilde moderner Prägung nicht zu vergleichen war. Hinzu kamen religiöse Gräben zwischen protestantischen und römisch-katholischen Fürsten sowie ein katholischer Kaiser, der zum Teil konstitutionelle Macht ausüben konnte, aber nur wenig Zugriff auf den politischen Alltag besaß. In dieser Konstellation musste Karl ebenso wie nun Ernst August II. Constantin mit politischen Macht- und Bündnisproblemen jonglieren. Familiäre Verflechtungen setzten dabei im Wesentlichen den Ton.

Man hatte aus Weimar höflich an den Hof in Braunschweig geschrieben, ob man dort bereit sei, eine der Töchter zur Heirat freizugeben. Als Antwort kam, wie bei Interesse üblich, ein tendenziell vorteilhaft gemaltes Porträt jener Tochter, die man womöglich als Braut fortzugeben gedachte. Der Braunschweiger Hof bot Anna Amalia an, erst 16 Jahre alt, die Fünftgeborene von 13 Kindern und die zweitälteste Tochter. Sie war keine Schönheit, zwar mit großen blauen Augen wie die Mutter, aber auch der großen spitzen »braunschweigischen Nase«, nicht sehr viel mehr als 1,50 Meter groß, zierlich, leicht bucklig, vom Wesen jedoch munter und verschmitzt. In Weimar war man nicht abgeneigt. Ernst August II. Constantin machte sich auf den Weg.

Liebe auf den ersten Blick war es wohl kaum, und tiefe Gefühle wurden es vielleicht auch nie. Aber die beiden »convenirten« einander. Der Ehevertrag war schnell ausgehandelt, in dem unter anderem die finanzielle Absicherung Anna Amalias geregelt wurde. Am 16. März fand im gerade erst erbauten Braunschweiger Residenzschloss die Hochzeit statt. Die Feierlichkeiten dauerten vier Tage, und danach nahm Anna Amalia Abschied von ihrer Kindheit und Heimat. Als es nach Weimar ging, durfte sie nur eine Hofdame mitnehmen.

Am 24. März näherte sich das Brautpaar über den Ettersberg seinem Ziel. An der Landesgrenze hatte ein Husarencorps gewartet, das nun die Kutsche in die Stadt eskortierte. Postillione gaben Kunde von der nahen Ankunft. Glocken läuteten. Alle waren auf den Beinen. Vor dem Residenzschloss, der damaligen Wilhelmsburg, empfing Bünau, der die Festivitäten perfekt organisiert hatte, die kleine Braut und den hochgewachsenen, schmalen und blassen Bräutigam. Im Großen Saal des Schlosses wurde getafelt, dann fuhren Ernst August II. Constantin und Anna Amalia in die Sommerresidenz Schloss Bellevue vor den Toren der Stadt. Dort galt es, ihrer Pflicht nachzukommen, alsbald einen Erben präsentieren zu können. Sie erfüllten sie.

Am 2. Juni 1757, dem 20. Geburtstag Ernst August II. Constantins, teilte der Hof der entzückten Weimarer Öffentlichkeit die

Schwangerschaft der jungen Herzogin mit. Drei Monate später, am 3. September, brachte Anna Amalia um 5 Uhr 30 im Morgengrauen den Erbprinzen zur Welt. Er erhielt den Namen Carl August. »Könnte ich Ihnen beschreiben das Gefühl, welches ich bekam, als ich Mutter wurde!«, berichtete sie später in ihrer autobiographischen Skizze *Meine Gedanken*. »Es war die erste und reinste Freude, die ich in meinem Leben hatte. Mir war, als wäre ich von verschiedenen andern neuen Empfindungen entbunden. Mein Herz wurde leichter, meine Ideen wurden klarer, ich bekam mehr Zutrauen zu mir selber.« Sie war erst 18 Jahre alt.

In Europa tobte mittlerweile der Siebenjährige Krieg. Friedrich II. war 1756 mit der preußischen Armee in Sachsen einmarschiert, und Weimar musste den römisch-deutschen Kaiser Franz I. Stephan und seine de facto regierende Gattin Maria Theresia, das Regentenpaar der Habsburger Monarchie, unterstützen. Am Tag der Geburt des herzoglichen Erben nahm ein Infanteriekorps des Kaisers in Weimar Quartier. In den Tagen darauf zogen weitere Truppen durch die kleine Stadt.

Nur vier Monate nach der Geburt Carl Augusts war Anna Amalia erneut schwanger, denn zur Absicherung musste ein zweiter Sohn her. Derweil verschlechterte sich die Gesundheit des jungen Herzogs. Für das Eheleben, das Pflegen von Gemeinsamkeiten, blieb nicht viel Zeit. Doch sowohl Ernst August II. Constantin als auch Anna Amalia liebten die Musik. Beide beherrschten mehrere Instrumente. Anna Amalia spielte Cembalo und Harfe; sie war mit Musiktheorie und dem Kontrapunkt vertraut.

Der junge Herzog versuchte, der Musik in Weimar mehr Raum zu geben. Er gründete eine neue Hofkapelle. Die Reste der alten hatte 20 Jahre zuvor sein Vater aufgelöst. Mit der Leitung der Hofkapelle betraute Ernst August II. Constantin nun Johann Ernst Bach, einen Neffen des großen Johann Sebastian Bach. Der kam trotz der Tatsache, dass Wilhelm Ernst, der Großvater seines neuen Dienstherrn, einst jenen Johann Sebastian Bach, der damals als Musiker in Diensten des Weimarer Hofes stand, im

Residenzschloss hatte einsperren lassen, weil der so kühn gewesen war, sich nach einem anderen Dienstherrn umzusehen. In seinen neun Jahren in Weimar hatte Johann Sebastian Bach den größten Teil seines Orgelwerks geschaffen.

Johann Ernst Bach durfte wohl vor allem deshalb kommen, weil er das kostengünstigste aller eingeholten Angebote in Aussicht stellte. So sollten die engagierten Sänger auch als Hofdiener eingesetzt werden und bestenfalls auch als Instrumentalisten aushelfen. Bach wurde Hofkapellmeister, blieb aber außerdem Stadtorganist in Eisenach. Seine Truppe nannte Bach »Hof-Bande«, den Begriff »Hofkapelle« mied er.

So schloss Ernst August II. Constantin an eine frühere Zeit an, als habe er ein Versprechen aufgreifen wollen, das zwar längst nicht eingelöst, jedoch auch nicht vergessen war: das Versprechen von Weimar als Ort der Musik!

Die junge Witwe

Ernst August II. Constantin, das fiel Anna Amalia bald auf, stand unter dem nahezu erdrückenden Einfluss Bünaus, der die Regierungsgeschäfte fest in den eigenen Händen hielt und jede Gelegenheit ergriff, als Vorsitzender des Geheimen Consiliums seine Macht auszuweiten. Seitdem Bünau 1751 für den damals unmündigen Prinzen tätig geworden war, führte er im Prinzip den Staat, auch mit dem Ziel, die Finanzen Sachsen-Weimar-Eisenachs zu sanieren. Bünau ließ Ernst August II. Constantin ohne besondere Vorbesprechungen meist vorgefertigte Schriftstücke unterzeichnen, und zum Entsetzen Anna Amalias beschränkte er sogar die Auszahlungen aus der Privatschatulle des jungen Herzogs.

Und Bünau begann vorzusorgen. Am 21. Februar 1757 unterzeichnete der kranke Ernst August II. Constantin sein Testament. Bünau, der darin zum weiterhin regierenden ersten Beamten bestimmt worden war, hatte ihm dabei die Hand geführt, und so lautete eine der Verfügungen, dass Bünau nur im Falle seines eigenen Todes ersetzt werden konnte. Die Vormundschaft über den Erbprinzen hatte Ernst August II. Constantin für seine Frau und den dänischen König Friedrich V. vorgesehen, der mit einer Tante Anna Amalias verheiratet war.

Dies alles mochten weder Anna Amalia noch ihr Vater Karl akzeptieren. Dreierlei versuchte Anna Amalia nun in ihrem Sinne zu klären. Erstens wollte sie das alleinige Erziehungsrecht für ihre Söhne, zweitens das Recht, die Regierung zu führen, drittens wollte sie ihre Einnahmenseite sichern. Ihr Vater sandte Unterstützung in Person seines Vizekanzlers Georg Septimus Andreas von Praun. Der traf am 14. März in Weimar ein.

Derweil schien sich der Zustand des kranken Herzogs wieder etwas zu bessern. Es keimte sogar Zuversicht, er könnte wieder gesund werden. Doch Karl I. und Praun wollten sichergehen und suchten weiter konsequent nach Mitteln, die Anna Amalia die größten Vorteile nach Ernst August Constantins Ableben bringen konnten.

Zusammen mit Gottfried Nonne, der im Geheimen Consilium saß und ein Gegner Bünaus war, ergänzte Praun nun das Testament. Eine von Ernst August II. Constantin unterzeichnete Anordnung hielt schließlich fest, dass Anna Amalia im Falle seines Todes bei ihrer Volljährigkeit die volle Vormundschaft für die Söhne und die Regentschaft über das Land erhalten sollte, weshalb Anna Amalia die Bestätigung ihrer Volljährigkeit umgehend beim Kaiser beantragte. Bünau sollte alle Ämter behalten, doch sei er der Herzogin nachgeordnet. Zudem stand in den neuen Verfügungen, man werde seine Dienste so lange in Anspruch nehmen, wie es »die Administration für nützlich hält«. Man setzte Bünau über seine Quasi-Entmachtung in Kenntnis, und da es Ernst August Constantin wieder besser ging, reiste Praun zurück nach Braunschweig.

Am 27. Mai aber schrieb Nonne, der Herzog liege im Sterben. Praun brach sofort wieder nach Weimar auf. Doch Ernst August II. Constantin starb bereits am 28. Mai. Bald sollte sich herausstellen, dass es ihm trotz allem gelungen war, sein kurzes Leben zum Anfang von etwas Großem zu machen.

Bünau wurde nun vorgeschlagen, selbst um seine Entlassung zu bitten. Doch der versuchte, sich in die neuen Machtverhältnisse einzufügen. Kaiser Franz I. Stephan bestätigte am 9. Juli 1759 nach langem Hin und Her Anna Amalias Volljährigkeit, ihre alleinige Regentschaft und ihre alleinige Vormundschaft für ihre Söhne. Anna Amalia musste sich im Gegenzug verpflichten, allen vom Reich auferlegten Pflichten nachzukommen, also auch Truppen für den Kaiser bereitzustellen, der gegen ihre Verwandten in Braunschweig und Preußen Krieg führte.

Die Regentin

Anna Amalia war noch keine 20 Jahre alt, und sie war Regentin. Doch ähnlich frei entscheiden wie andere Fürsten durfte sie nicht. Sie musste ein Erbe verwalten und dieses ihrem Sohn bei seiner Volljährigkeit übergeben. Der Kaiser hatte ausdrücklich eingefordert, dass sie über ihre Regentschaft Rechenschaft abzulegen habe. Auch das Testament ihres Gatten legte ihr Fesseln an. Strukturen im Herzogtum zu verändern, war darin nicht vorgesehen. Hinzu kamen die zerrütteten Finanzen und der Siebenjährige Krieg, der noch bis 1763 das Land und seine Menschen herausfordern sollte.

Praun gab Anna Amalia nun einen Schnellkurs in Verfassungs- und Staatskunde. Um ihr ein wenig mehr Handlungsspielraum zu verschaffen, fassten Karl I., Praun und Anna Amalia den Entschluss, sich Bünaus endgültig zu entledigen. Man bauschte einen Formfehler im Consilium auf, um ihm ein Übergehen Anna Amalias vorzuwerfen. Bünau bat daraufhin Karl I. um seine Entlassung. Der überließ es Anna Amalia, das Rücktrittsgesuch zu bewilligen, was sie am 13. Dezember 1759 tat.

Den Regierungsapparat organisierte Praun nun so, dass Anna Amalia Einsicht in alle Abläufe erhielt. Ein neuer Premierminister wurde zunächst nicht ernannt. Alle Entscheidungen mussten ihr vorgelegt werden und waren von ihr abzuzeichnen. Der aus Braunschweig stammende Kabinettssekretär Carl Christian Kotzebue wurde zu ihrer Vertrauensperson im Consilium. Zudem konnte sie sich auf die erfahrenen Verwaltungsbeamten Rehdiger, Nonne und Greiner stützen. Von Gottfried Nonne war sie befremdet, da er sie mit allzu viel Vertraulichkeiten und Klatsch behelligte, während Johann Poppo Greiner zu ihrem engsten Vertrauten wurde.

Die Beziehung zu den Landständen gestalteten sich während Anna Amalias Regentschaft angespannt. Immer wieder spielte die Vorläufigkeit ihrer Macht in die Auseinandersetzungen hinein und schwächte damit ihre Durchsetzungsmöglichkeiten. Zudem hatten die Landstände ein Mitspracherecht, wenn es um wichtige Aspekte des Wohls der beiden Prinzen ging. Denn die sicherten die Zukunft des Landes.

Das enge Korsett des Zeremoniells, die Einflüsterungen und Machtspiele der Höflinge kannte Anna Amalia von Kindheit an. Nun erlebte sie, wie um ihre Gunst als Fürstin und Regentin gebuhlt wurde, kämpfte damit, wie alle um das geschriebene Protokoll und die ungeschriebenen Verhaltensregeln kreisten, lernte mit der Eifersucht am Hofe umzugehen und sie auch als Waffe zu nutzen. Es war von Bedeutung, wenn man etwa in aller Öffentlichkeit in die Loge der Fürstin gebeten wurde. Gunstbezeigungen, Geschenke, ein Lächeln, ein Nicken der Fürstin wirkten im feinen Netz der Abhängigkeiten. Sie wusste um den Argwohn anderer, wenn jemand sich dauerhaft in ihrer Nähe etablierte, ahnte die Furcht der von ihr Abhängigen vor dem Verlust ihrer Gunst und Nähe. Hinzu kam das Zeremonielle, das sich über Jahrhunderte im Alltag des Adels entwickelt hatte: Wie groß die Ehrenbezeigungen zu sein haben, welche Kutsche, welches Gespann, wer wen bis zu welchem Treppenabsatz, zur Kutsche begleitet. Wem man wann mit welchem Aufwand entgegenreist und wen man wie bei der Abreise begleitet. Wer wo sitzt. Ob und wann Ehrenpforten, Kapellen, Lobgedichte angebracht sind.

Der Geist im Weimar dieser Tage war abseits aller Etikette orientierungslos, und er hätte sich auf dieser Kreuzung vieler Möglichkeiten jede Richtung wählen können. Anna Amalia schlug nun für sich selbst und für den Hof, dem sie vorstand, die Richtung der Kultur ein. Auf diesem Gebiet konnte sie vielleicht angesichts ihrer Position als vorläufige Regentin am ehesten Einfluss gewinnen, zumal sie sich der Dichtung und der Musik nahe fühlte.

Weimar war nicht wie Anna Amalias Heimat Braunschweig, dessen Fürstenhof zu den wohlhabendsten und kultiviertesten in Deutschland zählte und ein Zentrum der Aufklärung war. Braunschweig war Hansestadt und Messestadt; es hatte damals etwa 25 000 Einwohner. In Weimar lebten zur gleichen Zeit nur etwa 6000 Seelen. Die kleine Stadt lag abseits der Fernstraßen. Die Landstraßen ins nahe Erfurt und nach Jena waren in erbärmlichem Zustand. Handel, Gewerbe, Manufakturen waren kaum nennenswert. Die meisten Familien im Ort lebten von den Diensten, die der Hof beanspruchte. Man wohnte in schindelbedeckten Häusern entlang enger und verwinkelter Gassen, von denen viele ungepflastert waren. Die Abwässer flossen frei über die Wege, auf denen Trittsteine von Haus zu Haus halfen. Den Inhalt der Nachttöpfe schüttete man einfach aus dem Fenster. Es stank. Man trieb Schweine, Kühe und Schafe durch die Stadt. Manche Besucher waren entsetzt und wollten gleich wieder abreisen. Zumindest gab es unter Anna Amalias Regentschaft bald erste Straßenbeleuchtungen. Einige Lampen mit Fischtran spendeten in der Nacht spärliches Licht.

Anna Amalia wollte etwas gegen all die Verschlafenheit tun. Es musste bekannt werden, dass es sich für Größen des Geistes und der Kultur lohnte, nach Weimar zu kommen. Und vielleicht kämen sie nicht nur zu Besuch. Vielleicht blieben sie dauerhaft. Doch an Verlockungen gab Weimar als Stadt kaum etwas her. Was Größen gleichwohl locken konnte, war eine Anstellung am Hof. Ein Auskommen verbunden mit einer schönen Aufgabe.

Die Prinzenerziehung und Wieland

Kein Dichter oder Schriftsteller konnte seinerzeit vom Verkauf seiner Werke leben. Daher verdingten sich viele von ihnen als Hauslehrer oder Erzieher an Höfen, in adeligen Familien oder in Haushalten des aufstrebenden wohlhabenden Bürgertums. In Weimar mussten die Prinzen erzogen werden, und Anna Amalia wollte die Kultur am Hof und in der Stadt beleben. Vielleicht konnte man zwei Fliegen mit einer Klappe schlagen.

Nach seiner Geburt übergab man einen Prinzen der Säugamme. Eine fürstliche Mutter stillte nicht selbst. Das »Frauenzimmer« mit den Bediensteten der adeligen Hausherrin sorgte obendrein für das Wohl und Wehe des Kleinkindes. Für die anschließende schulische Ausbildung des Kindes war der Erzieher verantwortlich. An einem größeren Hof wurde er oft Hofmeister genannt. Ihm unterstanden weitere Lehrer. Arbeitete er zur Zufriedenheit, konnte er in diesem Amt die ersten Schritte zu einer größeren Karriere am Hof tun.

Graf Johann Eustach von Schlitz genannt Görtz – so sein voller seltsamer Name – hielt sich seit 1759 in Weimar auf. Er brachte sich selbst für die Aufgabe ins Spiel, und Anna Amalia schlug ihn dem Consilium als Prinzenerzieher vor. Görtz war erst 25 Jahre alt, doch Anna Amalia, die blutjunge Mutter, meinte, der gebildete junge Mann könne wie sie auch mit seiner Aufgabe wachsen. Am 7. Mai 1762 trat Görtz sein Amt an. Zunächst vertraute man ihm Carl August an, und damit war Görtz sofort unter allseitiger Beobachtung. Denn Prinzenerziehung war ein Politikum. Anna Amalia, die Bediensteten, der Hof, das Geheime Consilium, die Landstände: Alle hatten berechtigtes Interesse am Werden des nächsten Landesherrn. Als Görtz einmal im Sommer die etwa drei Kilometer vom Belvedere zum Residenzschloss mit Carl August zu Fuß ging, warf man ihm vor, mit der Gesundheit des Prinzen allzu nachlässig umzugehen.

Anna Amalias Verhältnis zu Görtz blieb nicht frei von Eifersucht auf ihn, der mit beiden Söhnen im täglichen Kontakt stand.

Görtz wiederum versuchte, sich in seiner Machtstellung zu behaupten und die allseitigen Interessen auszugleichen. Immer wieder kämpfte er bei Anna Amalia um seine Kompetenzen. Die Einstellung eines Französischlehrers führte fast zu seinem Rücktritt.

Hinzu kamen die verschiedenen Charaktere der beiden Prinzen, mit denen Görtz und Anna Amalia umgehen mussten. Erbprinz Carl August zeigte schon als Kind einen starken eigenen Willen und eine sehr gute Auffassungsgabe, beides besaß er weit ausgeprägter als sein Bruder Constantin. Carl August entwickelte sich zu einem gesunden Jungen. Eine Erleichterung allenthalben, denn in Erinnerung an den kränklichen Vater blieben Anna Amalia und der Hof beständig besorgt. Carl August war noch nicht fünf, da wusste er, er würde einmal der Herrscher über alle um ihn herum sein, und er begann das auszunutzen. Unablässig versuchte er das Hofzeremoniell zu umgehen, und er ließ die Höflinge wissen, wer er einmal sein würde. An seine künftige Aufgabe wurde er früh herangeführt. Schon als Sechsjähriger redete er 1763 zur Eröffnung des Landtags. Zwei Jahre später huldigte ihm erstmals das Volk in Eisenach.

Die Beziehung Anna Amalias zu ihren Söhnen gestaltete sich nicht unkompliziert. Sie meinte, Carl August und Constantin hätten sich die Mutterliebe durch Benimm und Folgsamkeit zu verdienen. Görtz versuchte, teils gegen Anna Amalias Wunsch, den Jungen Freiräume zu geben, in denen sie Kinder sein konnten. Dies aber immer im Wissen, dass er gehalten war, beide schnell zu Erwachsenen heranzuziehen. Daneben hatte er beständig seine eigene Position im Blick. So formulierte er in den frühen Jahren Briefe der Söhne an die Mutter. Carl August und Constantin mussten das Vorgefertigte dann nur kopieren. Anna Amalia sah ihre Söhne während der Jahre, in denen sie heranwuchsen, meist nur jeden zweiten Tag stundenweise. Selten speiste sie mit ihnen. Hof und Regierung ließen ihr auch wenig Zeit dafür.

Als Görtz vorschlug, die Prinzen auch an anderen Orten auszubilden, reagierte Anna Amalia zurückhaltend. Sie wollte die

Söhne nicht noch enger an deren Erzieher binden oder noch weiteren Zugriff verlieren. So fand sie den Ausweg, eine Reise der Söhne mit Görtz 1771 nach Braunschweig an den elterlichen Hof vorzuschlagen. Und sie begleitete sie. In Braunschweig lernten die Prinzen den Umgang mit anderen Fürsten und machten sogar die Bekanntschaft ihres Großonkels Friedrich II., Anna Amalias Onkel. Der war angetan von dem nun 14-jährigen Carl August. Er habe schon viele ältere Prinzen gesehen, bemerkte der preußische König, »und unter ihnen war nicht einer, der sich so wohl betragen hätte«. Görtz war stolz.

Görtz erkannte bald, dass Carl August vermutlich mit bereits 18 Jahren für volljährig erklärt werden würde. Bis dahin aber galt es, an der Erziehung weiter zu justieren. Weil Anna Amalia alle Pläne für eine Kavalierstour Carl Augusts ablehnte, musste eine adäquate Ausbildung in Weimar vor Ort her. Görtz schlug mehrere Lehrer vor, darunter ein Mitglied des Consiliums, das so einen besseren Zugriff auf die Erziehung bekommen würde. Und: Der Gelehrte und Schriftsteller Christoph Martin Wieland sollte Philosophie unterrichten. Wieland, seinerzeit Professor in Erfurt, war im November 1771 zum ersten Mal für einige Tage in Weimar gewesen. Er hatte 1761 den erfolgreichen Roman *Geschichte des Agathon* veröffentlicht und war mit Shakespeare-Übersetzungen hervorgetreten. Doch man zögerte.

Anfang März 1772 las Wieland Anna Amalia am Weimarer Hof aus seinem neuesten Roman *Der goldene Spiegel oder die Könige von Scheschian* vor. Einem Buch, das für die aufgeklärte Erziehung eines Fürsten wirbt. Wielands Idee eines idealen Staates bestand in einer aufgeklärten Monarchie, wie man etwa die von Anna Amalias Onkel Friedrich in Preußen sah. Das gefiel der Regentin. Vielleicht konnte man mit Wielands Berufung nach Weimar tatsächlich die Prinzenerziehung auf eine neue Stufe heben. Mit Sicherheit aber wäre Weimar durch das Engagement dieses bekannten Mannes in aller Munde.

Anna Amalias längst schon eingeleitete Förderung des Zuzugs bedeutender Gelehrter hatte bereits erste Früchte getragen.

Noch vor Wieland war 1763 der durch einen Briefroman bekanntgewordene Schriftsteller Johann Karl August Musäus aus Jena gekommen, zunächst als Pagenhofmeister und in dieser Funktion für Ausbildung und Einsatz der Pagen bei Hofe verantwortlich. Seit 1769 lehrte er als Professor am Wilhelm-Ernst-Gymnasium.

Tatsächlich war Wieland an einer Anstellung bei Hofe interessiert. Er hoffte dadurch abgesichert seinen schriftstellerischen Ambitionen nachgehen zu können. An Ostern kam er wieder nach Weimar, und es entwickelte sich ein kurzer vertraulicher Briefwechsel zwischen ihm und Anna Amalia. Die gestand Wieland, sie glaube, bei der Erziehung der Söhne versagt zu haben. Vor allem dem Erbprinzen mangele es an Respekt und Mutterliebe. Könnte sie noch einmal beginnen, würde sie in der Erziehung besonders darauf achten. Wieland wischte ihre Selbstvorwürfe beiseite. Man könne nicht immer vollkommene Vernunft und Reinheit erreichen. Er zeigte die Briefe Anna Amalias Görtz – der indigniert war, da er Kritik an seiner Arbeit darin las.

Nach längeren Verhandlungen, in denen Wieland schließlich der Titel eines Hofrats und höhere Bezüge gewährt wurden, war man sich einig. Wieland sollte als Erzieher des Erbprinzen fungieren. Die Verpflichtung war bis zu Carl Augusts 18. Geburtstag angelegt.

Im September 1772 zog Wieland nach Weimar. Er schloss schnell Freundschaft mit Görtz. »Unsere Prinzen ausgenommen hat Er keinen Freund als mich, ich keinen als Ihn«, berichtete er in einem Brief an seinen Freund, den Arzt und Dichter Johann Georg Zimmermann. Den beiden Prinzen brachte der neue Lehrer in seinem Unterricht die Philosophie des Schotten Adam Ferguson nahe. Der Unterricht dauerte pro Tag nur ein bis zwei Stunden, da die Jungen noch von weiteren Lehrern unterrichtet wurden. Vom jungen Carl August war Wieland beeindruckt. Am 4. Dezember 1772 schrieb er an Jacobi: »Wenn der Himmel ihn und ein paar gute Freunde, die er hat, leben lässt, so sollen Sie in sechs Jahren a dato einen kleinen Hof sehen, der verdienen soll, dass man von den Enden der Welt komme, um ihn zu sehen.«

Anna Amalia allerdings war, was Wieland betraf, bald ernüchtert. Zu ihrem Staatsrat Jakob Friedrich von Fritsch sprach sie von einem Mann von »ehrenwerter Gesinnung«, doch sei er ein »schwacher Enthusiast« mit »viel Eitelkeit und Eigenliebe«. Leider zu spät erkenne sie, dass Wieland »nicht gemacht ist für die Stellung, in der er sich befindet«.

Doch zunächst versuchten Görtz und Wieland, den jeweils anderen für ihre Zwecke einzusetzen, und sie buhlten um die Gunst des Erbprinzen – mit der Folge, dass auch die Entfremdung zwischen Carl August und seiner Mutter fortschritt. Die sah die beiden Prinzenerzieher zunehmend argwöhnisch als eitle, ehrgeizige, vor allem ihren Zielen verpflichtete Männer. Als sie Carl August darauf ansprach, wies der das brüsk zurück. Er vertraue ihnen und sie seien seine besten Freunde, sie wolle sich nur gegen sie stellen.

Die Zwistigkeiten gingen so weit, dass Anna Amalia ihre vorzeitige Demission erwog. Man könne Carl August auch schon mit 17 Jahren für volljährig erklären, überlegte sie. Ein Gedanke, den auch Görtz bereits in sich trug. Anna Amalia zog ihren höchsten Beamten, den Staatsrat Jakob Friedrich von Fritsch, ins Vertrauen. Der hatte 1772 den Vorsitz des Geheimen Consiliums erhalten, nachdem Anna Amalias langjähriger enger Vertrauter Johann Poppo Greiner verstorben war. Fritsch antwortete, indem er Lob und gute Worte für sie und für ihren Sohn fand, und er riet listig, was Görtz und Wieland betraf, müsse man nur deren Nachteile und schlechte Seiten stärker herausstellen. Der Prinz werde dann schon merken, was sie seien. Zudem werde Eifersucht die beiden Erzieher sicher rasch entzweien.

Fritsch wusste, wie man bei Hofe die Fäden spann. Anna Amalias Zutrauen zu ihm wuchs noch, als er für ihren Sohn Constantin einen »Gouverneur« vorschlug und für diesen Posten den preußischen Offizier Carl Ludwig Knebel präsentierte. Der, gebildet und einfühlsam, hatte bereits im Herbst 1773 am

Weimarer Hof eine gute Figur gemacht; und er war ein ausgewiesener Literaturliebhaber. Anna Amalia stimmte zu.

So trat der 30-jährige Knebel 1774 die Stelle des Hofmeisters und Erziehers für Prinz Constantin an. Für den war als nachgeborenen Adeligen wie üblich die Militärlaufbahn vorgesehen. Da Knebel aber nicht nur Constantins militärische Ausbildung für wichtig hielt, sondern auch eine umfassende Erziehung in seinem Aufgabengebiet sah, geriet er rasch in Konflikt mit Görtz. Knebel aber konnte den zunächst skeptischen mittlerweile 17-jährigen zukünftigen Herzog Carl August von seinen Plänen mit Constantin überzeugen. Und bald schon sollte Knebel darüber hinaus eine bedeutende Rolle für die Geschicke Weimars spielen.

Rahmen und Fundamente

1766 hatte man den Umzug der fürstlichen Bibliothek in das »französische Schlösschen«, auch »Grünes Schloss« genannt, abgeschlossen, das seit 1761 für die beständig wachsende Büchersammlung aus- und umgebaut worden war. Nun zog auch die von Ernst Wilhelm gegründete Herzogliche Bibliothek mit mittlerweile etwa 11 000 Bänden aus dem nahegelegenen Residenzschloss um und fand Platz in einem wunderschönen hellen ovalen Rokokosaal. Ebenfalls nur wenige Schritte entfernt von der Bibliothek war am 3. Mai 1770 die Grundsteinlegung für das »Fürstliche Landschaftshaus« gefeiert worden. Einen großen Bau, vorgesehen für die Stände des Herzogtums, repräsentativ, doch nüchtern gestaltet.

Zwischen 1772 und 1774 verfasste Anna Amalia ihre autobiographische Skizze *Meine Gedanken*. In ihrer knappen freien Zeit spielte sie Klavier, improvisierte, schuf einige Kompositionen, sogar den Anfang einer Sinfonie. Sie »dilettierte« in der Kunst, wie man sagte, was damals noch kein negativ besetzter Begriff war. Er stammt vom italienischen Wort *dilettare* ab, das ›sich erfreuen‹ bedeutet. Das Dilettieren galt als eine Art Adelsprivileg. Der Begriff wandelte sich allmählich zum Negativen, als man begann, das Dilettieren insbesondere aus dem Bürgertum heraus abwertend gegen die zunehmende, aus einer breiten Gesellschaft entstehende Professionalisierung in den Künsten abzugrenzen. Es ging um das Selbstverständnis und um die Rechtfertigung der sich in der Kunst zunehmend entwickelnden Berufe. Nichtsdestotrotz wurde beim Dilettieren nicht selten eine hohe Qualität erreicht. So auch durch Anna Amalia, die zuweilen im engeren höfischen Kreis konzertierte. Zu Ostern 1768 soll auch ein von ihr komponiertes Oratorium am Hof aufgeführt worden sein.

1768 veranlasste Anna Amalia die Neugründung eines Theaterensembles. Es war aufgrund der Finanznot im Siebenjährigen Krieg kurz nach Ernst August II. Constantins Tod aufgelöst worden. Mit dem Wegfall der Gehälter der 31 Theatermitglieder konnte man seinerzeit immerhin fast 10 Prozent des Hofetats einsparen. 1761 hatte Hofkapellmeister Wolff das Orchester wieder aufzubauen begonnen. Ab 1767 gaben wieder Schauspieltruppen Gastspiele. Doch sie kamen und gingen. Ein eigenes Ensemble besaß Weimar nicht mehr.

Dann, am 6. Mai 1774, stand das Schloss in Flammen. Tags zuvor hatten sich nebenan auf dem Marktplatz große Teile der Bevölkerung im Protest versammelt. Das Vorhaben, ein Geburtshaus einzurichten, empfand man als Verwahrlosung der Sitten. Die verantwortlichen sogenannten Viertelsmeister in den Stadtteilen hatten sich geweigert, für das Geburtshaus eine Abgabe bei der Bevölkerung zu erheben, und waren daraufhin verhaftet worden. Erst als der Rat versprach, die Viertelsmeister freizulassen, löste sich die Versammlung auf. Es war nicht das letzte Mal, dass das Fürstenhaus dem eigenen Volk in Weimar zu fortschrittlich war.

Nord- und Westflügel des Schlosses brannten an diesem Tag bis auf die Fassaden nieder. Auch die Schlosskirche im Süden des Westflügels und viele Gemälde der Bilderkammer wurden vernichtet. Die Ursache des Brandes konnte man nicht feststellen. Aber man fand Menschen, die man dafür bestrafen konnte. Die Weimarerin Dorothea Sophie Axt soll den Brand angeblich vorhergesagt haben. Das genügte, um sie ohne Gerichtsverfahren zwei Jahre einzusperren. Anna Amalia unterzeichnete die dafür benötigten Verfügungen. Außerdem verlor der fürstliche Landbaumeister Johann Gottfried Schlegel seinen Posten. Es hieß, er habe den Brandschutz beim Fürstenhaus vernachlässigt. Beweise aber brachte man nicht bei. Schlegel floh sicherheitshalber.

Die Fürstenfamilie kam zunächst in der Residenz von Staatsrat Fritsch unter, einem großzügigen Palais, das der sich in der Stadt hatte errichten lassen. Der Entwurf stammte von dem geflohenen Schlegel. Als eine Residenz für die Fürstenfamilie und ein neuer Repräsentationsort des Hofes gesucht wurde, setzte der bereits zunehmend in die Geschicke Weimars eingreifende Erbprinz Carl August gegen den Willen Anna Amalias durch, das noch nicht ganz fertiggestellte Landschaftshaus zu beziehen, das fortan Fürstenhaus genannt wurde.

Ein weiterer bemerkenswerter Mann traf ein. Einer von jenen, die in Annalen und Chroniken oft nicht erwähnt werden, die aber durch diesen und jenen Impuls neue Wege eröffnen. Christian Joseph Jagemann kam im Januar 1775 nach Weimar, und er unterrichtete Anna Amalia in Italienisch. Jagemann war einst von seinen Eltern gegen seinen Willen in ein Augustinerkloster gegeben worden und von dort geflohen. Nachdem er als Lehrer und Gymnasialdirektor gearbeitet hatte, suchte er nach einer neuen Stellung. Er konvertierte zum Protestantismus, und Anna Amalia ernannte ihn im Dezember 1775 zum Leiter ihrer Privatbibliothek, die Jagemann fortan beständig ausbaute. Etwa 3000 Werke in noch sehr viel mehr Bänden erwarb sie nach und nach. Sie las viel. Und sie übersetzte.

Von Jagemann verwaltet, wuchs nicht nur die Bibliothek zu einer der großen persönlichen Fürstenbibliotheken an, sondern er brachte nun auch Italien und dessen Kultur dem Weimarer Hof und dessen Umkreis nahe. Von 1777 bis 1781 veröffentlichte er in fünf Bänden sein Werk *Geschichte der freien Künste und Wissenschaften in Italien*, und von 1780 bis 1785 in acht Bänden das *Magazin der italienischen Literatur und Künste*, zudem 1803 in vier Bänden ein *Italienisches Wörterbuch*. Und im Januar 1777 wurde ihm eine Tochter geboren. Er nannte sie Karoline. Sie sollte noch für viel Wirbel in Weimar sorgen, dies auch in Verbindung mit dem jungen Mann, der bald Herzog werden würde.

Nun, da sich Carl August der Volljährigkeit näherte und bald als neuer Herzog die Regentschaft antreten sollte, galt es für ihn, rasch eine adäquate Braut auszusuchen. Von gleichem Stand und somit von hohem Adel musste sie sein und einen attraktiven finanziellen Hintergrund bieten, am besten war sie außerdem familiär und politisch verbunden mit den Kreisen der Macht Deutschlands, noch besser: auch Europas. Und – da seinerzeit allmählich auch den Gefühlen mehr Bedeutung beigemessen wurde – eine gewisse Zuneigung war ein willkommenes Kriterium.

Anna Amalia dachte an das Haus der Landgrafen von Hessen-Darmstadt. Und es traf sich, dass Karoline Henriette, die Goethe später die Große Landgräfin nannte, gerade nach Russland aufbrach, um drei ihrer Töchter am Kaiserhof Katharina der Großen vorzustellen, die wiederum nach einer Braut für ihren Sohn Paul, den künftigen Kaiser, suchte. Eine Tochter aus einer Familie, die Aussicht auf derlei exquisite neue Bande hatte, war daher äußerst interessant, um als Braut für Carl August in Betracht gezogen zu werden.

Als nun die Große Landgräfin auf dem Weg nach Russland mit ihrer Reisegesellschaft in Erfurt Station machte, kamen Anna Amalia und ihre beiden Söhne vorbei. Man wollte sich gegenseitig in Augenschein nehmen. Die drei Töchter wurden präsentiert. Jedoch stellte die Landgräfin unmissverständlich klar, dass der Kaiserhof in Russland das Recht auf die erste Wahl habe.

In Russland entschied die Zarin sich dann für Wilhelmina. So begann sich das Weimarer Interesse angesichts der beiden Töchter, die noch zur Wahl standen, auf Prinzessin Luise zu richten. Sie war fast im gleichen Alter wie Carl August, nur acht Monate jünger, und Görtz und Wieland hatten bereits Erkundigungen über sie eingeholt, die zu ihren Gunsten ausfielen. Prinzessin Luise tanze gut, wussten sie zu berichten, sei gebildet in Kunst und Literatur und von gutem Herzen, wenn auch ihre Höflichkeit Mängel zeige. Carl August zog Luise in Erwägung.

Eine bedeutende Reise

Die von Anna Amalia immer wieder herausgezögerte Kavalierstour ihrer Söhne startete schließlich doch; auch, weil Carl August damit einen Besuch bei seiner möglichen Braut verbinden konnte. Am 8. Dezember 1774 brach der Prinz mit seinem Bruder Constantin, dem Grafen Görtz, Constantins Erzieher Carl Ludwig von Knebel, der die Reise im Wesentlichen vorbereitet hatte, dem Oberstallmeister Josias von Stein, dem Leibarzt und einer angemessen großen Dienerschaft auf. Es sollte nach Straßburg gehen und auch nach Karlsruhe, wo Carl August die Annäherung an die potentielle Braut Luise vorantreiben sollte. Die war nach dem Tod ihrer Mutter, der Großen Landgräfin, bei ihrer Schwester Amalie untergekommen, die durch Heirat Erbprinzessin von Baden geworden war.

Auf dem Weg nach Karlsruhe lag Frankfurt. Und dort hatte Knebel etwas ganz Besonderes geplant. Kaum angekommen, suchte er am 11. Dezember den jungen Dichter Johann Wolfgang Goethe in dessen Elternhaus am Großen Hirschgraben auf, wo er zwischenzeitlich wieder lebte und halbherzig als Anwalt arbeitete. Knebel wollte den durch das Drama *Götz von Berlichingen* und die sensationellen, allüberall für Furore und Herzensstürme sorgenden *Leiden des jungen Werthers* berühmt gewordenen Mann kennenlernen. Und Knebel wollte, dass Carl August dies auch tat.

Als Knebel in Goethes Anwaltszimmer im Halbdunkel durch die Tür trat, hielt der den schlanken Mann zunächst für seinen

Freund Johann Georg Jacobi. Aber auch Knebel war ihm nach der kurzen Irritation sofort sympathisch, und als jener ihn zu einem Besuch in der Unterkunft der Reisegesellschaft der beiden Weimarer Prinzen einlud, stimmte Goethe sofort zu. Goethe hatte, wie er später in seinen Erinnerungen vermerkte, von den Erfolgen der Belebung des Theaters in Weimar durch Anna Amalia bereits erfahren.

Die Prinzen logierten im »Roten Haus«, und als Goethe deren Quartier betrat, lag dort ein noch nicht aufgeschnittener Buchblock von Justus Moesers *Patriotischen Phantasien* auf dem Tisch. Das habe Goethe sofort, wie er Jahre später berichtete, zu der Bemerkung veranlasst, in dieser Schrift habe Moeser der Zersplitterung Deutschlands in Kleinstaaten durchaus viel abgewonnen, da sie insbesondere für die Entwicklung der Kultur gut sei. Mit dieser Themensetzung gelang Goethe bei dem künftigen Regenten fast ein Entrée par excellence. Denn im weiteren Verlauf der Epoche sollte sich vor allem die Kultur als entscheidend für die Selbstbehauptung des kleinen Herzogtums Weimar erweisen. Aber vielleicht hatte Goethe bei der Erzählung dieser Episode im Nachhinein etwas nachgeholfen.

Man fand Gefallen aneinander, plauderte über Literatur und verabredete sich zu einem erneuten Treffen in Mainz drei Tage später. Dort vertiefte man die Gespräche und fuhr gemeinsam Schlittschuh. Carl August sprach Goethe auf Wieland an. Der hatte in seiner seit dem Vorjahr in Weimar erscheinenden Literaturzeitschrift *Teutscher Merkur* mit einem Text Goethe so verärgert, dass der als Antwort darauf die Farce *Götter, Helden und Wieland* veröffentlichte. Goethes – wie er selbst zugab – »garstig Zeug« parierte Wieland mit Grandezza, indem er im *Teutschen Merkur* den Text des jungen Angreifers als Meisterstück seines Genres lobte.

Carl August regte nun an, Goethe möge sich doch entschuldigen. Es folgte ein Billett Goethes an Wieland. Darin berichtete er, ihm und dem Herzog schmeckten die Bratwürste vortrefflich und sie wünschten, Wieland sei dabei.

Mit dem 26-jährigen Goethe, der erfüllt von hochfliegenden Träumen war und der sich aufgrund des Erfolgs seines *Werthers* zweifellos als Genie sah, sowie dem 17-jährigen Erbherzog, der bald volljährig war und kaum erwarten konnte, seine Regentschaft anzutreten, trafen zwei Männer aufeinander, die sich in der Verschiedenheit ihrer Herkunft, ihrer Charaktere, ihres Alters, aber auch in der Nähe vieler ihrer Gedanken und Wahrnehmungen hervorragend zu ergänzen versprachen.

Goethe gehörte einer wohlhabenden Familie an. Der Vater, ein Jurist, der nunmehr von seinem üppigen Erbe lebte, fühlte sich eher als Bürger und hielt Distanz zum Höfischen. Sohn Johann Wolfgang zeigte sich weniger zurückhaltend im Umgang mit Adelskreisen. Er hatte begeistert am aufgeklärten Hof des Landgrafen von Hessen-Darmstadt verkehrt und dort dem erweiterten Umfeld der Großen Landgräfin Karoline Henriette angehört, wegen deren Tochter Luise nun Carl August aus Weimar anreiste.

Nach dem Tode der Großen Landgräfin im März 1774 hatte sich der von Goethe geschätzte Kreis am Darmstädter Hof jedoch aufgelöst. Carl August reiste nach seiner ersten Begegnung mit Goethe weiter nach Karlsruhe. Es galt, Luise zu treffen. Am 18. Dezember berichtete er von dort seiner Mutter nach Weimar: »Ich habe gestern Abend die Bekanntschaft der Prinzessin Luise erneuert.« Und: »Sie ist gewachsen und schöner geworden. In den wenigen Minuten, in denen ich den Vorzug hatte, sie zu sehen, ist sie mir als eine Prinzessin von Geist und Charakter erschienen.« Und: »Ich gebe mir alle mögliche Mühe, sie kennen zu lernen.« Am nächsten Tag fand die Verlobung statt. Seine Verlobte beschrieb Carl August in einem weiteren Brief: »Sie ist nicht schön, aber wenn man sie liebt und sie fühlen lässt, dass man sie liebt, ist sie unendlich liebenswürdig. Sie besitzt große kornblumenblaue, ein wenig vorstehende Augen; ihr Blick ist nachdenklich. Nase und Mund sind klein, jeder Zug ihres Gesichtes ist wohlgebildet. Ihr Herz scheint nobel, frei und stark; sie gibt sich sehr einfach, wenn man sich mit ihr unterhält.«

Nach erfolgreicher Brautfahrt reisten die Prinzen und ihre Begleiter für sieben Wochen nach Straßburg. Man besuchte das Theater und parlierte *en français*. Es ging weiter nach Paris. Dort lernte die Reisegesellschaft einige der Enzyklopädisten kennen, die in Europa mit ihrem bahnbrechenden umfangreichen Werk die Wahrnehmung und die Vermittlung von Wissen auf völlig neue Ebenen hoben. Am 7. März 1775 machten Carl August und Constantin dann am Hof von Versailles die Bekanntschaft von Ludwig XVI. und Marie-Antoinette. Zudem erlebte der frisch verlobte Carl August in den Wochen in Paris mit der Gemahlin des Fürsten von Monaco wohl sein erstes erotisches Abenteuer.

Am 12. Mai trat man die Rückreise an und legte noch einmal einen Zwischenstopp in Karlsruhe ein. Dort trafen sich die Brautleute wieder. An einem Tag während des Aufenthaltes erschienen im Park auch die Grafen Stolberg, ein Freiherr Christian von Haugwitz und Goethe. Alle vier hatten sich wie der junge Werther aus Goethes Werk gekleidet, dem jungen Mann, der sich aus unglücklicher Liebe erschoss. Mittlerweile trugen überall viele junge Männer dessen in dem Briefroman beschriebene Tracht: einen blauen Frack mit gelben Knöpfen. Eine gelbe Weste, gelbe Kniehosen, braune Stulpenstiefel.

Mit dem Juni endete die Kavalierstour, und Carl August war fast volljährig. Anna Amalia befand ihr Werk als nahezu getan und entließ den Prinzenerzieher Görtz, der, wie sie Fritsch in einem Brief gestand, in ihren Augen Carl August gründlich verzogen habe. Görtz erhielt ein großzügiges Ruhegeld und von den Landständen eine Abfindung von 20 000 Talern. Carl August legte nach seinem Regierungsantritt sogar noch etwas drauf.

Am 3. September 1775, seinem 18. Geburtstag, trat Carl August seine Regentschaft als Herzog an. Parade. Pomp. Abends Ball. Eine von Wieland gedichtete Kantate, die Anna Amalia und dem jungen Herzog huldigte, kam zur Aufführung.

Die letzte Zeit ihrer Regentschaft war hart für Anna Amalia gewesen. Erschöpft hatte sie damit leben müssen, dass das Consilium zuletzt Entscheidungen mit der Begründung aufschob, man wolle dem jungen Herzog nicht vorgreifen. Als Carl August übernahm, waren die Finanzen zerrüttet. Nur ein Viertel der finanziellen Folgen des Siebenjährigen Krieges 20 Jahre zuvor war abgebaut worden.

Schon zwei Wochen nach seinem Regierungsantritt brach Carl August am 18. September zur Hochzeit mit Luise nach Karlsruhe auf. In Frankfurt traf er sich erneut mit Goethe, und er lud ihn ein, nach Weimar zu kommen. Goethe wollte in diesen Tagen weg aus Frankfurt. Im Anwaltsdasein sah er keine Zukunft. Und nicht zum ersten und nicht zum letzten Mal plagte ihn eine unglückliche Liebe. Diese jedoch blieb einmalig unter den zahlreichen, die Goethe erfuhr.

Muß in ihrem Zauberkreise
Leben nun auf Ihre Weise.
Die Verändrung ach wie groß!
Liebe! Liebe! Laß mich los!

Die Schlusszeilen des Gedichts *Neue Liebe Neues Leben*, das Goethe noch 1775 in der Zeitschrift *Iris* seines Freundes Johann Georg Jacobi veröffentlichte, zeigen, wie es in Goethe aussah. Seine Liebe zu der Bankierstochter Lilli Schönemann hatte ihn so heftig erfasst, dass er mit ihr im April 1775 die einzige Verlobung seines Lebens einging. Dem Freigeist in ihm widerstrebte aber schon bald die Aussicht auf die Ehe. Im Oktober des Jahres sollten Lilli Schönemann und er ihre Verlobung wieder lösen.

Carl August und Luise hingegen feierten am 3. dieses Monats Hochzeit. Die Feierlichkeiten am Karlsruher Hof hielten sich im Rahmen, und das Paar machte sich rasch auf den Weg nach Weimar. Der Weg führte über Frankfurt, wo Carl August seine Einladung an Goethe nicht nur wiederholte, er wurde sogar konkret. Goethe solle auf Carl Augusts Kammerjunker August von Kalb warten, der in den nächsten Tagen mit einer Kutsche durch die

Stadt komme. Von Kalb müsse sie nur erst in Straßburg kaufen. Goethe wartete, doch von Kalb kam nicht. Der Vater spottete und überredete den Sohn zu einer Italienreise. Am 30. Oktober machte Goethe sich auf den Weg nach Süden. In Heidelberg, wo er ein paar Tage Zwischenstation machte, erreichte ihn ein berittener Bote mit einem Brief von Kalbs. Der hatte selbst lange auf die Kutsche warten müssen und danach Goethe verfehlt. Goethe kehrte nach Frankfurt zurück, um nun von dort mit von Kalb nach Weimar zu reisen.

In Weimar wartete man schon voller Ungeduld. Wieland, der gespannt war auf »Shakespeares Nebenbuhler«, berichtete am 27. Oktober an Johann Caspar Lavater: »Auf Göthen warten wir hier sehnlich seit 8 – 10 Tagen von Tag zu Tag, von Stunde zu Stunde. Noch ist er nicht angelangt und wir besorgen nun, er komme gar nicht.«

Am frühen Morgen des 7. November 1775 traf Goethe im Landauer des Kammerjunkers von Kalb ein. Er trug die Werthertracht. Und die wurde auch in Weimar rasch Mode. Selbst Carl August kleidete sich schließlich so.

Zunächst bezog der junge Dichter mit seinem Diener Philipp Seidel ein Zimmer im Haus des Kammerpräsidenten Carl Alexander von Kalb, des Vaters von August von Kalb, nahe der Stadtkirche. Fast ein halbes Jahr wohnte Goethe dort. Schon an Goethes Ankunftstag lernten sich Goethe und Wieland in von Kalbs Haus kennen. Wieland war entzückt von dem jungen Mann. Man sah sich in den nächsten Tagen bei Hofe und dann in Wielands Haus in dessen großem Familienkreis. Bald schon schickte Wieland Briefe mit Lobpreisungen in die Welt. Goethe sei »das größte Genie, und der beste liebenswerteste Mensch, den ich kenne«.

Bei Hofe agierte Goethe zunächst ungelenk. Er tanzte nicht gut und war unsicher im Umgang mit den Würdenträgern. So schüchterten nicht zum ersten und zum letzten Mal Zeremoniell und Etikette des Weimarer Hofes, die oft in krassem Widerspruch zu Geist und Wesen der handelnden Personen standen, einen Neuankömmling ein. Doch Goethe gelang es mit seiner Lebhaftigkeit und seinem Unternehmungsgeist, den Hof und die Weimarer Gesellschaft bald atemlos zu machen. Zupass kam ihm dabei, dass es bald schneite und fror.

Goethe war erst wenige Wochen vor Ort, als der Winter einsetzte. Auf dem Teich an der Ilm, vor allem aber auf dem zugefrorenen Teich am herzoglichen Baumgarten und auch auf den unter Wasser gesetzten unmittelbar angrenzenden Schwanseewiesen begann er mit seinem Diener Seidel, der Hofgesellschaft das Schlittschuhlaufen beizubringen. Umrahmt wurde dies von Schlittenfahrten. Fackeln leuchteten im Abendlicht. Musiker spielten. Feuerwerke stoben in die Nacht.

Sturm und Drang

Vier Tage nach seiner Ankunft hatte Goethe am 11. November Charlotte von Stein kennengelernt. Sie begegneten sich im Pavillon des Stadthauses ihrer Eltern, dem Palais Schardt in der Scherfgasse. Anfang Dezember besuchte Goethe sie dann auf Gut Kochberg, einem Wohnsitz der Steins, und er ritzte dort seinen Namen in ihr Schreibpult. Ihren Mann Josias hatte Goethe als Begleiter Ernst Augusts auf dessen Frankreichreise schon kennengelernt.

Noch bevor sie sich überhaupt zum ersten Mal trafen, waren Goethe und Charlotte von Stein bereits aufeinander aufmerksam geworden. Sie hatten bei ihrem gemeinsamen Freund, dem Schweizer Arzt und Philosoph Christoph Kaufmann, Scherenschnitte des jeweils anderen gesehen und aneinander Gefallen gefunden. Und Charlotte von Stein kannte natürlich den *Werther*.

Geboren war sie als Charlotte von Schardt, Tochter des Kammerjunkers Johann Wilhelm Christian von Schardt und Hofmarschall des Despoten Ernst August. Ihr Vater hatte seine Tochter 1764 mit dem herzoglichen Stallmeister Gottlob Ernst Josias Friedrich Freiherr von Stein verheiratet, dem die Verantwortung für den Marstall, für die Pferde, die Fuhrwerke und das Gut Allstedt oblag.

Der Ehepartner war in den Ehen dieser Zeit selten der einzige vertraute oder überhaupt wichtigste Mensch. Denn man heiratete, um die Familie fortzuführen und um sich abzusichern, gegen Armut, gegen Krankheit, gegen das Alter und auch ein wenig gegen Einsamkeit. Ein Ehepartner musste einen halbwegs sicheren Rahmen schaffen. Liebe blieb nachrangig, und oft wusste man sich zu arrangieren, wenn sie ausblieb. So handhabten das auch die von Steins. Josias erwies sich in der Ehe als ein Kavalier, als ein Mann, den Charlotte »artig« gegen sie nannte. Als nun Goethe und sie bald viel Zeit miteinander verbrachten, oft Abend für Abend, schaute Josias weg.

Charlotte von Stein war sieben Jahre älter als Goethe. Sieben Kinder hatte sie schon zur Welt gebracht und viel an Körper und Seele gelitten. Die drei Söhne lebten. Doch die vier Töchter waren jeweils kurz nach der Geburt verstorben. Charlotte von Stein scheint Goethe, was das Körperliche betrifft, rasch in die Schranken gewiesen zu haben. Er respektierte die Grenzen, die sie setzte, und sie wurde für ihn Freundin, Partnerin, »Schwester«. Ein letztes »vielleicht doch« schwebte dennoch mit.

Zwischen beiden wechselten Briefe und Billetts, »Zettelgen«, oft mehrmals am Tag. Nachrichten von Stunde zu Stunde. Als sei man beisammen. Aus ihnen sprachen Leidenschaft, Liebe, das Interesse an der Welt, die Sorgen des Alltags und des Seins. Goethe achtete dabei auf keinerlei Briefkonventionen und legte oft noch eine »kleine Gabe« bei; Blumen, Obst oder eine Zeichnung. Überhaupt war ihm das Zeichnen wichtig. Auch so kann man die Welt erkennen. Und er animierte die Geliebte, dasselbe zu tun.

In Weimar sorgte derweil die enge Männerfreundschaft, die Goethe und der junge Herzog entwickelten, für allgemeine Furore. Der »Sturm und Drang« als literarische Epoche war im Grunde vorbei. In ihrem Handeln aber legten Carl August und Goethe nun jenes Verhalten an den Tag, das man mit diesem

Schlagwort gerne betitelt. Die beiden jungen Männer zechten, knallten auf dem Marktplatz mit Peitschen, auch gerne unter die Röcke vorbeigehender junger Frauen, rollten die Fässer eines Kaufmanns die abschüssige Straße hinab, warfen tote Katzen in Butterfässer, prügelten sich mit Burschen auf dem Land. Sie ritten im wilden Galopp umher, auch in der Nacht, gehüllt in Bettlaken. Ein Spaß wäre es, wenn brave Bürger, die sie sahen, sie für Gespenster hielten. Und Carl August, dessen Reitkünste dürftig waren, fiel ein ums andere Mal vom Pferd.

Aber die beiden Kindsköpfe redeten auch viel, durchschritten mit ihren Gedanken, Betrachtungen und Ideen die Welt und schliefen dann unter freiem Himmel oder nebeneinander auf einem Sofa ein. Weit über Weimar hinaus tratschte man über sie und ihre Taten. Briefe, die von den Empfängern und Leserinnen in jener Zeit meist von Hand zu Hand gereicht oder im kleinen bis größeren Kreis vorgelesen wurden, berichteten in skeptischen und missbilligenden Worten darüber.

Während die einen vom Tun der beiden abgestoßen waren, zog andere vor allem das nach Weimar. Die Brüder Friedrich und Christian Stolberg, genauer: zu Stolberg-Stolberg, seinerzeit bekannte Dichter, trafen Anfang Dezember 1775 in der Residenzstadt ein. Dort erlebten sie ein in ihren Augen munteres und nahezu egalitäres Leben am Hofe; und sie trugen in ihren Briefen diese Erlebnisse ins Land. Begeistert, doch auch ein wenig herablassend berichteten sie: »Engel Luischen ist Engel Luischen«, und »Prinz Constantin ist ein herziges, feines Bübchen«. »Eine Frau v. Stein« sei »ein allerliebstes schönes Weibchen«. Der junge Herzog »voll Herzenstreue, voll deutschen Geistes, gut, treuherzig, dabei viel Verstand«. »Man geht mit ihnen allen um, ganz als wären's Menschen wie Unsereiner.« Sie berichteten auch von Goethes Lesungen aus seinem in Arbeit befindlichen Werk namens *Faust*. »Die Herzoginnen waren gewaltig gerührt bei einigen Szenen.« Nach Tisch spielte man Blinde Kuh. Und die Stolbergs stahlen dabei Küsse von Charlotte von Stein, »die neben der Herzogin stand. Wo läßt sich Das sonst bei Hofe tun?«

Charlotte von Stein ließ Goethe nicht mehr aus den Augen. Sie beobachtete ihn mit ihrem ausgleichenden, teilnehmenden Wesen, mit einem erfahrenen Herzen, das gerührt war von der Leidenschaft, die ihr der hübsche lebensfrohe junge Mann entgegenbrachte. Die Ausschweifungen und das Überbordende Goethes betrachtete sie allerdings mit Befremden. Und doch. Mit Goethe ging die Verheißung einer neuen Welt einher. Für sie, für alle in Weimar. Und Goethe tat vieles, um diese Welt und seinen Blick darauf allen um ihn herum nahezubringen. Hin und her gerissen zwischen dem Wunsch, sich anlehnen zu können, und der Furcht vor Verletzung vertraute Charlotte von Stein ihren Briefen ihre Zuneigung für den Mann an, der »über alles kann Herr werden«; doch sie klagte auch über sein »kokettes« Wesen. Und dennoch: »… eine Weile muss er's so treiben«, beschwor sie sich selbst geradezu, »um den Herzog zu gewinnen und dann Gutes zu stiften.«

Goethe allerorten
1776–1793

Sie packen an

Anfang 1776 zeichnete sich ab, dass Goethe womöglich länger in Weimar bleiben wollte. Es war nicht nur die Freundschaft mit Carl August, nicht nur die Beziehung zu Charlotte von Stein. Goethe erkannte auch die Möglichkeiten, die sich ihm in dem kleinen Fürstentum boten. »Ich bin nun ganz in alle Hof- und politische Händel verwickelt und werde fast nicht wieder weg können«, ließ er seinen Freund Johann Heinrich Merck in Darmstadt in einem Brief am 22. Januar wissen. »Meine Lage ist vorteilhaft genug, und die Herzogtümer Weimar und Eisenach immer ein Schauplatz, um zu versuchen, wie einem die Weltrolle zu Gesicht stünde.« Wenige Wochen später, am 14. Februar, bekannte er in einem Brief an Johanna Fahlmer: »Wär's auch nur auf ein paar Jahre, ist doch immer besser als das untätige Leben zu Hause, wo ich mit der größten Lust nichts tun kann.« Goethe wollte neue Sphären betreten, die er erleben, durchdringen und gestalten konnte. So sollte es sein ganzes weiteres Leben bleiben. Damit formte er auch den Geist mit, der sich nunmehr in Weimar immer stärker entwickelte.

Wie es in Goethes *Torquato Tasso* heißt: »Ein edler Mensch zieht edle Menschen an«, kamen nun andere zu ihm, ähnlich wie es Goethe zu Carl August gezogen hatte. Die Berichte vom Treiben des berühmten jungen Dichters und des jungen Herzogs ließen nicht nur die Brüder Stolberg nach Weimar aufbrechen, wo in dieser Epoche des Kultes um junge Genies – und um das Genie der Jugend – ein Paradies zu entstehen schien, in dem Macht,

Geld und Geist eine Verbindung zum Wohle aller einzugehen versprachen. Der junge Unternehmer Friedrich Justin Bertuch, von Goethe »Allerweltskerl von Weimar« genannt – und wie sich schnell herausstellen sollte, ein kongenialer Helfer –, musste als herzoglicher Schatullverwalter nun Rechnungen für die Kleidung der jungen Genies begleichen, die abgerissen und voller Hoffnung in Weimar eintrafen.

Anfang April 1776 stieg der junge Dichter Jakob Michael Reinhold Lenz in Weimar aus der Postkutsche. Er kannte Goethe aus Straßburg. In seiner erst 1797, fünf Jahre nach Lenz' Tod, von Goethe veröffentlichten Erzählung *Der Waldbruder* scheint er über sich und Goethe Auskunft zu geben. Die Hauptpersonen heißen wenig verklausuliert Herz und Rothe. Lenz hatte man in Straßburg bereits Herz genannt. Immer übervoll mit Gefühlen, die, sobald sie in Lauf gerieten, für den Geschmack seiner Umgebung in der Art, wie er sie zeigte, zu viel des Erträglichen waren. Fritz Stolberg hatte ihn ermutigt, nach Weimar zu gehen: Der Herzog sei ein »herrlicher Junge«, Anna Amalia und Luise »zween Engel«, Wieland »weit besser, als ich dachte«. Lenz beschloss, hier nach einem Auskommen zu suchen. Er nahm Quartier im Gasthof Zum Erbprinzen, in dem einst Johann Sebastian Bach einen Gebäudeteil mit seiner Familie bewohnt hatte. Goethe und die Herzogsfamilie empfingen Lenz mit offenen Armen. Der im Leben Gestrandete atmete zunächst auf. Doch Lenz war Lenz. Und der überschritt oft Grenzen, die er selbst nicht sah. Hier in Weimar verwechselte er nun wohl Scherze und Vertraulichkeiten mit zurückgenommenen Gesellschaftsschranken. Ein fataler Fehler an einem Hof, der trotz allem streng auf Etikette hielt.

Zwar gefiel Lenz in seinem Wesen, ganz besonders den Damen, doch bald befremdete er. Bei einem Ball erschien er in einer unpassenden bunten Kleidung, tanzte auf unangemessene Weise mit einer Hofdame und musste von Pagen hinauseskortiert werden. Goethe vermerkte eine »Eseley« von Lenz. Es war allerdings nur die erste. Die zweite, von Goethe ebenfalls als solche notiert, sollte bald folgen und zu seiner Entfernung aus Weimar führen. Es war wohl ein Pasquill, eine Spottschrift, eine seinerzeit häufig genutzte Textform, mit der Lenz erneut das Erduldete überschritt. Lenz verbreitete sich darin, wie vermutet wird – denn von keinem Beteiligten existieren Briefe oder Notizen zu der Angelegenheit –, über Goethes Beziehungen, insbesondere über Eifersüchteleien, ihn betreffend, zwischen Charlotte von Stein und Anna Amalia. Am 1. Dezember 1776 musste Lenz gehen. Goethe, der dessen Ausweisung aus dem Herzogtum betrieben hatte, brach den Kontakt mit Lenz ab. Lenz bekam Reisegeld und ging.

Dann war da Friedrich Maximilian Klinger, der Verfasser des Dramas *Sturm und Drang*, das den überschwänglichen Werken dieser Zeit, in der vornehmlich junge Autoren Genie und Gefühl feierten, später seinen Namen als Literaturströmung gab. Goethes *Werther* gehörte an vorderster Stelle dazu. Klinger kam am 10. Juni 1776. Auch er überwarf sich bald mit Goethe. Im Herbst ging Klinger wieder und verdingte sich als Dichter für die Seyler'sche Theatertruppe.

Trotz der Grenzen, die Goethe nun mittlerweile anderen Stürmern und Drängern aufzeigte, schienen er und Carl August für sich weiterhin kaum welche zu kennen. Friedrich Gottlieb Klopstock, der 25 Jahre ältere väterliche Freund, Dichter der Literaturströmung der Empfindsamkeit, die Goethe auch bei der Arbeit an *Werther* beeinflusst hatte, beobachtete das Treiben des jungen Dichters und des jungen Herzogs stirnrunzelnd aus dem fernen Hamburg. Klopstock hatte Goethe einst das in Weimar so gut aufgenommene Schlittschuhlaufen beigebracht und Goethe damals belehrt, es heiße Schrittschuhlaufen, wegen der Schritte. Nun im Mai mahnte Klopstock Goethe, seinen Lebenswandel in Weimar zu überdenken. Der verbat sich umgehend weitere Zurechtweisungen: »Verschonen Sie uns ins Künftige mit solchen Briefen, lieber Klopstock«, antwortete Goethe »Sie helfen nichts und machen uns immer ein paar böse Stunden.« Es kam zum Bruch.

Im Frühjahr 1776 aber begannen Goethe und Carl August, ihre Aufmerksamkeit mehr und mehr der Gestaltung des Herzogtums zuzuwenden. Kurzum, Carl August beschloss, zu regieren; und er wollte, dass Goethe in das Geheime Consilium eintrat. Der stand auch bereit. Doch der leitende Beamte des Consiliums, Jakob Friedrich von Fritsch, stellte sich quer. Ein junger unerfahrener Parvenu sollte ohne den allmählichen Aufstieg durch Erfahrung und Verdienste in mehreren Ämtern ins oberste Gremium aufsteigen? Fritsch drohte nun in einem Brief an Carl August mit Rücktritt. Carl August antwortete, es sei Goethe nicht zuzumuten, sich wie üblich hochzudienen, und resümierte: »Einen Mann von Genie nicht an dem Ort gebrauchen, wo er seine außerordentlichen Talente nicht gebrauchen kann, heißt denselben missbrauchen.«

Fritsch aber blieb hart, und so fiel Anna Amalia die Aufgabe zu, Fritsch zu besänftigen, denn verzichten wollte man auf ihn nicht. Ja, man brauchte ihn. Fritsch war wichtig, effektiv, erfahren und bewährt. Doch man wollte auch Goethe. »Ich bitte Sie aus Liebe für mich, verlassen Sie meinen Sohn nicht unter diesen Umständen«, flehte Anna Amalia daher den höchsten Beamten per Brief an. Sie appellierte an seine Talente, sein »gutes Herz«, und bat ihn, von einer »falschen Idee«, die er sich »in den Kopf gesetzt« habe, Abstand zu nehmen. »Machen Sie Goethes Bekanntschaft, suchen Sie ihn kennen zu lernen.« Fritsch war besänftigt. Aus Treue zu Anna Amalia blieb er.

Am 11. Juni 1776 wurde Goethe als Geheimer Legationsrat in das Consilium aufgenommen, und wie es sich gehörte, erschien er bei Amtsantritt mit Degen, Tressenrock und Schuhen mit Silberschnallen. An Lavater berichtete er: »Ich bin nun ganz eingeschifft auf der Woge der Welt – voll entschlossen: zu entdecken, gewinnen, streiten, scheitern oder mich mit aller Ladung in die Lufft zu sprengen.« Den skeptischen Fritsch überraschte Goethe umgehend mit Zuverlässigkeit und der Gabe, zuzuhören, anzupacken und schnell zu lernen. Und, mindestens ebenso wichtig: Er ordnete sich ein, und er zeigte Interesse an allen Fragen des

Regierungsgeschäfts, informierte sich vor Ort in allen Ecken und Winkeln, in den Dörfern, auf den Gütern, in den Manufakturen. Für seine Reisen bekam er, damals ein schlechter Reiter, ein besonders fügsames Pferd aus dem herzoglichen Marstall zugeteilt. Das Pferd trug den passenden Namen Poesie.

Rasch wuchsen Goethe neue Aufgaben zu. 1777 übertrug man ihm die Verantwortung für das darniederliegende Ilmenauer Bergwerk. 1779 erfolgte die Ernennung zum Direktor der Kriegskommission. In dieser Funktion musste er sich vor allem der viel zu hohen Militärkosten annehmen. Er halbierte sie. Im gleichen Jahr übernahm er auch die Leitung der Wegekommission. Die leidigen Sorgen um die Straßen drückten, und Goethe versuchte einen Anschluss an das Wegenetz herzustellen. Das aber war bei weitem noch nicht alles, was Goethe in den nächsten Jahren zu tun hatte.

Das Locken weiterer herausragender Köpfe nach Weimar ging derweil munter weiter. Nachdem es ursprünglich wohl Wielands Idee gewesen war, betrieb nun Goethe die Verpflichtung seines Freundes Johann Gottfried Herder, den er wie Lenz aus seiner Zeit in Straßburg kannte. Er schlug ihn als Superintendenten und somit Leiter der Kirchen des Herzogtums vor. Carl August war einverstanden, und gemeinsam setzten sie Herders Berufung gegen die konservativen Kirchengremien durch.

Herder trifft ein

Herder war erst 30 Jahre alt und somit der nächste herausragende junge Geist, den die kleine Residenzstadt gewann. Aber das passte ja nun auch. Er kam in ein ohnehin junges Umfeld. Goethe war 27 Jahre alt. Carl August 19, seine Frau Luise ebenfalls, Anna Amalia auch erst knapp 37, Charlotte von Stein 33. Prinz Constantin war 17, dessen Erzieher Knebel 31. Anna Amalias neuer Kammerherr, der Schriftsteller Hildebrand von Einsiedel, zählte 25 Jahre. Der nicht nur für die Finanzen des Hofes wichtige Unternehmer Friedrich Justin Bertuch war erst 27 Jahre alt.

Am späten Abend des 1. Oktober 1776 traf Herder mit seiner Frau Caroline und den beiden Söhnen als neuer Superintendent und damit oberster Geistlicher ein. Auch die Verantwortung für das Schulwesen oblag ihm. Das Heim für das weitere Leben der schließlich auf sechs Söhne und eine Tochter anwachsenden Familie war ein großes dunkles Haus, gerahmt von anderen dunklen Häusern dicht hinter der Kirche St. Peter und Paul auf der anderen Seite einer engen Gasse. Am Tag raubte die Kirche dem Haus und damit Herder das Licht. Die Küster der Kirchen der Umgebung erwarteten ihn. Caroline Herder berichtete: »... die Geistlichkeit – unterwürfig. Diese Unterwürfigkeit war ihm fremd und zuwider.« Ein blinder Nachtwächter sang ein Lied. Er sang sämtliche Strophen, und es waren viele. Es schien, als gelänge es Weimar schon bei Herders Ankunft, dessen Hang zu Krittelei und düsterer Angespanntheit herauszufordern.

In Ostpreußen geboren, der Vater Kantor, war Herder von den Eltern pietistisch geprägt worden und bescheiden aufgewachsen. In Königsberg hatte er sich zum Chirurgen ausbilden lassen wollen, war dann aber zur Theologie gewechselt und hatte danach mehrere Aufgaben als Prediger absolviert und außerdem begonnen, zu veröffentlichen. 1774, in dem Jahr, da Goethes *Werther* für Furore sorgte, war seine geschichtsphilosophische Abhandlung *Auch eine Geschichte zur Bildung der Menschheit* erschienen, in der er Geschichte als eine Abfolge individueller Epochen darstellte, die auch individuell zu deuten seien. Das Werk erfuhr große Resonanz.

Nun predigte Herder, im Grunde seines Herzens ein Philosoph von weltbürgerlichem Verständnis, in der Kirche St. Peter und Paul, die man später schlichtweg Herderkirche nennen sollte. Er redete klar und durch seine Betonung fesselnd, unterließ jede Geste und hielt inne, sobald jemand hustete.

In St. Peter und Paul hatte einst auch Luther kurz nach Veröffentlichung seiner Thesen und danach noch bei vielen Aufenthalten gepredigt. Weimar war zudem der Ort, an dem Luther erstmals von den »zwei Reichen« sprach. Da sei das Reich des Menschen in der Welt, in dem die von Gott eingesetzten Obrigkeiten regierten. Und da sei das Reich Gottes, in dem allein dessen Gesetze gelten. 1522 war Thomas Müntzer zu einer Disputation in Weimar gewesen und hatte gegen Luther, den »Fürstenknecht«, gewettert. So war Weimar auch ein bedeutender Ort, an dem die frühen Größen der Reformation das Verhältnis von Kirche und Staat diskutiert hatten. Luther veröffentlichte dort Anfang 1523 seine Schrift *Von weltlicher Obrigkeit, wie weit man ihr Gehorsam schuldig sei*, dazu gedrängt von dem Weimarer Hofprediger Wolfgang Stein. Als ein Jahr später im April mit Johannes Grau ein neuer lutherischer Pfarrer seinen Dienst angetreten hatte, entstand ein neues Verhältnis von Kirche und Volk. Der protestantische Priester besaß Familie und mischte sich im Alltag stärker unter das Volk, nahm an dessen Leben teil und trug dann auch dessen Kleidung. In der Person Herders trat der Geistliche nun vielleicht noch konsequenter in die Welt, als es bislang allgemein der Fall gewesen war. Herder suchte das Gemeinsame und die Harmonie in dem, was in der Welt war; insbesondere beschäftigte er sich mit den Handlungsweisen und dem Austausch zwischen Menschen, ihren Kulturkreisen, ihren Sprachen, und er sah einen allumfassenden gemeinsamen Geist darin walten. Darin war er Goethe vermutlich weit näher, als beide es je erkannten, vielleicht dabei verblendet durch Animositäten und Eifersüchteleien, die oft genug vor allem bei Herder zu finden sein sollten.

Umbruch, Aufbruch

Weimar war nun also eine Stadt, in der junge Menschen an maßgeblichen Stellen wirkten. Hinzu kam, dass der Ort in so vielem selbst dazu beitrug, dass es um Aufbrüche und Neuanfänge ging.

Das im Jahr zuvor abgebrannte Residenzschloss stand im Herzen der kleinen Stadt als eine verkohlte Ruine. Mit Stützen sicherte man es gegen den Einsturz. Die fürstliche Familie lebte eher behelfsmäßig im Fürstenhaus, einem schmucklosen Bau, der für die Landstände gedacht gewesen war und nun den Bewohnern mit seinen Baumängeln und Unzulänglichkeiten das Leben sauer machte. Die Hofküche hatte man in einem Nebengebäude unterbringen müssen, und die Dienerschaft trug die Speisen über die Straße. Doch jetzt wohnte man nun mal dort, hielt mehr oder minder improvisierend Hof und regierte, denn auch die Regierung, das Geheime Consilium und die Landeskasse waren im Fürstenhaus untergebracht. Mit diesem Behelf lebte man schließlich fast dreißig Jahre. Vielleicht aber trug ebendies trotz aller Treue zum Zeremoniell dazu bei, manche festgefahrenen Abläufe aufzulockern.

In der Tat wischte der junge Fürst viele alte Zwänge und Usancen mit leichter Hand weg. So blieb Anna Amalia auf sein Drängen in Weimar. Für die Witwe des bisherigen Herzogs war es eigentlich üblich, sich in einen eher abgelegenen Witwensitz zurückzuziehen. Im 50 Kilometer entfernten Allstedt wartete dieser bereits auf sie. Doch Carl August wollte seine Mutter, trotz aller Gefechte, die er mit ihr austrug, in Weimar wissen. Sie musste vermutlich nicht lange überredet werden. In Allstedt wäre sie weit weg von Kultur und Kunst gewesen und von all dem anderen, das sich in der kleinen Stadt nun tat.

Anna Amalia war nach dem Schlossbrand 1774 in das Stadtpalais gezogen, das schließlich als Wittumspalais (Witwenpalais) bekannt wurde. Fritsch verkaufte es ihr mehr oder minder bereitwillig. Ab 1776 wohnte sie jeweils im Sommer in Schloss Ettersburg. Dieses von Ernst August umgebaute Rokoko-Schloss war seit fast 30 Jahren unbewohnt gewesen. Sie ließ es renovieren und Parkanlagen anlegen, wie auch am Wittumspalais. Ihr Hofstaat bestand aus etwa 40 Personen.

In Weimar waren und blieben für jeden, egal wo man sich in der Stadt niederließ, die Wege zum anderen kurz. Herders Wohnhaus lag nur wenige Häuser neben dem Haus Carl Alexander von Kalbs. Dort wohnte Goethe. Der musste von dort nur wenige hundert Meter Wegstrecke zum Domizil von Charlotte von Stein und etwa 300 Meter zum Fürstenhaus zurücklegen. Als er im Frühjahr 1776 dann umzog, war der Weg zu Herder zwar etwas weiter, aber noch immer in wenigen Minuten zu absolvieren, und die auch räumliche Nähe zu Carl August und Charlotte von Stein blieb gleich.

Ein Haus lädt zum Bleiben ein

Im April 1776 gehörte Goethe plötzlich das Gartenhaus an der Ilm. Er wurde als Käufer ausgewiesen. Doch Bertuch, den Carl August zwischengeschaltet hatte, bezahlte das Haus aus der fürstlichen Schatulle. Und so erhielt Goethe es als Geschenk. Ein Amt, ein Haus! So war der Rahmen gesetzt, mit dem Carl August seinen unsteten Freund dauerhaft in Weimar halten wollte.

Goethe ließ sein neues Refugium nach seinen Wünschen umbauen und zog im Mai dort ein. »Hab ein liebes Gärtgen vorm Tore an der Ilm schönen Wiesen in einem Tale, ist ein altes Häusgen drinne, das ich mir reparieren lasse«, berichtete er seiner Brieffreundin Auguste zu Stolberg. In der ersten Nacht vom 18. auf den 19. Mai schickte er seinen Diener Philipp Seidel fort und schlief dort allein. »Alles ist so still. Ich höre nur meine Uhr tacken, und den Wind und das Wehr von ferne.«

Goethe ließ nun an den Hausfassaden Spaliere anbringen, an denen bald Rosen und Wein wuchsen. Erdbeeren und Spargel gediehen im angrenzenden Nutzgarten. Die mochte er besonders gern. Ein Junggesellenhaushalt nach allgemeinem Verständnis war Goethes neues Zuhause nicht. Mindestens weitere fünf Leute lebten dort mit ihm. Köche, Mägde, Schreiber, Diener. Goethe hatte immer noch nicht vor, lange Jahre zu bleiben, doch nach Frankfurt zog es ihn auch nicht zurück. Wie auch immer, die Situation in Weimar war komfortabel. Goethe genoss viele Freiheiten und konnte in der Atmosphäre des Wandels und des Übergangs abwarten, was sich eventuell als nächstes ergab.

Sicherlich spielte es in der Beziehung Goethes zu Carl August eine Rolle, dass Goethe finanziell nur bedingt von Carl August abhängig war und, wie Goethe in späteren Jahren auch anmerkte, dass er der um sieben Jahre Ältere von beiden war. Das glich ein wenig die weit größeren finanziellen Möglichkeiten Carl Augusts und auch die große Machtfülle des jungen Herzogs aus. Beide wussten zudem, viele mögliche Erfolge lagen in ihrer Gemeinsamkeit und in dem Ort Weimar, dessen Kosmos sich als ideales Spielfeld für Goethe erwies.

Theater

Das Theaterspielen bedeutete dem Adel sehr viel in diesen Tagen. Es war *en vogue* an den Höfen als Anregung, als Zeitvertreib, als Ort des Sehens und Gesehenwerdens. Und man spielte in sogenannten Liebhabertheatern gerne und oft selbst. Selbst Theater zu spielen bot die Gelegenheit, Prestige zu erwerben, aber auch jenseits des Zeremoniells Beziehungen zu knüpfen, zu pflegen und zu vertiefen. Auch die Erfahrung von Resonanz, von Applaus beflügelte. Selbst der Sonnenkönig war in Versailles begeistert aufgetreten, wo selbst gespielte Theaterstücke und Singspiele gang und gäbe waren. In Weimar war das Selbstspielen in diesen Tagen sogar ein Muss. Denn das alte Theater gab es nicht mehr. Keine Schauspieltruppe war engagiert. Aber es fehlte nicht nur der angemessene Spielort, sondern vor allem das Geld.

Im Liebhabertheater – auch in Weimar – besetzte man bei den Aufführungen mit Laien und mit Professionellen, gespielt wurde sowohl Leichtes als auch Anspruchsvolles. 60 Stücke in weit über 100 Aufführungen wurden zwischen 1776 und 1780 aufgeführt. Seitdem das Theater 1774 beim Schlossbrand vernichtet worden war, fanden die Aufführungen oft im Wittumspalais statt, am häufigsten aber auf Schloss Ettersburg. Ab 1779 auch im Redoutensaal an der Esplanade.

Die Leitung des Liebhabertheaters lag schon bald in den Händen Goethes. Auch so verpflichtete man ihn, beschäftigte ihn. Und man lernte sich besser kennen. Goethe gelang es über das Liebhabertheater, in der schwierigen Ehe zwischen Carl August und Luise zumindest für ein wenig Ausgleich zu sorgen, indem er die zurückhaltende Luise miteinbezog.

Luise blieb am Hof und in der herzoglichen Familie immer eine Außenseiterin. Von ihrem Gatten Carl August wurde sie wenig beachtet, von der Rührigkeit ihrer Schwiegermutter, der bestens vernetzten Ex-Regentin Anna Amalia, an den Rand gedrängt, worauf sie, von Natur aus im Verhalten spröde, mit dem Rückzug auf Etikette, der Überwachung der Regeln und des Zeremoniells bei Hofe reagierte. Bald lernte sie, dass sie darüber Macht, Respekt und Halt gewann. Sie und Goethe verstanden sich gut. Er nannte Luise »Engel«. Aber so nannte er viele Frauen.

Es dauerte nicht lange, und Goethe lieferte die ersten selbst verfassten Texte für das Liebhabertheater. Sein Schwank *Das Jahrmarktsfest zu Plundersweilen* gelangte am 30. Oktober 1778 zur Uraufführung auf Schloss Ettersburg. Goethe spielte gleich mehrere Rollen. Die Lieder an dem Abend stammten aus der Feder von Anna Amalia.

Im Spätherbst 1776 kam professionelle Verstärkung für die Theateranstrengungen bei Hofe. Corona Schröter traf aus Leipzig in Weimar ein. Die ausgebildete Sängerin war eine gute Schauspielerin, spielte Cembalo und Gitarre, schuf eigene Kompositionen, zeichnete und malte, und sie war schön. Goethe hatte sich bereits in seiner Studentenzeit in Leipzig für sie begeistert. Dort war sie durch Singabende und Theaterauftritte zu einem Liebling des Publikums avanciert. Nun war sie auf Goethes Vorschlag verpflichtet worden. Und Goethe trat mit ihr auf, etwa in seinem Drama *Iphigenie auf Tauris*. Er als Orest. Sie als Iphigenie. Ein Gemälde von Georg Melchior Kraus von 1779 hat das Ereignis festgehalten.

Der Park

Es tat sich nun viel in Weimar, jetzt, da Carl August und Goethe anpackten. Ein Vorhaben, dessen Verwirklichung Charakter und Atmosphäre der kleinen Stadt erheblich und nachhaltig verändern sollte, betraf ein etwa 300 Meter breites Gelände zu beiden Seiten des kleinen Flusses Ilm, das unmittelbar an der damaligen Ruine des Residenzschlosses im Norden beginnt und anderthalb Kilometer nach Süden verläuft. Carl August und Goethe beschlossen, diese Landschaft, die ein Wirrwarr aus Wiesen, Waldstücken und Brachflächen war, vollkommen neu zu gestalten, im modernen und von Aufbrüchen bestimmten Geist der Zeit.

Denn auch in der Landschaftsgestaltung schlug sich die Aufklärung nieder. Die Ideen des französischen Philosophen Jean-Jacques Rousseau spielten hinein, aus denen man ein »Zurück zu Natur« las; und man wandte sich von den gezirkelten Barockgärten ab, deren Reste auch noch am Fuße der Residenzschlossruine in Weimar standen. Das offensichtlich Gezwungene in der Landschaftsgestaltung dieser nun vergangenen Epoche war passé. Insbesondere der dort geübte Blick auf das Naheliegende. Nun sollte der Blick in die Ferne schweifen, in eine Landschaft, die wie natürlich gewachsen erscheinen sollte, jedoch mit weiten Flächen. Und mit im besten Falle atemberaubenden Sichtachsen.

Carl August und Goethe hatten sich bereits inspirieren lassen, als sie vom 3. bis 20. Dezember 1776 erstmals auf Einladung des Fürsten Leopold III. Friedrich Franz von Anhalt-Dessau im Wörlitzer Park gewesen waren. Goethe und Carl August nahmen an der winterlichen Jagd in den Elbauen teil, und Goethe war von der Architektur, der Landschaft und dem Geist der Aufklärung am Hof beeindruckt.

Der Wörlitzer Park erstreckt sich am Wörlitzer See, einem alten Flussarm der Elbe. Von 1769 bis 1773 angelegt, war er einer der ersten und größten Landschaftsparks in Deutschland nach englischem Vorbild. Fürst Leopold wollte mit dem Park den Menschen in den Mittelpunkt setzen und auch über die Ästhetik einen praktischen Beitrag zur Bildung seiner Untertanen leisten. Jeder durfte den Park besuchen. Das Wörlitzer Schloss wiederum gilt als das erste bedeutende Bauwerk des deutschen Klassizismus. Man sieht die Einflüsse des besonders in jenen Tagen in Europa und dann in den jungen Vereinigten Staaten von Amerika einflussreichen Stils des italienischen Renaissancearchitekten Andrea Palladio und der darauf aufbauenden klassizistischen Architektur Englands aus dieser Zeit.

Anderthalb Jahre später machten Carl August und Goethe im Mai auf dem Weg nach Berlin erneut in Wörlitz halt. Der Park stand in überwältigender Blütenpracht; Goethe fuhr mit einer Gondel durch die Kanäle und zeichnete das Wörlitzer Schloss. Auf der Rückreise von Berlin verbrachten die beiden Freunde die letzte Maiwoche erneut in Wörlitz. Goethe erkundete die Landschaft und zeichnete sie.

Wörlitz war damals Beginn, war Moderne. Und diese Moderne kam nun nach Weimar. Ab Mitte 1778 wurde der Ilmpark nach dem Vorbild der englischen Landschaftsgärten und dem Park von Wörlitz angelegt. Unter der Federführung Goethes.

Das erste Mal hatte Goethe in die Gestalt der Landschaft an der Ilm schon an den ersten Tagen dieses Jahres eingegriffen. Am 17. Januar fanden seine Diener Seidel, Sutor und Götze an der damaligen Floßbrücke, wo später die Naturbrücke errichtet wurde, die seit dem Vortag vermisste 17-jährige Christiane von Laßberg tot in der eisigen Ilm. Man trug sie hinauf zum Haus der Steins. Die Tochter des Stadtkommandanten, eine Hofdame und zudem Tänzerin im Hoftheater, hatte sich aus Liebeskummer das Leben genommen. Eine Ausgabe des *Werther* soll sie bei sich gehabt haben. Goethe war erschüttert. Abends besuchte er die Eltern der Toten.

Zum Gedenken Christels – wie er sie nannte – begann Goethe mit dem Hofgärtner Carl Heinrich Gentzsch und mehreren Männern noch am Abend nach ihrem Tod am Steilufer der Westseite der Ilm, an dem er oft dann vom Gartenhaus kommend hinauf in die Stadt stieg, eine Treppenpassage in den Fels zu schlagen, das sogenannte Nadelöhr. Charlotte von Stein berichtete er am 19. Januar: »Ich hab mit Jentschen ein gut Stück Felsen ausgehölt, man übersieht da in höchster Abgeschiedenheit, ihre lezten Pfade und den Ort ihres Tods. Wir haben bis in die Nacht gearbeitet, zulezt noch ich allein bis in ihre Todtes Stunde, es war eben so ein Abend.« Knebel, mit dem Goethe längst eine Freundschaft verband und den er später seinen »Urfreund« nennen sollte, kam zu ihm hinüber und blieb über Nacht. Sie redeten viel über das Ereignis.

Den öffentlichen Auftakt zur Gestaltung der Ilmlandschaft bildete einige Monate später das sogenannte Luisenfest am 9. Juli 1778, an dem Herzogin Luise ihren 21. Namenstag feierte. Zu diesem Anlass ließ Goethe für die junge Herzogin eine »Einsiedelei« errichten. So etwas war *en vogue*. Eine Kapelle gehörte dazu. Letztlich blieb von allem nur das verwunschen seltsame Borkenhäuschen erhalten, das Carl August als Rückzugsort für sich nutzte.

In den nächsten Jahren gestalteten nun Carl August und Goethe auf vielfältige Art und Weise das neue Gesicht des Parks. Sie nutzten dafür alte Sichtachsen auf neue, spektakulärere Weise, und sie schufen Sichtpunkte, sowohl architektonische als auch skulpturale. Mal entdeckte man sie in verborgenen Ecken, mal waren sie von weithin zu sehen. Fundorte im Meer des zu Entdeckenden.

Auch Goethes Gartenhaus am Rande des entstehenden Parks gehörte dazu. Am 5. April 1777 notierte Goethe: »Agathe Tyche gegründet.« Tyche ist in der griechischen Mythologie die »Göttin des Zufalls«. Goethe hatte im Garten des Hauses nach seinem Entwurf eine Skulptur aufstellen lassen, die er so nannte. Die Skulptur wird auch »Der Stein des guten Glücks« genannt. Sie besteht aus einer Kugel, die auf einem Kubus von leicht größerem Durchmesser liegt. Beide sind aus rotem Sandstein.

Mit dem »Stein des guten Glücks« war Goethe der Schöpfer einer der ersten abstrakten Skulpturen in Deutschland. Man erreichte sie vom Gartenhaus durch eine Malvenallee. Der Kubus steht für das Beständige, die Kugel für das Wechselhafte im Leben. Beständig wie Charlotte und wechselhaft wie Goethe.

Ein Allerweltskerl treibt die Kultur voran

Der »Allerweltskerl von Weimar« Friedrich Justin Bertuch machte vieles möglich, wenn es sich um die Finanzierung und die Organisation eines Vorhabens handelte. Er war Unternehmer und Sozial- und Kulturpolitiker in einem. In Weimar als Sohn eines Garnisonsarztes geboren, der im Dienst von Ernst August Constantin gestanden hatte, war er mit 14 Jahren zur Vollwaise geworden und von da an in der Obhut eines Onkels aufgewachsen, der eine Zeitung herausgab.

Bertuch schloss das Gymnasium mit Auszeichnung ab und studierte Theologie sowie Rechtswissenschaften in Jena, obwohl er sich eher für Kunst, Literatur und Natur interessierte. Er verfasste auch Gedichte und sammelte Pflanzen. 1769 brach er mit 21 Jahren das Studium ab und verdingte sich als Privatlehrer der Söhne des Freiherrn Ludwig Heinrich Bachoff von Echt auf dessen Gut Dobitschen bei Altenburg. Von Echt, der als Gesandter in Spanien amtierte, erkannte die Talente des jungen Mannes, brachte ihm die spanische Literatur nahe und ermunterte ihn, zu publizieren. Bertuch lernte in wenigen Wochen Spanisch und kehrte 1773 als freier Schriftsteller nach Weimar zurück. Er machte die Bekanntschaft von Musäus und Wieland, an dessen *Teutschem Merkur* er bald mitarbeitete. Wieland vermittelte ihm Zugang zum Hof, während Bertuch begann, Cervantes' *Don Quijote* tage- und nächtelang ins Deutsche zu übersetzen. Es folgten noch weitere Übersetzungen aus der englischen und der französischen Literatur.

Bertuch aber besaß über seine literarische Begabung hinaus ein Händchen für Geld; und so jemanden brauchte man in Weimar an höchster Stelle. 1775 wurde er Kabinettssekretär und Verwalter der Privatfinanzen des jungen Herzogs Carl August, zudem betraute man ihn mit den Finanzen der Bibliothek und der Sammlungen. Auch führte er Protokoll bei Audienzen und erledigte wesentliche Teile des Briefverkehrs. Bald sollte er auch auf die allgemeinen Staatsfinanzen achten, was ihn angesichts der zahlreichen Vorhaben und Feste, die man sich bei Hof wünschte, nicht sonderlich beliebt machte.

Mit seiner *Don Quijote*-Übersetzung feierte Bertuch einen großen Erfolg, und auch was seine Ideen für Weimar selbst betraf, tat sich etwas. Bereits 1774 hatte er mit dem mit ihm befreundeten Maler Georg Melchior Kraus die Schrift *Entwurf einer mit wenigen Mitteln hier zu errichtenden Zeichenschule* verfasst. Kraus, in der Mitte seiner 30er Jahre, war von Bertuch und Wieland nach Weimar gelockt worden, wo sie ihn bei Hofe einführten. Der geborene Frankfurter Kraus hatte in seiner Geburtsstadt schon Goethe selbst Zeichenunterricht gegeben und diesen später auch über die Verhältnisse in Weimar informiert, bevor der sich entschied, dorthin zu reisen.

Tatsächlich gründete Carl August 1776 im »Roten Schloss« auf Anregung Bertuchs die Fürstliche freie Zeichenschule. Kraus vertraute man die Leitung der Einrichtung an. In Bertuchs Denkschrift ist das Ziel formuliert, »guten Geschmack und Kunstfertigkeit unter allen Klassen und Ständen im Lande zu verbreiten und den Nahrungsstand des Handwerks zu verbessern«. Ja, es galt, das einheimische Handwerk gegen den Wettbewerbsdruck der Manufakturen in England und Frankreich zu wappnen. Bertuch sah die Zeichenschule als einen Ort zur Ausbildung freier Künstler, verfolgte aber auch wirtschaftliche Ansätze damit.

Allen Gesellschaftsschichten, ob Mann, ob Frau, stand die Zeichenschule ab dem zwölften Lebensjahr offen, und so eröffneten sich auch für Begabte aus ärmeren Schichten Möglichkeiten, etwa die Aussicht, Kupferstecher zu werden. Die Pagen des Hofes besuchten die Zeichenschule ebenfalls. Der Besuch der Schule sollte kostenlos sein, denn Handwerker könnten sich nicht leisten, von ihren schmalen Einkünften auch noch eine Ausbildung zu bezahlen.

Bertuch gründete außerdem einen Verlag und baute 1778 zur Unterstützung seiner Verlagsaktivitäten eine Schleifmühle zu einer Papier- und Farbenmühle um. Zwei Jahre später ließ er ein Anwesen für sich und seine Familie errichten. Das Landhaus, das bis 1782 entstand und das er um die Jahrhundertwende umfangreich erweiterte, lag seinerzeit am Rande der Stadt und grenzte an den fürstlichen Baumgarten an. Diesen pachtete Bertuch und ergänzte ihn durch Zukäufe angrenzender Grundstücke. Trat man vorne aus dem Haus Bertuchs, schaute man in die Stadt. Nach hinten zum Westen hin öffnete sich eine Veranda in den parkähnlichen Garten, der in die Landschaft ausgriff. Eine weite Wiese, geschwungene Wege, ein großer Teich. Auch darin schlug sich die Ideenwelt der Landschaftsparks Englands nieder. Das Haus diente als Wohnort, Repräsentations- und Geschäftsgebäude. Von Anfang an plante Bertuch zusätzlichen Platz für den Bau von Manufakturen ein, die auch bald folgten.

Dünung

Was den Seegang betrifft, spricht man von einer Dünung, wenn Wellen sich vom Ort ihres Entstehens entfernt haben und nun in eine gewisse, wenn auch oft dynamische Ordnung übergehen. Strömungen und auch Dünung gab es im Weimar zu Beginn der 1780er Jahre nicht zu knapp.

Eine der vielen Strömungen der Aufklärung war die Freimaurerei. In örtlichen Gruppierungen, den sogenannten Logen, boten die Freimaurer einen diskreten Freiraum, um den Idealen der Vernunft zu folgen sowie Fortschritt und Freiheit durch rationale Wissenschaft zu fördern. Man legte Wert auf Logik und Beweisführung. Attraktiv war die Freimaurerei auch, weil sie versuchte, bisherige Gesellschaftsgrenzen zu überwinden, insbesondere die bislang streng gezogenen zwischen dem Adel und dem sich immer stärker herausbildenden Bürgertum. Freiherren diskutierten dort nun mit Bürgerlichen, Herzöge mit Wissenschaftlern, Dichtern, Beamten, Musikern, Kaufleuten. Und man knüpfte Kontakte. Dies mit der Maßgabe der absoluten Diskretion. Nichts des Besprochenen durfte nach draußen dringen. Nahezu alle Großen der Zeit schlossen sich Freimaurerlogen an.

Doch die Freimaurerei weckte insbesondere wegen ihrer Diskretion, auch wegen einiger Riten, die auf Außenstehende befremdlich wirkten, Argwohn. Hinzu kam, dass sie Althergebrachtes in Frage zu stellen schien, auch die Religionen.

Im Februar 1780 ersuchte Goethe um Aufnahme in der Weimarer Freimaurer-Loge »Amalia zu den drei Rosen«, die Freiherr Jakob Friedrich von Fritsch 1764 am 25. Geburtstag der Regentin gegründet hatte. Die Loge tagte zunächst in dem Palais, das Fritsch gehörte, dem späteren Wittumspalais.

Am 23. Juni wurde Goethe aufgenommen und im März 1782 mit dem ebenfalls beigetretenen Carl August in den Meistergrad erhoben. Fritsch, Goethe und Carl August beeinflussten nun mit anderen Größen des Hofes die Freimaurerei ihres kleinen Staates. Bertuch, Musäus und von Schardt kamen hinzu. Bald ruhte die Aktivität der Loge. Ein Indiz dafür, dass Carl August im Zusammenspiel mit Goethe diese allmählich von innen kontrollierte, bis sich dort nach und nach weniger tat.

Die herausragenden Köpfe Weimars tummelten sich in vielerlei Projekten. Anna Amalia rief 1781 das *Journal von Tiefurt* ins Leben. Sie hatte in diesem Jahr zum ersten Mal das Rittergut Tiefurt vor den Toren der Stadt als Sommerresidenz gewählt. In der Ankündigung des Journals hieß es: »Es ist eine Gesellschaft von Gelehrten, Künstlern, Poeten und Staatsleuten, beyderley Geschlechtes, zusammengetreten, und hat sich vorgenommen als was Politick, Witz, Talente und Verstand, in unsern dermalen so merkwürdigen Zeiten, hervorbringen, in einer periodischen Schrift den Augen eines sich selbst gewählten Publikums vorzulegen.«

Anna Amalias Journal war etwas Exklusives. Nur elf handschriftliche Exemplare wurden jeweils produziert. Die Mitarbeiter blieben anonym. Doch zu ihnen gehörten Goethe, mit zum Teil erstveröffentlichten Gedichten, Carl August, Herder und Anna Amalia selbst. Auch Charlotte von Steins Schwester Sophie und Caroline Herder lieferten Texte oder betätigten sich als Übersetzerinnen. Anna Amalias Hofdame Luise von Göchhausen besorgte das Handschriftliche. 49 Nummern erschienen bis Juni 1784. Und verbreiteten den »Geist von Weimar«.

Man kann das Journal, das Anna Amalia als eine »bezaubernde Mischung aus hoher Kultur und banaler Nachricht« beschrieb, auch als einen frühen Gegenentwurf des »Geistes von Weimar« zu einem »Geist von Potsdam« sehen. Denn Friedrich II. von Preußen hatte 1780 in einem Pamphlet, betitelt mit *De la littérature allemande* (*Über die deutsche Literatur, die Mängel, die man ihr vorwerfen kann, welches ihre Ursachen sind und mit welchen Mitteln man sie beheben kann*) behauptet, es gebe keine schöne deutsche Literatur, und ergänzt: »da erscheint nun ein ›Götz von Berlichingen‹ auf der Bühne, eine abscheuliche Nachahmung dieser schlechten englischen Stücke …«.

Der Preußenkönig, der, wie es heißt, Französisch besser beherrschte als Deutsch – wofür der französische Titel seiner Suada einen unfreiwilligen Beweis liefert –, sprach von etwas, das ihm von der gesellschaftlichen Entwicklung entging. An den deutschen Höfen sprach man häufig zuallererst Französisch. Auch Anna Amalia parlierte in ihrer Jugend Französisch besser als Deutsch.

Luther, der häufig Weimar besucht hatte, hatte mit seiner Bibelübersetzung ins Deutsche einen wesentlichen Beitrag dazu geleistet, dass die Deutschen seit nunmehr Generationen ein Volk von Lesern waren, und zwar durch alle Schichten. In Schriften und an den Universitäten begann die deutsche Sprache die Lateinische zu verdrängen. Dann hatte Goethe mit seinem *Götz von Berlichingen* den gebildeten deutschen Kreisen aufgezeigt, welches Potenzial im Deutschen als Literatursprache steckte.

Das hatte er daraufhin sogar noch mehr als bestätigt, als *Die Leiden des jungen Werther* zum ersten deutschen literarischen Werk avancierten, das weit über Deutschland hinaus zum Bestseller und in mehrere Sprachen übersetzt wurde.

Goethe beschäftigte sich seit Herbst 1781 gemeinsam mit Professor Justus Christian Loder in Jena mit Anatomie und Osteologie. Was seine Aufgaben im Herzogtum betraf, kam 1782 für ihn die kommissarische Verantwortung für die Finanzverwaltung hinzu, die er von Bertuch übernahm. Goethe registrierte sehr genau, was alles gesellschaftlich und wirtschaftlich im Argen lag: »So steig ich durch alle Stände aufwärts, sehe den Bauersmann der Erde das Notdürftige abfordern, das doch auch ein behaglich auskommen wäre, wenn er nur für sich schwitzte«, berichtete er seinem Freund Carl Ludwig von Knebel aus Ilmenau. Und der Rosenliebhaber Goethe, der sein Gartenhaus mit Hilfe von Rosenspalieren zuwachsen ließ, fand eine Analogie: »Du weißt aber wenn die Blattläuse auf den Rosenzweigen sitzen und sich hübsch dick und grün gesogen haben, dann kommen die Ameisen und saugen ihnen den filtrirten Safft aus den Leibern. Und so gehts weiter, und wir habens so weit gebracht, daß oben immer in einem Tage mehr verzehrt wird, als unten in einem organisirt [darüber: beygebracht] werden kann.« Da war er wieder, der Goethe, der die Welt in all ihren Facetten wahrnahm – die Natur, den Menschen, dessen Auskommen – und dieses verband und danach suchte, Harmonie in alles hineinzubekommen. So auch in Weimar.

Goethe war am 2. Juni 1782 zunächst als Mieter in das Haus am Frauenplan gezogen. Dort wohnte er noch näher an Charlotte von Stein, noch näher am Fürstenhaus. Gerade hatte er die erste Nacht am Frauenplan verbracht, als er das für den April ausgestellte Adelsdiplom erhielt. Carl August hatte es erwirkt, auch um seinen Freund und wichtigen Mitstreiter nicht mehr überall am Rande der Adelsgesellschaft und des Protokolls platzieren zu müssen.

In diesem Sommer entließ Carl August seinen Kammerpräsidenten Carl Alexander von Kalb, der einst nahezu zur gleichen

Zeit wie Goethe ins Consilium aufgenommen worden war. Kalb hatte die Gesamtfinanzen des Herzogtums beaufsichtigen sollen, was er aber mehr als unbefriedigend erledigte. Goethe sollte nun auch das richten. Kommissarisch. Goethe an Knebel über Kalb: »Jeden Tag, je tiefer ich in die Sachen eindringe seh ich wie notwendig dieser Schritt war. Als Geschäftsmann hat er sich mittelmäßig, als politischer Mensch schlecht, und als Mensch abscheulich aufgeführt.«

Goethe versuchte also fortan, alle Finanzen des Herzogtums in den Griff zu bekommen, und Herder nannte ihn nun, wohl auch von Neid angeweht, in einem Brief an Hamann wenig schmeichelhaft »das fac totum des Weimarschen und so Gott will, bald der major domus sämtl. Ernestinischer Häuser«.

Bertuch zog sich derweil mehr und mehr auf seine unternehmerischen Aktivitäten zurück. 1782 wurde er Teilhaber und 1785 Verleger der *Allgemeinen Literatur-Zeitung*. Aber er verband sein Unternehmertum immer mit dem Ansatz, dadurch handfest die Gesellschaft zu verbessern. 1782 verfasste er die anonym veröffentlichte Schrift *Wie versorgt ein kleiner Staat am besten seine Armen und steuert die Betteley?*

Der Schullehrer Musäus wurde derweil landesweit bekannt für seine *Volksmährchen der Deutschen*, die er ab diesem Jahr in mehreren Teilen noch vor den weit berühmteren Märchensammlungen der Brüder Grimm veröffentlichte. Wie Musäus erläuterte, war seine Märchensammlung entstanden, weil er gerne in Gesellschaft junger Frauen sei und diese wiederum Freude daran hätten, wenn er ihnen Geschichten erzähle. Bevor er sie vorzutragen wagte, probierte er sie zunächst bei einer alten Kinderfrau und einem alten invaliden Soldaten aus, die in seinem Haus zur Miete wohnten. Den alten Soldaten brachte er meist mit einer Pfeife und einem Glas Schnaps in Stimmung. Und die so geprüften Geschichten brachte er anschließend zu Papier. Die zeitgenössische wie auch die nachgeborene Literaturkritik fand kaum ein gutes Haar an Musäus' Stil und dessen Art, Märchen und Sagen zu »modernisieren«. Dem Lesepublikum aber gefiel es.

Zu den Schülern von Musäus im Gymnasium gehörte auch August Kotzebue. Musäus war mit einer Schwester von Kotzebues Mutter verheiratet und daher ein angeheirateter Onkel. August Kotzebue berichtete später, dass sein Lehrer Musäus, wenn er das Klassenzimmer betrat, zuweilen fragte, wer denn etwas Selbstverfasstes vortragen wolle. Denen, die sich gemeldet hatten, hörte er dann auf- und abschreitend zu. Danach übte er Kritik, aber immer mit dem Vorsatz, nicht zu entmutigen oder zu verletzen.

August Kotzebue war als Sohn eines Kanzleisekretärs des Hofes im Gelben Schloss in Weimar geboren worden und wuchs dort auf. Schon als Kind begeisterte er sich für das Theater, schmuggelte sich in alle Proben und Aufführungen, die ihm zugänglich waren, und spielte als Junge von 15 Jahren mit Goethe in dessen Stück *Die Geschwister*. Nach seiner Schulzeit ging Kotzebue zum Rechtsstudium nach Jena, spielte dort im Liebhabertheater und verfasste eigene Stücke.

Einmal bewarb Kotzebue sich bei Goethe für ein Verwaltungsamt. Kotzebues Mutter Christine machte sich zum Gartenhaus auf, sie wollte für ihren Sohn ein gutes Wort einlegen. Doch Goethe ließ sie nicht vor, sondern gab den Posten seinem Diener Philipp Seidel. So hat Goethe »mich in die Welt hinausgeworfen«, kommentierte Kotzebue.

Und Herder? Im September 1780 hatte Goethe an Lavater geschrieben: »Herder fährt fort sich und anderen das Leben sauer zu machen.« Das Verhältnis der beiden kühlte sich ab. In der Tat war der Superintendent nicht immer leicht zu nehmen. Doch sein Amt forderte ihn. Seine Pfarrer waren schwer zu lenken, zudem war der Geist auf den Dörfern ein anderer. Obendrein lebte Herder nicht, wie sein Umfeld wünschte. Er gab sich zu fortschrittlich. Ritt gerne und schnell, trug keine Perücke, zeigte sich in dunkler statt tiefschwarzer Kleidung, ging ins Theater.

Erst ab etwa Oktober 1783 näherten sich Goethe und Herder wieder an. Goethe schrieb Ende des Jahres an Lavater: »Eine der vorzüglichsten Glückseligkeiten meines Lebens ist daß ich und

Herder nichts mehr zwischen uns haben das uns trennte«. Sie sahen einander nun als Brüder im Leiden unter der steifen Gesellschaft. Herder empfand sich in seiner Arbeit als nicht mehr gestützt vom Hof, insbesondere von Carl August war er enttäuscht.

Aus dem Manuskript zu dem, was die *Ideen zur Philosophie der Geschichte der Menschheit* werden sollten, las Herder Goethe ab Dezember 1783 vor. Der nahm daraus Anregungen für seine eigenen naturwissenschaftlichen Betrachtungen. Darwins spätere Erkenntnisse scheinen darin ein wenig vorausgeahnt zu werden, wenn man Charlotte von Steins Worte liest, die am 1. Mai 1784 Knebel berichtete: »Herders neue Schrift macht wahrscheinlich, dass wir erst Pflanzen und Tiere waren; was nun die Natur weiter aus uns stampfen wird, wird uns wohl unbekannt bleiben.« Und: »Goethe grübelt jetzt gar denkreich in diesen Dingen.«

Doch da waren weiterhin die Ablenkungen durch Verwaltung und Politik. Und die Belastungen dadurch wuchsen. Goethe versuchte auch dabei sein Weltbild, seine ethischen Ansätze umzusetzen. Seinem Dienstherrn und Freund Carl August, der trotz seines Willens zum Fortschritt und seiner Neigung zu den Ideen der Aufklärung in vielem noch ein absolutistischer Fürst war, der bei Jagden kaum Rücksicht auf das Land seiner Bauern nahm, seine Untergebenen schlug und den harschen Befehl allzu oft bevorzugte, gab Goethe Ende November schriftlich zu bedenken: »Man muß Hindernisse wegnehmen, Begriffe aufklären, Beispiele geben, alle Teilhaber zu interessieren suchen. Das ist freilich beschwerlicher als befehlen, indessen die einzige Art, in einer, wichtigen Sache zum Zwecke zu gelangen und nicht verändern wollen, sondern verändern.«

Im gleichen Jahr legte man Goethe noch die Verantwortung für die Steuerrevision in Ilmenau in die Hände. Und Goethe sanierte weiter den Staatshaushalt. Carl August bemühte sich derweil um einen deutschen Fürstenbund, ein Projekt, dem Goethe sich trotz Carl Augusts Drängen entzog. 1785 entstand dann tatsächlich ein Fürstenbund, jedoch einer unter der Führung Preußens, der sich gegen Österreich stellte, und nicht, wie Carl August gewollt hatte, ein Bund der kleinen Fürstentümer, um sich gegen Preußen und Österreich zu behaupten.

Italienische Reisen

Mitte der 1780er Jahre war Carl Augusts Reformeifer nach und nach erlahmt, und Goethe war erschöpft vom Verwaltungsgeschäft. Weimar, das Johann Gottfried Herder in einem Brief an Knebel Ende August 1785 ein »Mittelding zwischen Hofstadt und Dorf« genannt hatte, begrenzte trotz aller Kräfte, die sich in dem kleinen Ort weiterhin entfalteten, zunehmend Goethes Suche entlang des Horizonts.

Sein intensives dichterisches Schaffen hatte Goethe nicht aufgegeben, auch wenn nur wenig davon in die Öffentlichkeit drang. Diese nahm nahezu ausschließlich die Luststücke für das Liebhabertheater und Gelegenheitsgedichte wahr. Goethe aber arbeitete an dem Wilhelm-Meister-Stoff und an *Faust*. Ferner beschäftigte er sich mit den Dramen *Egmont*, *Torquato Tasso* und der Überarbeitung von *Iphigenie auf Tauris*. Im Sommer 1786 nahm er zudem mit dem Leipziger Verleger Göschen seine Werkausgabe in Angriff. Der verlegte bereits Schillers Zeitschrift *Thalia* und Wielands Werke.

Am 5. Mai 1786 formulierte Goethe vor dem Hintergrund der Lektüre des von ihm verehrten niederländischen Philosophen Baruch de Spinoza in einem Brief an Jacobi im Grunde seinen ganzen Blick auf Leben und Welt. Spinozas Worte würden ihn ermutigen, »Mein ganzes Leben der Betrachtung der Dinge zu widmen die ich reichen und von deren *essentia formali* ich mir eine adäquate Idee zu bilden hoffen kann, ohne mich im mindsten zu bekümmern, wie weit ich kommen werde und was mir zugeschnitten.«

Derweil schlug sich Bertuchs Anschauung der Welt in den zahlreichen von ihm gegründeten Zeitschriften und auf den

Weg gebrachten Buchprojekten nieder. Viele von ihnen fanden beeindruckende Resonanz in Deutschland, aber auch weit darüber hinaus, und sie beeinflussten auf vielfältige Weise, wie das Bürgertum Welt, Kultur und Gesellschaft wahrnahm.

Seit 1786 gab Bertuch das *Journal des Luxus und der Moden* heraus. Diese erste Modezeitschrift in Deutschland – eine der ersten Modezeitschriften überhaupt – gilt auch als die erste Illustrierte Europas. Bertuch hatte sie zusammen mit Georg Melchior Kraus entworfen. Das Journal erschien monatlich mit aufwändig kolorierten Kupferstichen als Loseblattsammlung von etwa 30 Seiten und unter mehrfach geänderten Namen bis 1827. Es vermischte Lehrreiches mit Amüsantem, und so erreichte auf diesem später vergleichsweise wenig gewürdigten Weg die große weite Welt die Köpfe im kleinen Weimar.

Die Welt kam auf immer vielfältigere Weise nach Weimar. Und der bedeutendste Kopf in der Stadt ging nun hinaus in die Welt. Er wollte sie auf noch andere Weise herbeiholen. Auf seine eigene. Goethe hatte alles sorgfältig geplant und nur wenige eingeweiht. Am 25. Juli 1786 brach er nach Karlsbad auf; man konnte annehmen, zu einem gewöhnlichen Kuraufenthalt. Aber er plante etwas sehr viel Weitreichenderes als das. Dem Ehepaar Herder, das sich mit ihm in Karlsbad aufhielt, hinterließ er eine Abschiedsnotiz, als er sich um drei Uhr noch vor Tagesanbruch des 3. September davonstahl. Darin: »Lebet recht wohl! ich freue mich Euch wieder zu sehen.« Goethe sollte länger fortbleiben, als die meisten ahnten. Herder war zerknirscht, denn nun sitze er »allein hinter der Kirche«, wie er Brieffreund Hamann wissen ließ.

Goethes Ziel war Italien. Über München, Innsbruck, den Brenner reiste er über Triest und Vincenza nach Venedig. Und über Florenz schließlich nach Rom. Dort traf er sich noch am Ankunftstag mit dem Maler Johann Heinrich Wilhelm Tischbein. Mit dem hatte er eine Unterkunft in der Via del Corso 18 verabredet, die er fortan in einer Wohngemeinschaft mit mehreren Malern teilte, nur mit einem einzelnen eigenen Zimmer. Auch der Schweizer Heinrich Meyer, der sich schon seit 1784 in Rom aufhielt, gehörte zu ihnen. Goethe war von dessen Arbeiten beeindruckt, aber auch von dessen Wissen über die Geschichte der Kunst.

Zunächst widmete sich Goethe der Erkundung Roms. Daneben arbeitete er weiter an seinen literarischen Projekten. Er sandte Abschriften an Herder, auch Zeichnungen. In Weimar hatte Goethe bestürzte Seelen zurückgelassen. Charlotte von Stein, ebenso überrascht wie nahezu alle, fühlte sich verlassen und verletzt, wahrte aber Haltung nach außen. Herders eigene Arbeit stockte.

Von Rom brach Goethe im Februar 1787 zu einer letztlich viermonatigen Reise durch den Süden Italiens auf. In Pompeji besichtigte er die Ausgrabungen, gleichzeitig beschäftigte er sich mit den Schriften Winckelmanns, einem der Begründer der wissenschaftlichen Archäologie und einem wesentlichen Popularisierer der klassizistischen Rezeption der Kunst. Goethe bestieg mehrmals den Vesuv. In Palermo kam ihm in einem Botanischen Garten die Idee einer Urpflanze, nach der alle späteren Pflanzen gestaltet seien. Er berichtete sofort Herder nach Weimar davon.

Dort kümmerte sich Wieland derweil weiter intensiv um den *Teutschen Merkur*. In seiner Freizeit spielte er Karten und verkehrte mit Friedrich Schiller. Der war am 21. Juli 1787 in Weimar eingetroffen und hatte Goethes Abwesenheit gezwungenermaßen hingenommen, obwohl er vor allem seinetwegen gekommen war. Schiller war zunächst im Gasthof Zum Erbprinzen am Markt abgestiegen. Später bezog er ein Domizil am Frauenplan, nur drei Häuser entfernt von Goethes Haus. Gleich am ersten Abend nach seinem Eintreffen suchte Schiller Charlotte von Kalb auf, die seinerzeit in Weimar wohnte. Sie, eine geborene Freiin Marschalk von Ostheim, lebte in einer gefühlskalten Ehe mit ihrem Schwager Heinrich von Kalb. Dessen Bruder August, der einst Goethe nach Weimar gebracht hatte, war verheiratet mit ihrer Schwester Eleonore. Familienbande.

Schiller hatte Charlotte von Kalb 1783 in Mannheim kennengelernt, dem Ort der erfolgreichen Uraufführung von *Die Räuber*, die ihn ein Jahr zuvor mit einem Schlag in Deutschland berühmt gemacht hatte. Weil er sich als Regimentsarzt zu dieser Aufführung aus Württemberg unerlaubt entfernt hatte und ihm dort Festungshaft drohte, war er geflohen. Mit Charlotte von Kalb entstand eine leidenschaftliche Liebesbeziehung. Sie, die Adelige, machte den Bürgerlichen mit dem Höfischen und dessen Umgangsformen vertraut. Doch die Liebe der beiden erstarb nach und nach in Missverständnissen.

Herzog Carl August war, wie Schiller bei seiner Ankunft ebenfalls enttäuscht zur Kenntnis nehmen musste, Richtung Berlin abgereist, um von dort an einem Feldzug der preußischen Armee in den Niederlanden teilzunehmen. Er hatte Schiller bereits 1784 den Titel eines Weimarischen Rates verliehen, nachdem er am Darmstädter Hof einer Lesung aus *Don Carlos* beigewohnt hatte. Zwar war dieser Titel nicht mit Geldzuwendungen verbunden, doch half er Schiller fortan beim Knüpfen von Verbindungen.

Goethe fehlte zwar, doch Wieland und Herder waren vor Ort, und Schiller besuchte sie gleich in den nächsten Tagen. Schiller fand Wieland isoliert in Weimar. Doch er, der 28-Jährige, gewann in dem 54-Jährigen einen väterlichen Freund. Wieland bestärkte Schiller bei einigen seiner Arbeiten, wie der zum Dreißigjährigen Krieg oder dem Gedicht *Die Götter Griechenlands*.

Schiller nahm in Weimar aufmerksam zur Kenntnis, was man über Goethe, den großen Abwesenden, erzählte. Knebel schilderte ihn als Mann der Anschauung, des Beobachtens, der das Spekulieren im Sinne des Metaphysischen meide. Schiller fand dieses rein Praktische befremdlich. Doch er nahm auch zur Kenntnis, was Herder über Goethe sagte, der trotz aller innerer Kämpfe, die er mit Goethe unablässig ausfocht, vor allem lobende Worte fand. Goethe wirke schlichtweg als Mensch, er sei von »Reinheit des Herzens« und »rein von allem Intriguegeist, er hat wissentlich noch niemand verfolgt, noch keines anderen

Glück untergraben«. Mit Herder selbst hingegen wurde Schiller nicht warm. Er kreise zu sehr um sich selbst. Und dessen Frau sei nicht anders, berichtete er in einem Brief an seinen Freund Huber.

Am 27. Juli 1787 besuchte Schiller mit Wieland Anna Amalia in Tiefurt. Tags darauf erneut. Nun mit Charlotte von Kalb. Danach aber erhielt er zunächst keine weitere Einladung mehr. Mangelndes Lob für seinen *Don Carlos* hatte wohl Reaktionen bei ihm ausgelöst, die nicht gut aufgenommen wurden. Im Oktober versuchte Schiller seinen Freund Körner zu ermuntern, mit dessen Frau nach Weimar zu ziehen. Gemeinsam könne man frischen Wind in den Ort bringen. Bertuch, Bode, Hofarzt Christoph Wilhelm Hufeland könne man gewinnen, und er selbst womöglich mit Corona Schröter eine Liebesbeziehung aufbauen, oder zu der Assistenzratstochter Caroline Schmidt. Schillers Beziehung zu Charlotte von Kalb driftete derweil zunehmend ins Ungewisse.

Schiller durchlebte eine Lebensphase des Aufbruchs und war so gar nicht im Reinen mit seinen Verhältnissen. Und er wartete weiter ungeduldig auf Goethe. Doch der ließ auf sich warten. Mitte August 1787 erkrankte Herder und war dadurch für Schiller nicht zu sprechen. Der urteilte in einem Brief an Freund Körner: »Wie wenig ist Weimar, da der Herzog, Göthe, Wieland und Herder ihm fehlen!«

Türen der Rückkehr

Erst am 18. Juni 1788, nach fast zwei Jahren der Abwesenheit, kehrte Goethe bei Vollmond zurück. In der Tat hatte niemand während seiner Abwesenheit in Weimar seiner überragenden Bedeutung für die Stadt Konkurrenz gemacht. Daher atmete nicht nur Herder auf.

Goethe aber fand sich schwer wieder ein. Denn auch in seinem Innern war er weit gereist; und er war angekommen. Er fühlte sich, wie er es seinem Freund Jacobi in einem Brief einen Monat nach seiner Rückkehr schilderte, »ganz mir selbst wiedergegeben …«. Die anderen traf er an, wie er sie zurückgelassen hatte. So empfand er es. Er bemühte sich, mit Charlotte von Stein wieder zu neuer Vertrautheit zu finden. Doch nun war da eine Kluft zwischen ihnen. Er erzählte von seinen Erlebnissen, sie hörte wenig interessiert zu. Und sein verändertes Inneres sagte ihm wohl bald, da sei nichts mehr zu machen.

Zudem hatte er in Weimar, nur drei Wochen nach seiner Rückkehr, im Ilm-Park unweit seines Gartenhauses eine junge Frau kennengelernt. Christiane Vulpius hieß sie. Sie hatte ihm ein Bittschreiben für ihren Bruder Christian August Vulpius übergeben wollen. Christiane Vulpius war jung, voller Leben, mit einem bezwingenden Lachen. Das Locken der Sinne. Goethe und sie wurden noch am gleichen Tag ein Liebespaar und bald schon Lebensgefährten. Der Klatsch hob an. Denn die junge Frau entsprach nicht den Erwartungen, die man an eine Lebensgefährtin des großen Goethe stellte. Sie war die Tochter eines pensionierten Amtskopisten. Die Familie lebte in ärmlichen Verhältnissen. Christiane Vulpius arbeitete, auch um die Ihren zu unterstützen, als Putzmacherin in der Manufaktur, die Friedrich Justin Bertuch auf Anregung seiner Frau Caroline zur Herstellung von Kunstblumen auf seinem Anwesen betrieb.

Anfang August brach auch Herder zu einer Italienreise auf. Er blieb elf Monate fort. Ende August machte sich Anna Amalia ebenfalls auf den Weg nach Italien. Sie sollte erst im Juni 1790 zurückkehren. Ach, Italien! Es war fast, als wollte man das Land in der Ferne einatmen und hier in Weimar wieder ausatmen. Doch das Ausatmen fiel schwer.

Und Schiller? Am 7. September 1788 traf er endlich in Rudolstadt bei den Wolzogens auf Goethe. Doch in der großen Runde dort blieb ein näheres Kennenlernen abermals aus. Schiller gewann nur erste Eindrücke des verehrten Mannes, davon vor allem, wie er sich gab in großer Runde. Große lebhafte Augen, aber sonst …

Im November kam Schiller aus Rudolstadt zurück nach Weimar. Doch erneut ergab sich kein Treffen mit Goethe. Schiller war zerknirscht, wütend. Wie die Dinge liefen, konnte er Goethes Verhalten nicht anders deuten, als dass dieser ihn schnitt. In der Tat lag Goethe wenig an einer Annäherung mit Schiller; vielleicht, weil er in dem jungen Kollegen einen Konkurrenten vermutete, den er nicht in seinen Kreis einlassen wollte. Auf jeden Fall aber sah er in Schiller einen Dichter des Sturm und Drang. Und diese Sache hatte Goethe hinter sich gelassen.

Allerdings, als es darum ging, eine Professur in Jena zu vergeben, vermittelte Goethe. Schiller käme doch infrage. Anfang 1789 erhielt der ein hochoffizielles Anschreiben vom Weimarer Hof. Doch als man Schiller aufforderte, er müsse sich als Voraussetzung einen Magistertitel kaufen, war der außer sich, und er machte seiner Wut auf Goethe, der ihn so konsequent mied, in einem Brief an Körner mit dem vielzitierten Wort Luft, er betrachte Goethe als »stolze Prude, der man ein Kind machen muss«.

Letztlich aber nahm Schiller an. Im Mai zog er nach Jena und hielt am 26. seine umjubelte Antrittsvorlesung als Geschichtsprofessor. Er sollte zehn Jahre in Jena bleiben, in deren erster Hälfte er sich vor allem mit Geschichte und Philosophie beschäftigte. Und – was damit einherging – die ersten Jahre blieb er nun auch erstmal fern von Goethe.

Goethe quälte sich derweil mit seinem *Tasso* und mit den ihn weiter stark beanspruchenden Amtsgeschäften, zu denen nach wie vor neue kamen. So hatte sich Carl August im Jahr zuvor endgültig entschieden, das Stadtschloss wieder aufzubauen, das seit dem Brand als Ruine stand und von Gerüsten vor dem Einsturz bewahrt werden musste. Im Frühjahr 1789 traf sich, während sich in Frankreich die Revolution anbahnte, erstmals die Schlossbaukommission. Goethe war dabei.

Nahezu zur gleichen Zeit wurde Christiane Vulpius schwanger. Goethe erfuhr es Anfang Mai. Im November zog er mit ihr in eine Wohnung im sogenannten Jägerhaus in der Marienstraße am Stadtrand. Sie blieben dort für über zwei Jahre, in denen Goethe umfangreiche Umbauarbeiten im Haus am Frauenplan durchführen ließ.

Um Weihnachten 1789 trafen Goethe und Wilhelm von Humboldt zum ersten Mal aufeinander, der bei dieser Gelegenheit in Jena auch Schiller zum ersten Mal begegnete. Doch eine Begegnung Goethes und Schillers blieb abermals aus. Am 25. Dezember 1789 kam Goethes und Christiane Vulpius' gemeinsamer Sohn zur Welt. Sie nannten ihn August.

Charlotte von Stein hatte in diesem Jahr die Briefe, die sie Goethe geschrieben hatte, von ihm zurückgefordert und sie womöglich vernichtet.

Am 13. März 1790 brach Goethe zu einer zweiten Italienreise auf. Er fuhr Anna Amalia und ihrer Reisegesellschaft entgegen, die nun schon seit eindreiviertel Jahren fort war. Man traf sich in Venedig. Dort verfasste Goethe Epigramme, Sinngedichte, in denen er sich in vielfältiger Weise zu seiner Epoche äußerte. Aber auch Erotisches sowie Hinweise auf seine Liebe zu Christiane Vulpius und seine Vaterschaft sind darin zu lesen.

Auch an seinen Freund und Gönner Carl August dachte Goethe. An dessen Stellung, an Weimar und dessen Bedeutung. Im Epigramm mit der prosaischen Betitelung »Nr. 34b« heißt es:

> Klein ist unter den Fürsten Germaniens freilich der meine;
> Kurz und schmal ist sein Land; mäßig nur, was er vermag.
> Aber so wende nach innen, so wende nach außen die Kräfte
> Jeder; da wär's ein Fest, Deutscher mit Deutschen zu sein.

Goethe dachte aber zudem an die eigenen Strahlkräfte, die sogar um den ganzen Globus reichten, und daran, was Carl August ihm bedeutete. Davon sprach er zum Ende des Epigramms:

> Deutschland ahmte mich nach, und Frankreich mochte mich lesen.
> England! Freundlich empfingst du den zerrütteten Gast.

Doch was fördert es mich, daß auch sogar der Chinese
Malet mit ängstlicher Hand, Werthern und Lotten auf Glas?
Niemals frug ein Kaiser nach mir, es hat sich kein König
Um mich bekümmert, und Er war mir August und Mäcen.

Am 18. Juni traf Goethe mit Anna Amalias Reisegesellschaft in Weimar ein. In Venedig war er erneut Heinrich Meyer, seinem Malerfreund aus der Zeit in Rom, begegnet. Meyer kam im Jahr darauf nach Weimar und übernahm die Aufsicht beim Umbau des Hauses am Frauenplan.

Herder war drei Wochen später, am 9. Juli 1789, zurück in Weimar; nach fast einem Jahr Abwesenheit. Die Maler Tischbein und Meyer hatten ihm Rom gezeigt. Zu der Malerin Angelika Kauffmann war eine Freundschaft entstanden. Nachdem er eine Zeit lang zur Reisegesellschaft Anna Amalias gehört hatte, haderte Herder nun zurück in Weimar mit seiner Abhängigkeit von Carl August. Von diesem erhielt er zusätzliche auskömmliche Aufgaben, dadurch aber auch mehr Arbeit. Seine schriftstellerische Tätigkeit kam nahezu zum Erliegen. Von Wieland und Goethe entfernte er sich weiter. Doch auch diese beiden hatten sich noch wenig zu sagen.

Theater und Kriegstheater

Italien sah man – nicht nur in Weimar – als die verheißungsvolle Ferne. Frankreich, immer bewundert, lockte ebenfalls, doch es verstörte auch. In diesen Tagen besonders. Die im Sommer 1789 ausgebrochene Revolution, von vielen begrüßt, etwa von Herder, Wieland und Schiller, von anderen – vor allem von Goethe – skeptisch beobachtet, begann zu eskalieren.

Goethe war aus seinem Wesen heraus offen für Neues und für Veränderungen. Doch der Wandel zum Besseren sollte nicht durch die Zerstörungen und Wirren von Revolutionen herbeigeführt werden. Goethe wollte letztlich Revolution ohne Leid und Unsicherheit. Hinzu kam, dass das Verhalten von Menschen in der Masse in Goethe Argwohn erregte, insbesondere das menschliche Verhalten in unsicherer Staatlichkeit, wie es die Ereignisse in Frankreich erneut zeigten. Die Gewalt an der Bastille und der sogenannte Zug der Fischweiber im Oktober, verbunden mit zahlreichen Gräueltaten und dem erzwungenen demütigenden Umzug der nun quasi in Geiselhaft genommenen Königsfamilie im Tuilerienpalast in Paris, hatten nicht nur ihn verstört.

Goethe sah in einer Revolution vor allem eine Reaktion auf das Versagen der Herrschenden. Für Herder hingegen stellte sie einen Schritt in der gesellschaftlichen Weiterentwicklung der Menschheit dar. Herder betonte zudem – anders als Goethe –, dass eine Regierung sich durch ihre Taten legitimieren müsse, nicht durch die Geburt. Er blieb der Revolution im weiteren Verlauf am konsequentesten treu. 1791 erschien der vierte und letzte Band seines Hauptwerks *Ideen zur Philosophie der Geschichte der Menschheit*, von dem er den ersten 1781 veröffentlicht hatte. Darin beschrieb Herder den Menschen als jenes Geschöpf, das durch sein Bewusstsein und durch seine Fähigkeit zur Sprache dazu ausersehen sei, sich und seine Kultur permanent weiterzuentwickeln, letztlich hin zu einem allumfassenden Humanismus. Dazu trage letztlich jeder Ausdruck, jede Kultur, jede Sprache der Welt bei.

Aus aller Welt kamen sie vielleicht nicht, aber Weimar verzeichnete Neuzugänge. Goethes Italien-Freund Johann Heinrich Meyer blieb auf dessen Einladung in der Stadt und wohnte bei ihm. Er zeichnete Goethes Familie, etwa den kleinen Sohn August mit Katze am Fenster.

Im Oktober kam auf Betreiben Herders Carl August Böttiger aus dem Vogtland und übernahm die Leitung des Gymnasiums. Vielseitig gebildet, ehrgeizig, geschäftstüchtig, wendig in Gesellschaft, bedachte er andere so ausgiebig mit Komplimenten, dass seine Schmeicheleien für den aufmerksamen Zeitgenossen rasch an Wert verloren. Zudem war Böttiger klatschsüchtig, wobei ihm die Intrige nicht immer fern lag. Am 4. November besuchte Böttiger bereits die Freitagsgesellschaft. Und er notierte sorgfältig, was geschah: Ein Vortrag Goethes über das Farbenprisma, ein Vortrag Herders, dann einer des Geheimrats Voigt. Es folgten noch weitere, so dass es spät wurde, es ging stark auf 9 Uhr. Daher verschob man Bertuchs geplante Ausführungen über japanische und chinesische Farbtinten auf das nächste Treffen.

Böttiger arbeitete bald an Wielands *Teutschem Merkur* mit, seit 1790 unter dem Titel *Der neue teutsche Merkur*, insbesondere als Übersetzer. 1795 wurde er Mitherausgeber, im Jahr darauf übernahm er die redaktionelle Leitung. Ab 1798 leitete er auch Bertuchs Zeitschrift *London und Paris*, in der es um französische und britische Literatur ging. Auch darin warf Bertuch einen Blick in die Welt. Böttiger mehrte geschäftstüchtig sein Geld, zog aber auch Missgunst, Neid und Kritik auf sich.

Bertuch erhielt 1791 das fürstliche Privileg, das Weimarer »Landes-Industrie-Comptoir« zu gründen. Mit der Einrichtung des Comptoirs (oder: Büros) wollte er Industrie und Handwerk des Herzogtums voranbringen. Auch dieses Unternehmen gedieh. Und so beschäftigte Bertuch zeitweilig 400 bis 500 Personen, war der mit Abstand größte Arbeitgeber der Stadt und zahlte zudem gute Löhne.

In das gleiche Jahr fiel auch die endgültige Neugründung eines Theaters unter dem Namen Weimarer Hoftheater. Es entstand aus dem Bestreben Carl Augusts und auch Anna Amalias, die von ihrer Italienreise vollkommen neue Theatereindrücke mitbrachte. Das zuvor gepflegte Liebhabertheater war ein wenig ermüdet, unter anderem auch, weil Goethe wieder mehr und mehr den Regierungsgeschäften nachkam. Corona Schröter, lange eine entscheidende professionelle Stütze, zog sich allmählich zurück. Eine Schauspieltruppe unter dem österreichisch-italienischen Prinzipal Joseph Bellomo, von Carl August Anfang 1784 verpflichtet, versorgte das Publikum seither mit eher derben Schwänken, spielte an drei Tagen in der Woche in Weimar im

1779 errichteten Komödienhaus gegenüber dem Wittumspalais und gab, subventioniert von Carl August, Gastspiele in der Umgebung.

Nun wollte man das Theater in Weimar auf eine höhere Stufe bringen. Man kündigte Bellomo im April 1791 und begann mit dem Umbau des Komödienhauses, das den Anforderungen nicht mehr gerecht wurde. Carl August und Anna Amalia überredeten den widerstrebenden Goethe, die Leitung des Theaters zu übernehmen.

Mit dem Stück *Die Jäger* von August Wilhelm Iffland wurde das Theater am 7. Mai 1791 eröffnet. Goethe war von den Leistungen seines Ensembles allerdings enttäuscht. Er beklagte den »Schlendrian«, wie er oft notierte.

Christiane Vulpius und Goethe verloren im Herbst 1791 ein Kind. Sie erlebten dieses Schicksal nach der Geburt Augusts in der Summe viermal. Entweder erlitt Christiane Vulpius Totgeburten, oder die schwachen Kinder verstarben nach wenigen Tagen. Der Grund könnten Rhesusfaktoren gewesen sein, die bei Goethe und Christiane Vulpius nicht übereinstimmten, vermuten manche. August sollte ihr einziges Kind bleiben.

1792 entließ Goethe zahlreiche Ensemblemitglieder. Derweil versuchte er sein Bestes, um das Schauspielniveau durch Proben zu erhöhen und das Ensemble zu schulen. Goethe wusste, was das Publikum in Weimar verlangte. So verlegte er sich als Theaterleiter vor allem auf die Aufführung populärer Stücke. Das Publikum wollte Leichtigkeit. Goethes und Schillers Stücke hingegen galten vielen als Avantgarde. So brachte Goethe insbesondere Werke Ifflands und Kotzebues, der schließlich weit über 200 Bühnenstücke verfasste und nach und nach zu dem wohl populärsten Theaterautor seiner Zeit aufstieg, im Laufe der Jahre auf die Bühne.

Im Juni 1792 zog Goethe wieder in sein Haus am Frauenplan. Handwerker, die an der Wiedererrichtung des Residenzschlosses arbeiteten, waren zuweilen für die Umbauarbeiten dorthin von ihm abgestellt worden. Denn Goethe war im Grunde, ohne diesen Titel zu tragen, in vielerlei Hinsicht Bauleiter am Schloss, an dem sich die Arbeiten seit Jahren hinzogen. Aus dem Haus am Frauenplan war nun vor allem innen ein repräsentatives, klassizistisch gestaltetes Palais geworden, das auch die Italienerfahrung Goethes spiegelte. Der große weiße Junokopf im Eingangsbereich, die Zimmerfluchten und die Zimmer in verschiedenen Farben hinterließen bei allen, die zu Besuch kamen, einen tiefen Eindruck. Christiane Vulpius zog mit ein. Carl August hatte nach langer Zeit der Ablehnung zugestimmt. Auch Goethes Freund Meyer fand am Frauenplan seine Bleibe für die nächsten Jahre.

Lange konnte Goethe sein neues Domizil jedoch nicht genießen. Frankreichs Revolution schlug Wellen, die bis in das kleine Herzogtum ausliefen. Im Juli 1792 gab es Studentenunruhen in Jena. Mehrere hundert Studenten formierten sich auch zum Protestmarsch durch Weimar, der letztlich friedlich endete. Nicht zuletzt, weil Goethe vermittelte.

Am 20. April 1792 hatte Ludwig XVI., immer noch das französische Staatsoberhaupt, unter dem Druck der Girondisten Kaiser Franz II. den Krieg erklärt. Preußen antwortete darauf mit einer Kriegserklärung an Frankreich, im Glauben, man werde schnell siegen und könne Ludwig wieder zu alter Macht verhelfen; worauf dessen Gattin Marie Antoinette hoffte. Carl August nahm als General der österreichisch-preußischen Koalition an dem Feldzug gegen das revolutionäre Frankreich teil und wollte Goethe an seiner Seite haben. Am 8. August brach Goethe Richtung Frankreich auf. Nach Zwischenstationen in Frankfurt, Mainz und Trier traf er Ende August im Feldlager bei Praucourt ein, erlebte zunächst die Einnahme von Verdun, doch dann am 20. September die von den französischen Revolutionären siegreich beendete Kanonade von Valmy. Carl August sehnte sich im Feldlager nach der Welt von Weimar. Angesichts der Kälte und der Krankheiten, an denen die Männer in Scharen starben, erklärte er: »Der Himmel gebe mir doch bald die Wohlthat wieder, daß bey gesunder Vernunft u. Herr meiner Handlungen, ich ehrenvoll meiner Existenz zu Hause genießen könne, mit Männern, deren werth mir u. dem auslande bekannt sind, u. die ihres gleichen weit suchen können, aber nicht finden werden.«

Ab Oktober reiste Goethe mit Aufenthalten in Luxemburg und Trier, Koblenz, Düsseldorf und Münster zurück nach Weimar. Am 12. Dezember war er wieder zuhause. Für das Theater galt es nun, neue Schauspielerinnen und Schauspieler zu engagieren. Im April 1793 brachte er Lessings *Emilia Galotti* auf die Bühne und am 2. Mai anonym sein eigenes Lustspiel *Der Bürgergeneral*, das er kurz zuvor in nur wenigen Tagen geschrieben hatte. In diesem Stück machte Goethe sich nicht nur über die Französische Revolution und deren Symbole lustig, sondern stellte auch die Ehe als Bollwerk gegen die Unbill der Welt dar. Das Stück war ein Erfolg.

Am 12. Mai verließ Goethe erneut Weimar. Er wollte der Belagerung von Mainz beiwohnen, das von der französischen Armee besetzt worden war. Die Koalition gegen das revolutionäre Frankreich wollte die Stadt zurückgewinnen. Vor allem Truppen aus Preußen bildeten den Belagerungsring. Auf dem Weg nach Mainz verbrachte Goethe zehn Tage in Frankfurt. Vor Mainz beobachtete er die militärischen Aktionen und machte zahlreiche Notizen. Am 23. Juli kapitulierten die französischen Truppen. Einen Monat später war Goethe wieder in Weimar. Herzogin Luise berichtete drei Tage später Charlotte von Stein per Brief: »Goethe ist seit Freitag zurück und ist schrecklich dick.«

In Frankreich schlug die Revolution im Sommer endgültig in Terror um. Bereits im Januar war König Ludwig XVI., nunmehr »Bürger Capet« genannt, hingerichtet worden. Schiller, von den Revolutionären zum Ehrenbürger ernannt, hatte sich angesichts der Entwicklungen von der Revolution abgewandt und sogar nach Paris reisen wollen, um sich für das Leben Ludwigs einzusetzen. In der Vendée kam es nun zu Aufständen verbunden mit fürchterlichen Gräueltaten an der Zivilbevölkerung. In Paris ergriffen die Jakobiner unter der Führung Robespierres die Macht und errichteten ihr Terrorregime.

Anna Amalias zweitgeborener Sohn Prinz Constantin starb am 6. September 1793 als Generalleutnant im Dienst der preußischen Armee, die gegen das französische Frankreich zog, zwei Tage vor seinem 35. Geburtstag im Feldlager am Rhein an einer Infektion. Goethe überbrachte der Mutter die Nachricht. Danach bemühte er sich um ihre »Zerstreuung«, die auch er selbst brauchte, und er meinte, dass es ihnen beiden ein wenig half.

Schiller, der belebende Nachbar 1794–1804

Eine Einladung

Am 16. Februar 1794 brachte Goethe in seiner eigenen Inszenierung die *Zauberflöte* von Wolfgang Amadeus Mozart in Weimar zur Aufführung, und zwar im Libretto von Christianes Bruder Christian August Vulpius überarbeitet sowie in Absprache mit Goethe von einigen aufklärerischen Aussagen befreit. Ende des gleichen Monats zog Wilhelm von Humboldt mit seiner Frau Caroline nach Jena. Sie wollten Goethe und Schiller näher sein und den Austausch mit ihnen intensivieren. Am 9. März trafen bei ihnen Wilhelms jüngerer Bruder Alexander von Humboldt und Goethe erstmals aufeinander. Sofort waren die beiden Männer im Gespräch. Eine Männerfreundschaft begann. Eine andere musste noch immer warten.

Schiller, seit 1790 mit Charlotte von Lengefeld verheiratet, war Anfang 1791 schwer an der Lunge erkrankt, hatte sich in Jena in Kant-Studien vertieft und war während einer längeren Reise in die Heimat von August 1793 bis Mai 1794, auf der ihn die hochschwangere Charlotte begleitet hatte, Vater geworden. Zurück in Jena, nahm er ein Literaturzeitschriftenprojekt, das er mit Johann Friedrich Cotta in Tübingen erarbeitet hatte, in Angriff.

Die Horen hieß diese Zeitschrift; nach dem griechischen Wort *hōra* für ›Zeit‹ oder ›Zeitabschnitt‹. Aber die Horen waren auch die Töchter des Zeus, die in der griechischen Mythologie das Werk der Menschen überwachten. Die Zeitschrift, so Schillers Absicht, sollte sich mit Philosophie und Kunst beschäftigen und weit über die eigene Zeit hinausblicken.

Am 13. Juni 1794 lud Schiller bei seiner Suche nach Mitstreitern auch Goethe ein. Er sandte ihm einen Brief. Dessen Antwort erfolgte am 24. Juni: »Ich werde mit Freuden und von ganzem Herzen bei der Gesellschaft sein.« Am Sonntag, dem 20. Juli, kam Goethe nach Jena, um mit Schiller und Wilhelm von Humboldt das Projekt zu besprechen. Auch dabei sein sollte Johann Gottlieb Fichte. Der hatte in Jena zwei Monate zuvor seine Antrittsvorlesung gehalten und darin die Bedeutung der Französischen Revolution für die Menschheit hervorgehoben. Schiller war unter den Zuhörern gewesen. Vor dem geplanten Treffen aber besuchte Goethe an diesem Tag in der »Naturforschenden Gesellschaft«, der er angehörte, einen Vortrag über die Urpflanze. Schiller war als Ehrenmitglied ebenfalls geladen. Beim Verlassen des Saals kamen sie ins Gespräch und schlenderten dabei zu Schillers Domizil hinüber. Schiller war blass, großgewachsen, schwäbelnd, wild gestikulierend in der Rede. Goethe kleiner, zehn Jahre älter, füllig geworden, den gemessenen Schritt bevorzugend, die Arme im Rücken verschränkt. Leichter, gemütlicher Frankfurter Akzent.

Vor der Haustür lud Schiller Goethe ein, einzutreten und bei ihm das Gespräch fortzusetzen. Der nahm an. Vor dem Hintergrund der Metamorphose der Pflanze, die Goethe seit Italien beschäftigte, kamen sie auf das Thema Anschauung und Idee zu sprechen. Und Schiller, der Kantianer, sagte zu Goethe, dessen Ausführungen seien nicht Anschauung, sondern Idee. Goethe war einerseits pikiert, andererseits beeindruckt. Da war einer, der ihm neue »Anschauungen« vermittelte.

Schiller bat nach diesem ersten intensiveren Gespräch den gemeinsamen Freund Wilhelm von Humboldt, ihn und Goethe zum Abendessen einzuladen. Dort vertiefte man am 22. Juli den Austausch. Danach schickte Schiller Goethe einen bestrickenden Brief, in dem er diesen pries und von dessen umfassender Anschauung der Welt und einer Art des Griechentums im Norden sprach. Goethe hatte einen neuen hochinspirierenden Gesprächs- und im besten Falle Arbeitspartner gefunden.

Briefe wurden im August gewechselt, die den Austausch und die gegenseitige Wertschätzung vertieften. Dann lud Goethe Schiller ein, für 14 Tage in Weimar am Frauenplan sein Gast zu sein. Der nahm begeistert an und kam vom 14. bis 27. September.

Im Spätherbst 1794 traf auch der 24-jährige Friedrich Hölderlin, zu jener Zeit – durch Schiller vermittelt – Hauslehrer von Charlotte von Kalbs Sohn, in Jena ein und besuchte die Vorlesungen Fichtes. In Schillers Wohnung begegnete er im Besucherzimmer Goethe, bekam aber bei der gegenseitigen Vorstellung dessen Namen nicht mit und erkannte ihn auch während des darauffolgenden Gesprächs zu dritt mit Schiller nicht. Als Hölderlin danach erfuhr, wen er da vor sich gehabt hatte, war er entsetzt über sich. Kurz vor Jahreswechsel besuchte Hölderlin dann Weimar. Auf Herder machte er Eindruck, und er lernte Wieland kennen. Auch Goethe traf er wieder. Der trug ihm das erste Treffen nicht nach. Seinem Freund Hegel berichtete Hölderlin daraufhin: »Es ist der schönste Genuss unseres Lebens, soviel Menschlichkeit zu finden bei so viel Größe.«

1794 war ein Jahr, in dem Herder weiter verzweifelte. Seine Gesundheit. Die Arbeit. Die Umstände. Die Sorgen. Das Abgeschiedene. Die Abhängigkeit. Herders Freund Wieland indes wurde nun 60 Jahre alt und arbeitete an seiner Gesamtausgabe. Sein Sohn Philipp verstarb 14-jährig. Das war nur eine der Tragödien, die er in seiner Familie über die Jahre durchlitt.

Die Schlegels von nebenan

Zu Beginn des Jahres 1795 schickte Goethe mit seinen Neujahrsgrüßen auch zwei Exemplare seines nun endlich fertiggestellten Romans *Wilhelm Meisters Lehrjahre* nach Jena. Es sollte prägend für das junge Genre des Bildungsromans werden und auf die deutsche Kultur einen nachhaltigen Einfluss ausüben. Ein Exemplar, so Goethe, sei für die Schillers, das andere für die Humboldts.

Mitte Januar 1795 erschien das »erste Stück« von *Die Horen.* Es enthielt unter anderem die ersten neun Teile von Schillers Essay *Über die ästhetische Erziehung des Menschen,* ein Aufruf zur Entfesselung des Menschseins, über Gefühl, Vernunft, Ästhetik. Von Goethe waren darin einige der *Römischen Elegien* zu lesen. In der *Römischen Elegie VI* heißt es:

> Oftmals habe ich auch schon in ihren Armen gedichtet
> Und des Hexameters Maß leise mit fingernder Hand
> Ihr auf den Rücken gezählt …

Für manche brave Leserinnen und Leser war das eine verstörende Erotik.

Herder blieb derweil unzufrieden. Goethes *Wilhelm Meister* hasste er. Goethe wiederum notierte, es sei nicht möglich, mit Herder, der zudem alles an Kant missbillige, in ein Einvernehmen zu kommen. Er selbst habe hingegen dank Schiller eine gewisse Annäherung an Kants Denken erreicht. Herders Spannungen mit dem Hof nahmen zu, auch bereute er, einem Ruf nach Göttingen nicht gefolgt zu sein. Seine Fehde trug Herder gemeinsam mit seiner Frau Caroline auch über das Verhältnis zu Goethe aus. Denn die Regierung schien die Finanzierung des Studiums von Herders Kindern zu verschleppen. Caroline Herder machte Goethe brieflich bittere Vorhaltungen. Er kümmere sich zu wenig. Der war verärgert und reagierte scharf. Doch schließlich bekamen die Herders das Geld für ihre Kinder.

Dann entstand Neues in Weimars Nachbarort Jena. Im Sommer 1796 zog August Wilhelm Schlegel mit seiner Frau Caroline, verwitwete Böhmer, dorthin. Sie hatten in der Woche zuvor Hochzeit gefeiert. Am 9. Juli absolvierten sie ihren Antrittsbesuch bei Schiller. Im August folgte der Bruder Friedrich Schlegel. Die Schlegels schienen nun aus Jena, der Stadt, die von der Residenzstadt Weimar so stark beeinflusst war und die mit ihrer Universität sowie nicht zuletzt durch Goethe und Schiller in Wechselwirkung stand, eine Art Konkurrenzort zu Weimar machen zu wollen. Der Geist der Romantik erhob sich überall in Europa. Man wollte nach den eigenen Traditionen suchen und wandte sich dabei von der Antike als Ideal ab. Die Mythen und Sagen der eigenen Kultur sollten zu Leitbildern werden. Ihr frühes Zentrum in Deutschland fand die Romantik im Kreis um die Schlegels mit Fichte, mit Schelling, mit Hölderlin und Novalis in Jena.

Zunächst stellte sich eine gewisse allgemeine Harmonie mit den etablierten Größen ein. 1795 bis 1799 hielt sich Novalis immer wieder in Jena auf und hörte Schillers Vorlesungen. Sie kamen sich näher, und als Schiller wieder krank war, wachte auch Novalis zeitweise an dessen Bett. Ludwig Tieck, der 1799 bis 1801 oft in Jena war, stand mit Schiller und auch mit Goethe ebenfalls auf gutem Fuße.

Das Projekt der *Horen* band Schillers Kräfte, und Anfang 1798 gab er die Arbeit daran auf. Längst hatte er auch den *Musenalmanach* ins Leben gerufen, ein Jahresperiodikum, das letztlich von 1796 bis 1800 erschien. Der *Musenalmanach* von 1797 enthielt viele der berühmt gewordenen *Xenien.* Diese gemeinsam verfassten Sinnverse von Schiller und Goethe behandelten zahlreiche Themen. Darunter fand sich auch dieser, der nicht die Nation, sondern das Individuum in den Mittelpunkt stellte:

> Zur Nation euch zu bilden, Ihr hofft es, Deutsche, vergebens:
> Bildet, ihr könnt es, dafür freier zu Menschen euch aus.

Vor allem aber verspotteten Schiller und Goethe in den Versen der *Xenien* den Literaturbetrieb jener Tage. Auch handfeste Beleidigungen waren dabei. Wieland, Nicolai, Jacobi, auch einige Wissenschaftler wurden bedacht. Wie geistreich die Auslassungen waren, darüber konnte man trefflich streiten. Wieland reagierte gelassen, sagte, die Xenien schadeten den Verfassern mehr als den Angesprochenen. Doch in ganz Deutschland schüttelte man Köpfe. Schnaubte. Hatten die beiden großen Männer das nötig? Was war in Goethe gefahren? Dem sonst so höflichen und auf den richtigen Ton bedachten Mann?

Goethe und Schiller zogen nun munter ihre eigenen Geisteskreise. 1798 folgte der *Musenalmanach*, der Balladen gewidmet war. Die meisten davon waren im Vorjahr entstanden. Darunter Goethes *Der Zauberlehrling*, Schillers *Die Kraniche des Ibycus* und *Der Taucher*. Nach dem Ende der *Horen* beschäftigten sich Goethe und Schiller verstärkt mit ihren eigenen wichtigen Werken. Goethe arbeitete an *Hermann und Dorothea*, Schiller an *Wallenstein*.

Schiller hatte August Wilhelm Schlegel ein Auskommen durch die Mitarbeit an den *Horen* verschafft, ihn überhaupt nach Jena gelockt. Dann erschien eine verletzende Rezension des nach Jena nachgezogenen Bruders Friedrich Schlegel über Schiller. Der kündigte dem Bruder daraufhin. August Wilhelm antwortete, er habe damit nichts zu tun. Erst später aber stellte sich heraus: Er war sehr wohl eingeweiht, und er tat mit. Der Bruch zwischen Schiller und den Schlegels war da, und er blieb.

Goethe hingegen wurde vom Schlegelkreis als eine Art Hausgott gefeiert. Als versuchten sie, Schiller und Goethe gegeneinanderzustellen. Die aber ließen sich in ihrem Verhältnis nicht beirren. Die Affäre um Schiller und die Schlegels war auf gewisse Weise der Kampf der Klassik gegen die Romantik, aber auch der Kampf der Nachrückenden gegen Etablierte und somit ein Klangspiel der Strömungen der Zeit. Nicht unwesentlich lag der vielbesungene Widerspruch wohl darin, dass man auf menschlicher Ebene nicht zusammenfand und dadurch auch in der Kunst auf Abstand blieb. Fast im Sinne Kants: Weil man von verschiedenen Seiten darauf schaute, sah man ein und dasselbe anders. Und so schob man in der Argumentation gerne, wie oft in der Geisteswelt, den Verstand vor, die Logik gar, obwohl viel Trennendes auch im Gefühl, in den Emotionen lag. Als etwa *Das Lied von der Glocke* 1799 erschien, fand Caroline Schlegel die berühmten Worte: »Aber über ein Gedicht von Schiller, das Lied von der Glocke, sind wir gestern Mittag fast von den Stühlen gefallen vor Lachen.« Schillers Idealismus empfanden sie nur als Pathos.

Abgesehen von persönlichen Animositäten tat sich durch die Ansätze der jungen Romantiker in Jena eine weltanschauliche Kluft zu den Ansichten auf, die in den gemeinsamen Werken von Schiller und Goethe zu finden sind. Die Romantiker wollten weg von der reinen Orientierung an der Antike, die sich in Goethes und Schillers Dramen niederschlug, etwa in der Befolgung der aristotelischen Dramentheorie, die die Einheit von Raum, Zeit und Handlung vorschrieb, oder in dem Einsatz des Blankverses, den auch Shakespeare benutzt hatte.

Friedrich Schlegel sprach 1797, die Klassik zurückweisend, von »Winckelmanns Historismus«, um dessen idealisierenden Blick auf die Antike von den Ideen der Romantiker zu trennen. Diese wollten sich von jener Epoche lösen, um den Blick auf das Jetzt zu werfen, einhergehend mit der verstärkten Berücksichtigung der eigenen gewachsenen Kultur. So besann man sich auch des beginnenden Deutschen im Mittelalter. Nicht nur Schlegel erforschte nun beispielsweise das Werden der deutschen Sprache. Und man suchte nach neuen Wegen in der Literatur. Etwa im Roman. Schiller schien solchen Vorhaben im Wege zu stehen, während der universelle Goethe vom Schlegel-Kreis umworben wurde.

Über Weimar bringt Bertuch die Welt nach Deutschland

Zu jener Zeit machten in Weimar noch ganz andere Bücher und Periodika von sich reden. Sie prägten sogar wesentlich die Alltagskultur der Tage, nicht nur in der Region, sondern in ganz Deutschland. Im Zentrum der Aktivitäten stand wieder Bertuch, der ein Zeitschriftenprojekt nach dem anderen aus der Taufe hob. Da war etwa sein Journal *London & Paris*, das 1796 aus dem *Journal des Luxus und der Moden* hervorging.

»Das papierne Zeitalter erstickt fast unter allen Journalen und Zeitungsblättern«, hieß es in der ersten Ausgabe, »Und alle diese Welt= und Zeitkunde, die sich in so viele größere und kleinere Canäle ergießt, strömt eigentlich nur aus zwey Hauptquellen. London und Paris haben sich, wie die zwey ältern Söhne des Kronos, in die Welt getheilt, und bevölkern nun das Reich des dritten Bruders um die Wette durch ihren Zwist. Alle übrigen Hauptstädte Europens sind freywillig in die zweyte Ordnung zurückgetreten. Von London und Paris gehen die Schläge aus, die in Philadelphia und Calcutta, an der Newa und in der Capstadt oft eher gefühlt werden, als der empfindlichste Electrometer den politischen Beobachtern ihr Ausströmen bemerkbar machen konnte.«

London & Paris bot weitere Eindrücke aus Europa. Und von Weimar aus verbreitete man sie. Bertuch griff auf Berichte zurück, die vor Ort von Auslandskorrespondenten verfasst wurden, und das in einer Zeit, als man diesen Berufszweig noch gar nicht etabliert hatte. So berichtete Johann Christian Hüttner aus London und Friedrich Theophil Winckler aus Paris. Beide waren in den jeweiligen Metropolen gut vernetzt. Die Redaktion in Weimar hatte Carl August Böttiger inne. Als der 1804 die Stadt verließ, übernahm sie Bertuchs Sohn Carl.

Bertuch hielt derlei Zeitschriften für wichtig, um die gesellschaftliche Bildung weiterzuentwickeln. Wesentlich zum Erfolg vieler seiner Verlagsprojekte trug der intensive Einsatz von Bildern bei. Bertuch wusste um deren Macht. Auch seinen größten publizistischen Erfolg verdankte er der intensiven Visualisierung des Mitgeteilten. Es war sogar Kern des Konzepts. Das *Bilderbuch für Kinder*, das zwischen 1790 und 1830 in zwölf Bänden erschien, zeigte auf über 1000 Bildtafeln und mit mehr als 6000 farbigen Abbildungen Tiere, Fabelwesen, die Weltwunder, Pflanzen, 1802 sogar den Heißluftballon und 1816 das Dampfschiff.

Jean Paul, der Seelenmensch

Johann Paul Friedrich Richter, der unter seinem französisierten Namen Jean Paul als vieldeutiger Solitär zur Literaturgeschichte beitragen sollte, kam am 10. Juni 1796 zum ersten Mal nach Weimar. Jean Paul war ein unverstellter Charakter, offen, freundlich, der seine Gefühle nicht verbarg, was, wenn er etwa gerührt rasch in Tränen ausbrach, manchen befremdete. Er verehrte andere und zählte sich selbst nirgendwo dazu. Die einen nannten ihn Romantiker, denn er passte in einigen Facetten seines Werkes individueller Innerlichkeit in diese neue Bewegung. Doch im Grunde blieb er Individualist und folgte den Formen, die sich seinem Innern darboten. Und er steht für einen Wesenszug, der sich für viele in der deutschen Kultur viel zu selten Bahn bricht: den Humor, insbesondere den warmherzigen, geistvollen und sich auch selbst in Frage stellenden.

In drei Tagesmärschen hatte Jean Paul die knapp 130 Kilometer von seinem Wohnort Hof zurückgelegt. Er war einer Einladung von Charlotte von Kalb gefolgt, der begeisterten Leserin seiner frühen Romane *Die unsichtbare Loge* und *Hesperus oder 45 Hundsposttage*. Eine Liebesbeziehung begann, begleitet von seelenvollen, leidenschaftlichen Briefen Charlottes.

Seinerzeit musste jeder Ankömmling am Stadttor den Wachen seinen Namen und Rang melden. Die gaben das unmittelbar an den Hof weiter. Auch Jean Paul erging es so. In Weimar wusste man rasch, dass er, der umjubelte junge Romancier, eingetroffen war. Auch er stieg im Gasthof Zum Erbprinzen ab.

Jean Paul hatte Goethe seinen *Hesperus* geschickt, eine Antwort Goethes war nie eingetroffen. Doch selbst in Weimar schien der Roman auf weit größere Aufmerksamkeit zu stoßen als Goethes neuestes Werk *Wilhelm Meister*. Charlotte von Kalb arrangierte es, dass Jean Paul und sie am Freitag, dem 17. Juni, bei Goethe eine Einladung zum Mittagessen erhielten. Bevor sie den Meister besuchten, warnte Charlotte von Kalb Jean Paul vor der menschlichen Kälte, die Goethe mittlerweile oft verbreiten konnte. Am Abend des darauffolgenden Tages berichtete Jean Paul in einem Brief an seinen Freund Christian Otto von der Begegnung mit Goethe und gab damit auch ein Beispiel für seine außergewöhnliche Prosa.

> »Sein Haus [Pallast] frappiert, es ist das einzige in Weimar in italienischem Geschmack, mit solchen Treppen, ein Pantheon vol Bilder und Statuen, eine Kühle der Angst presset die Brust – endlich trit der Gott her, kalt, einsylbig, ohne Akzent. Sagt Knebel z. B., die Franzosen ziehen in Rom ein. ›Hm!‹ sagt der Gott. Seine Gestalt ist markig und feurig, sein Auge ein Licht (aber ohne eine angenehme Farbe) Aber endlich schürete ihn nicht blos der Champagner sondern die Gespräche über die Kunst, Publikum sofort an, und – man war bei Göthe. Er spricht nicht so blühend und strömend wie Herder, aber scharfbestimt und ruhig. Zulezt las er uns – d. h. spielte er uns (Sein Vorlesen ist nichts als ein tieferes Donnern vermischt mit dem leisen Regengelispel: es giebt nichts ähnliches) – ein ungedruktes herliches Gedicht vor, wodurch sein Herz durch die Eiskruste die Flammen trieb, so daß er dem enthusiastischen Jean Paul (mein Gesicht war es, aber meine Zunge nicht, wie ich denn nur von weitem auf einzelne Werke anspielte, mehr der Unterredung und des Beleges wegen,) die Hand drükte. Beim Abschied that ers wieder und hies mich wiederkommen. Er hält seine dichterische Laufbahn für beschlossen. Beim Himmel wir wollen uns doch lieben. Ostheim sagt, er giebt nie ein Zeichen der Liebe. 1 000 000 Sachen hab' ich dir von ihm zu sagen. Und Auch frisset er entsezlich. Er ist mit dem feinsten Geschmak gekleidet.«

Bis zum 3. Juli 1796 blieb Jean Paul. Fast einen Monat. »Hier sind alle Mädchen schön.« Er lernte in Jena Schiller kennen. Auch ihm kam er nicht sehr nahe. Goethe gründete in diesem Sommer die Freitagsgesellschaft. Bis in den Winter 1796/97 traf man sich in unregelmäßigen Abständen zu Gesprächen und Vorträgen bei

Goethe oder im Wittumspalais bei Anna Amalia. Hufeland, Kraus, Bertuch, Herder, Bode und Wieland waren häufig dabei. Wieland, der im Herbst 1796 von einer Schweizreise nach Weimar zurückgekehrt war, litt weiter an seiner Gesundheit, dem Ort an sich und dem Klima. »Ich muss aufs Land!«

Rückzugsorte

Das »einzige Haus in Weimar mit italienischem Geschmack«, hatte Jean Paul von Goethes Haus gesagt. Nun wurde 1797 das Römische Haus fertiggestellt, mit dessen Bau fünf Jahre zuvor begonnen worden war; vorgesehen war es als Rückzugsort für Carl August.

Als Vorbild für das Römische Haus hatten römische Villen gedient. Es ragte hellgelb, fast weiß strahlend und an einen antiken Tempel erinnernd aus dem satten Grün am Westhang des Ilmparks hervor. Der Stil Palladios spielte ebenso hinein wie Goethes Eindrücke von seiner Reise nach Italien. Bereits dort hatte er sich mit dem Vorhaben beschäftigt und darüber mit Carl August brieflich ausgetauscht. Goethe hatte dann auch den Bau des Römischen Hauses geleitet. Dessen Entwurf stammte von dem Hamburger Architekten Johann August Arens, der auch an der Wiedererrichtung des Schlosses mitwirkte. Vom Römischen Haus, das eines der frühen klassizistischen Bauten Deutschlands ist, kann man den Park der Länge nach überblicken, von Norden nach Süden. Schräg gegenüber an der anderen Parkseite steht Goethes Gartenhaus, das er trotz des Umzugs an den Frauenplan weiterhin oft besuchte. Man muss die wenigen hundert Meter der Aue nur durchqueren.

Der Park an der Ilm selbst wurde derweil, wie es der Philosoph Joseph Rückert 1799 beschrieb, »in der Tat von dem Geringsten in Weimar geschätzt und häufig genossen«. Auf den Wiesen im Süden, schon nah am Belvedere, weideten Schafe. Im Norden des Parks, am Stern, traf sich im Sommer die Hofgesellschaft, spielte Theater und gab sich anderen Vergnügungen hin. Sonntags wandelten Menschen allen Alters, aller Schichten über Wege und Wiesen.

Wieland konnte sich vom Erlös seiner Werkausgabe 1797 das zehn Kilometer nordöstlich von Weimar gelegene Gut Oßmannstedt kaufen, wohin er mit seiner kinderreichen Familie zog. Er war nun 65 Jahre alt und wollte sich als Gutsherr versuchen. Herder, der in Weimar immer einsamer wurde, brauchte einen Gesprächspartner und besuchte Wieland zuweilen, der sich damit abgefunden hatte, bei Schiller und Goethe nicht der Dritte im Bunde zu sein. Die Gründe dafür waren vielfältig, ebenso wie die, warum Wieland allmählich aus dem Mittelpunkt des öffentlichen literarischen Interesses zu verschwinden begann. Er war 16 Jahre älter als Goethe und fast 26 Jahre älter als Schiller. Goethe und Schiller bedienten ein neues Verständnis von Schriftstellern und Dichtern, zudem beeindruckten sie die Menschen durch ihre Ausstrahlung. Der ältere, zartgliedrige Wieland hingegen befremdete andere oft durch ein zwar freundliches, doch auch verstiegen kauzig plauderndes Wesen, das mancher als Selbstverliebtheit wahrnahm. Ein wenig mutete auch Wielands literarisches Werk so an. Während es die einen faszinierte – wie etwa Jean Paul –, blieb es anderen fremd und schien nach der Jahrhundertwende allmählich vom herrschenden Zeitgeist verdrängt zu werden. Anders als Schiller und Goethe, aus deren Werken unzählige Zitate als Redewendungen in der deutschen Alltagssprache weiterleben, ist dem Schaffen Wielands ähnliches versagt geblieben.

Menschen verfallen immer wieder der Neigung, Grenzen zu anderen Menschen zu setzen; dabei belassen sie es zu selten bei der bloßen Benennung der Verschiedenheiten. Meist stürzen sie sich auch in einen Wettbewerb, welche Verschiedenheit besser als die andere sei. So ging es unablässig auch den vier Großen Weimars. Unter ihnen selbst hatten sich Schiller und Goethe von Wieland und auch Herder abgegrenzt. Schiller tat Wieland als eher dem Witz als der Poesie anhängend ab. Zu Herder äußerte er: »Herder ist jetzt eine ganz pathologische Natur.« »Ekelhaft« sei ihm »die feige Schlaffheit bei einem innern Trotz«. Herder habe »giftigen Neid«; zudem war Schillers Freund Goethe von Herders aktuellen Werken entsetzt. Herder wiederum ließ an Schiller wenig Gutes. So verliefen nun die Gräben.

Am 20. November 1797 kehrte Goethe von einer viermonatigen Reise in die Schweiz zurück nach Weimar. Er nahm sich wieder seine beiden Weimar-Lebenswerke *Faust* und die Farbenlehre vor. Obendrein hatte er immer ein Auge auf die Arbeiten Schillers, der trotz seiner durch Krankheit geminderten Kräfte nun an dem Stoff von *Wallenstein* arbeitete. Anfang November beschloss Schiller, das Drama in Verse zu fassen. Er wolle nicht »gemein sein«. Goethe hatte Anfang Juli, wenige Wochen vor Antritt der Reise in die Schweiz, nahezu alle Briefe verbrannt, die er in den vergangenen Jahrzehnten erhalten hatte. Auch damit begann er, seine eigene Biographie zu redigieren. Das ist menschlich.

Im Januar 1797 gewann Goethe die Sängerin und Schauspielerin Karoline Jagemann für das Weimarer Theater. Sie diente auch als Nachfolgerin für die mit knapp 19 Jahren am 22. September 1797 an Tuberkulose früh verstorbene Christiane Becker-Neumann, ein von Corona Schröter und Goethe ausgebildetes und gefördertes Talent. Goethe war nun überzeugt, wie er Schiller berichtete, dass die Weimarer Bühne durch Karoline Jagemann »ein ganz neues Leben erhält«.

Karoline Jagemann war in Weimar als älteste Tochter des noch immer als Anna Amalias Bibliothekar amtierenden Christian Joseph Jagemann geboren, jenes Gelehrten, der Weimar früh mit der Kultur Italiens bekannt gemacht hatte. Ab dem Alter von 13 Jahren war sie am Nationaltheater in Mannheim bei Iffland ausgebildet worden und seit Ende 1796 zurück in ihrer Vaterstadt. Von zarter Gestalt, rotblond und mit schöner Singstimme bezauberte sie das Publikum, mehr durch ihr Wesen als durch ihre Schönheit. Im Februar feierte sie ihren begeisternden Einstand in Wranitzkys Oper *Oberon*. Wieland, der ein Versepos zu diesem Stoff veröffentlicht hatte, rief aus: »Das ist mein Oberon!« Karoline Jagemann sang bald in Goethes Inszenierung von Mozarts *Zauberflöte* und in *Die Entführung aus dem Serail*. Ihr Können beeindruckte, doch auch ihre Anmut, Ausstrahlung, ihre Figur. Vor allem begeisterte sie viele Männer, und dies sehr viel stärker, als es deren Ehefrauen lieb war. Auch auf den Landesvater Carl August machte sie Eindruck. Das sollte noch Folgen haben.

Trotz gegenseitiger Sympathie gestaltete sich Karoline Jagemanns berufliches Verhältnis zum Theaterleiter Goethe von Anfang an nicht spannungsfrei. Sie, die bis ins Kleinste ausgebildet worden war, traf auf ein Ensemble, das in ihren Augen den Charakter einer Laiengruppe zeigte, die zudem von Goethe viel zu nachgiebig geleitet wurde. Sie versuchte, Verbesserungen zu erreichen, und drang auf Goethe ein. Der hatte in seinem Ehrgeiz, das Theater zu verbessern, zwar nicht nachgelassen, liebäugelte jedoch immer wieder, auch wegen der in seinen Augen unzureichenden Arbeitsbedingungen, mit seinem Rückzug. Im Juli 1798 nahm man immerhin den Umbau des Theaters in Angriff, den Goethe auch durch erneute Rückzugsdrohungen bei Carl August erwirkt hatte. Denn unter den gegebenen Bedingungen, so eines der Argumente Goethes, würden keine besseren Schauspieler kommen.

In nur drei Monaten wurde das Theater umgebaut. Am 12. Oktober feierte man die Eröffnung mit Schillers *Wallensteins Lager*. Goethe hatte das Stück noch einmal für die Bühne bearbeitet. Dieses war nicht, wie bei Schillers und Goethes klassischen Dramen meist der Fall, in Blankversen, sondern in Reimform gestaltet. Es bestand nur aus dem Prolog und einem Aufzug. Die Aufführung wurde zu einem großen Erfolg, auch weil das Stück gut in die Handlung der Trilogie einleitete. Das Publikum lernt darin die Stimmungen, Gefühle, Einstellungen der verschiedenen Charaktere kennen, insbesondere die der einfachen Leute in Wallensteins Feldlager. Die Personen der eigentlichen Handlung, die sich dann in den nächsten beiden Teilen entfaltet, treten noch nicht auf, sind aber schon präsent, denn man redet über sie. Wilhelm von Humboldt ließ in einem Brief an Schiller seiner Begeisterung freien Lauf: »Solche Massen hat noch niemand in Bewegung gesetzt; einen so viel umfassenden Stoff noch niemand gewählt. Kein Kunstwerk hat mich in eine so neue und so konsequent zusammenhängende Welt versetzt, keine Gestalten haben mich bisher so bestürmt und verfolgt.«

Auch der erneuerte Theaterbau selbst, so nüchtern er von außen wirkte, begeisterte. Der Zuschauerraum empfing das Publikum hell und freundlich. Jean Paul schwärmte nach der Uraufführung: »Gegen das neue Theater sind die anderen deutschen nur Kulissen.«

Vielleicht gab es in Weimar doch auch Platz für einen wie Jean Paul. Nachdem er im August 1798 die Stadt erneut besucht und seine Kontakte dort vertieft hatte, zog er im Oktober ganz dorthin. Er nahm Quartier in dem Eckhaus, an dem die damalige Windischengasse vom Markt abzweigte, und wohnte nur wenige Meter von Charlotte von Kalb entfernt. Die Wohnung hatte ihm Karl Ludwig von Knebel überlassen. In Weimar beendete Jean Paul den ersten Band seines schließlich vierbändigen Romans *Titan*, den er auch unter dem Eindruck seiner Begegnungen mit Goethe und Schiller begonnen hatte. Er arbeitete bald am zweiten Band, aber auch an anderem. Dazu gehörte *Clavis Fichtiana*, Jean Pauls spöttische Auseinandersetzung mit Johann Gottlieb Fichtes Philosophie vom Ich, das in der Weiterführung der Ideen Kants die Natur als Nicht-Ich sah, von der sich das Ich radikal abgrenzen könne. Auch in *Titan* trieb Jean Paul seinen Spott darüber. Darin war er sich auf gewisse Weise mit Goethe und Schiller sogar einig, die ebenso wenig wie Jean Paul das Trennen des Ichs von der Welt in Fichtes Denken nachvollziehen mochten.

In Weimar blieb Jean Paul dennoch ein Solitär. Goethe an Schiller: »niemand weiß das wunderliche Wesen recht anzufassen«. Schiller aus Jena an Goethe: »fremd wie einer, der aus dem Mond gefallen ist«. Sie hielten ihn weiter auf Abstand. Jean Paul wiederum wurde mit den Romantikern des Schlegel-Kreises nicht warm, die er als eine »neue Sekte« bezeichnete. Friedrich Schlegel hielt er für »seicht«. Im April 1799 trug Charlotte von Kalb ihrem geliebten Jean Paul die Ehe an. Doch auch daraus wurde nichts. Er verlobte sich stattdessen mit einer Hildburghausener Hofdame und entlobte sich wieder mit ihr. Dann war er weg. 1800 lernte er in Berlin mit Karoline Mayer seine zukünftige Ehefrau kennen.

Schiller kommt

Schiller hielt sich seit 4. Januar 1799 in Weimar auf. Von Goethe in einem bereits sanierten Teil des Residenzschlosses einquartiert, leitete er die Proben zu *Die Piccolomini*, dem zweiten Teil der Wallenstein-Trilogie. Die beiden Freunde unterwiesen die Schauspieler, veranstalteten Leseproben und beschworen sie, ihr Deklamieren und Gestikulieren zu mindern.

Am 30. Januar 1799 – Carl August ließ an diesem Tag, dem Geburtstag Luises, immer etwas Besonderes inszenieren – feierte man die Uraufführung von *Die Piccolomini*. Fünf Aufzüge im Blankvers, darunter Worte, die in die deutsche Alltagssprache übergingen, wie: »Was ist der langen Rede kurzer Sinn?«

Am 7. Februar reiste Schiller mit Goethe zurück nach Jena. Doch dort fühlte Schiller sich nicht mehr wohl. Des Universitätsbetriebs war er überdrüssig. In Weimar hatten alle auf ihn eingeredet, er möge doch endlich dorthin ziehen.

Im April 1799 sorgte zunächst der sogenannte Atheismusstreit für den Abgang Fichtes aus Jena. Der hatte in einem Aufsatz behauptet, Gott sei nicht die Quelle der Moral des Menschen. Die Moral existiere unabhängig von Gott. Sachsen und Preußen drohten damit, ihren Landeskindern die Immatrikulation in Jena zu verbieten. Goethe als Beamter Carl Augusts versuchte die Wogen zu glätten, musste dann aber schließlich Fichtes Entlassung zustimmen, der sich in der Debatte wenig entgegenkommend zeigte. Fichte wurde des Landes verwiesen. Stattdessen kam Schelling.

Das Theater und die anderen Arbeiten reichten Goethe natürlich nicht. Von 1798 bis 1800 verfolgte er ein weiteres Projekt. Er wollte eine Zeitschrift als Eingangshalle zur Kunst anbieten, nannte sie nach dem Eingangsbau der Athener Akropolis *Propyläen* und sprach von »einem wahren, weltbürgerlichen sinne, der vielleicht nirgends reiner als bei Künsten und wissenschaften statt finden kann«. Flankiert wurde die Zeitschrift von der von Goethe gegründeten Gesellschaft der »Weimarer Kunstfreunde«. Beide Unternehmungen erfuhren ihren Hauptantrieb durch Goethe und dessen Malerfreund Heinrich Meyer, den man wegen seines schweizerischen Dialekts scherzhaft auch »Kunschtmeyer« nannte. Die Kunstfreunde veranstalteten von 1799 bis 1805 jährliche Ausstellungen und lobten in jedem Jahr Preise für die Werke aus, die nach einem bestimmten Motto einzureichen waren.

Goethe ging es bei den *Propyläen* und den Kunstfreunden insbesondere darum, seine eigene Kunstauffassung zu verbreiten, die im Sinne der Klassik und der Auffassungen Winckelmanns dem Vorbild der Antike folgte. So bestanden auch die Preisaufgaben zumeist darin, antike Themen bildlich darzustellen. Augenfällig ist dabei, wie häufig Motive aus den Werken Homers illustriert werden sollten. Der Publikumserfolg der Ausstellungen aber war mäßig. Die Romantik kam auf und damit eine veränderte Bildsprache, die einer neuen Innerlichkeit folgte. Dennoch trugen auch die Weimarer Kunstfreunde zur Heranführung der breiteren Gesellschaft an die Kunst bei.

Schillers Wallenstein-Trilogie erfuhr weit mehr begeisterte Resonanz. Am 2. Juli feierte man in Weimar die Uraufführung des letzten Teils: *Wallensteins Tod.* Der preußische König Friedrich Wilhelm III. kam zu Besuch und sah das Stück mit seiner Gattin Luise. Sie waren begeistert. Schiller arbeitete derweil an *Maria Stuart* und fasste im August den Entschluss, nach Weimar zu ziehen. Auf seine Bitte gewährte ihm Carl August, der in

Schillers Kommen »großen Nutzen« für die »Gesellschaftlichen Verhältnisse« Weimars sah, die Verdoppelung der Einkünfte auf 400 Taler jährlich.

Im Herbst brachte Charlotte Schiller noch in Jena ihr drittes Kind zur Welt, eine Tochter. Danach erkrankte sie schwer. Schiller wachte permanent am Krankenbett. Man befürchtete zwischenzeitlich das Schlimmste. Aber Charlotte erholte sich glücklicherweise wieder, und Ende 1799 konnten die Schillers nach Weimar ziehen. Schiller bezog zunächst eine Mietwohnung, die Familie brachte er bei Charlottes Patentante Charlotte von Stein unter. Er hatte sich nach dem Erfolg des Wallenstein wieder ganz der Dichtung und vor allem dem Drama zugewandt. Die *Horen* waren eingestellt worden. Den *Musenalmanach* nicht mehr weiterzuführen, hatte er noch in Jena beschlossen. Nun brachte Schiller die ersten Akte von *Maria Stuart* mit nach Weimar. Nach einem weiteren schweren Krankheitsschub beendete er das Stück auf Schloss Ettersburg. In einem Brief an Körner verlieh er Ende Juli 1800 seiner Hoffnung Ausdruck, »das fünfzigste Jahr« zu erreichen und »unter den fruchtbaren Theaterschriftstellern einen Platz zu verdienen«. Längst hatte er mit der Arbeit an der *Jungfrau von Orléans* begonnen. Im Frühjahr 1801 beendete er das Stück in seinem Gartenhaus in Jena. Körner teilte er mit: »Es ist nichts als die Tätigkeit nach einem bestimmten Ziele, was das Leben erträglich macht.«

Im Jahr 1800 hatte Goethe, was seine Ämter betraf, vor allem mit dem Theater und mit dem Schlossbau zu tun. Dichterisch vor allem mit *Faust* und wissenschaftlich mit der Farbenlehre. Nach einer Silvesterfeier am Hof samt anschließendem Beisammensein mit Schiller und Schelling erkrankte er an einem Katarrh, und Weimar hielt bis über die Monatsmitte des Januars den Atem an. Goethe erholte sich wieder, blieb aber geschwächt, arbeitete weiter am *Faust*-Stoff und widmete sich verschiedenen naturwissenschaftlichen Arbeiten. Anfang Juni reiste er über Göttingen zu einer fünfwöchigen Kur nach Bad Pyrmont. Auf der Rückreise verbrachte er einen Monat in Göttingen, wo er sich um Material für den historischen Teil der Farbenlehre bemühte.

Bertuch dachte in der Themensetzung seines Verlagsprogramms weiterhin über Deutschland hinaus. Ab 1800 begann er mit der erfolgreichen *Bibliothek der neuesten und wichtigsten Reisebeschreibungen und geographischen Nachrichten zur Erweiterung der Erdkunde.*

Die Sache mit Karoline Jagemann

Derweil pflegte Carl August weiter zig Amouren. Darüber, wie viele Kinder er von wie vielen Frauen hatte, spekulierte man gerne und oft in Weimar. Seit Jahren gestaltete sich die dynastische und politische Vernunftehe mit Luise für beide Eheleute als ein kaltes Gefängnis. Längst hatte Carl August sich einen eigenen kleinen Hausstand in der Römischen Villa über dem Ilmpark eingerichtet. Abgelegen, idyllisch, romantisch. Doch trotz dieser Flucht musste sich etwas ändern, und Carl August wusste auch wie. Weimars gefeierte Theatergröße Karoline Jagemann ging ihm schon seit Jahren nicht mehr aus dem Kopf. Sie berührte sein Herz. Er bemühte sich um sie. Doch sie hielt ihn auf Abstand. Sein Begehren wollte nicht verschwinden; es wuchs sogar.

Er beschwor sie. Ihm fehle nur die richtige Frau, sagte er der Umworbenen wiederholt. Doch die wies ihn mehrfach freundlich und bestimmt ab. Auch als Carl August ihr die sogenannte morganatische Ehe oder »Ehe zur linken Hand« antrug, lenkte sie nicht ein. Das »bedecke das Unerlaubte« nur schlecht, ließ sie ihn wissen. Selbst Carl Augusts Hinweis, dass sogar seine Gattin Luise seine Verbindung mit Karoline Jagemann »aufrichtig wünsche«, half nicht. Um schließlich Abstand zu gewinnen, kündigte die Bedrängte sogar ihr Engagement in Weimar. Sie spielte nun in Wien und Berlin und erhielt dort weit höhere Gagen als die ohnehin schon hohen, die ihr Carl August in Weimar gezahlt hatte. Carl August aber ließ nicht ab. Er bot erneut höhere Bezüge, und er förderte die Malerkarriere des Bruders der Angebeteten, Ferdinand Jagemann.

Schließlich, im Dezember 1801, willigte Karoline Jagemann dann doch in die Verbindung ein. Carl August schenkte ihr das repräsentative »Deutschritterhaus« am Töpfermarkt, und sofort besuchte Herzogin Luise, um der gesellschaftlichen Akzeptanz willen, die dort gegebenen Einladungen. Die beiden Frauen verstanden sich gut. Die Weimarer Gesellschaft aber verstand das alles nicht. Jetzt lebte also nicht nur Goethe, sondern auch dessen Freund Carl August in wilder Ehe.

Auf der Theaterbühne Weimars feierte Karoline Jagemann einen Erfolg nach dem anderen, insbesondere in den Dramen Schillers. Sie hatte 1800 Elisabeth I. in *Maria Stuart* gespielt und verkörperte 1803 die Beatrice in der *Braut von Messina.* Carl August sperrte sich dann allerdings erfolgreich dagegen, dass sie in der Hauptrolle in *Die Jungfrau von Orléans* auftrat. Das sei unpassend.

Andauernde und endende Kämpfe

Seit Anfang des Jahres 1802 steigerten sich die Rivalitäten in Weimar. Kotzebue und Böttiger schienen gegen Goethe Stellung zu beziehen. Sie hatten schon versucht, Schiller als neuen Dichterkönig auszurufen, doch dann fiel August Wilhelm Schlegels Stück *Ion*, das Goethe zur Aufführung brachte, am 2. Januar beim Publikum durch. Böttiger wollte eine vernichtende Rezension veröffentlichen, die Goethe vorab zur Kenntnis kam, woraufhin er sie mit aller Macht unterdrücken ließ. Er drohte sogar mit dem Herzog. Von nun an betrieb er den Fortgang Böttigers aus Weimar, der 1804 in der Tat nach Dresden abwanderte. Am 29. Mai 1802 fiel dann auch ein Stück Friedrich Schlegels durch. Schiller hatte Goethe vor der Aufführung gewarnt; er befürchtete »eine totale Niederlage«.

Am 1. Februar 1803 notierte Schiller die Fertigstellung der *Braut von Messina.* Ende April des Vorjahres war er mit seiner Familie in ein großes Haus an der Esplanade gezogen, das zu jener Zeit in hellem Grau gestrichen und an drei Seiten von Gärten und Äckern umgeben war. Nun machte sich Schiller an die Arbeit am *Wilhelm Tell.*

Beide Dramen wurden überwältigende Publikumserfolge. Die Verschiedenheit der Stoffe und der Tonlagen der beiden Stücke zeigte Schillers mögliche weitere Entwicklung. Noch während der Proben zum *Tell* hatte er beschlossen, das Drama *Demetrius* zu beginnen.

Doch mit Weimar haderte Schiller mittlerweile. Angesichts seines eigenen Schaffensdrangs war ihm Goethe oft zu behäbig; er lebe »in einer bloßen Beschaulichkeit«. Auch meinte er, Goethe fehle mittlerweile der »Glauben an die Möglichkeit von etwas Gutem und eine Konsequenz in seinem Tun«. Wäre das anders, so klagte Schiller in einem Brief an Wilhelm von Humboldt, »könnte hier in Weimar noch manches realisiert werden, in der Kunst überhaupt und besonders im Dramatischen«.

Goethe aber war fleißig wie eh und je. Er arbeitete an dem Drama *Die natürliche Tochter,* was er Schiller, der ihn auf den Stoff aufmerksam gemacht hatte, verschwieg. Er kam nicht recht voran und fürchtete wohl Kritik. Darüber hinaus kümmerte er sich weiter um den Schlossbau, um den Botanischen Garten und die Bibliothek. Derweil war die Universität von Jena im Tumult. Viele gute Köpfe gingen. Christoph Wilhelm Hufeland, der in Weimar aufgewachsen war, als Junge begeistert Goethes Ankunft in der Stadt miterlebt und wie viele Werther-Kleidung getragen hatte, wurde nach Berlin an die Charité berufen. Auch Justus Christian Loder, der Goethe und Alexander von Humboldt die Anatomie nahegebracht hatte, ging. Schelling wanderte ebenfalls wieder ab. Der Philologe Christian Gottfried Schütz nahm die *Allgemeine Literatur-Zeitung* nach Halle mit. Goethe und Carl August bemühten sich um Ersatz nach dem intellektuellen Aderlass und für die so wichtige Zeitschrift. Goethe gründete die ab Januar 1804 erscheinende *Jenaer Allgemeine Literatur-Zeitung*. Die Romantiker waren rasch gewonnen. Schiller nicht.

Am 1. August 1803 bezog die herzogliche Familie das wiederaufgebaute Residenzschloss. An dem vom Architekten Heinrich Gentz gestalteten Treppenhaus hatte Goethe intensiv mitgearbeitet. Hell, von Licht durchflutet, mit einer ovalen Kuppel öffnete sich ein hoher Raum über mehrere Stockwerke. Besucher stiegen breite Treppen empor, gerahmt von antiker Ikonographie, die Herzog Carl August in seiner Herrschaft als Schutzherrn von Kultur, Land und Vernunft legitimieren sollte. Weil das Besondere immer auch Wege findet, um die Klüfte der Weltanschauungen zu überwinden, schauten aus Nischen im Treppenhaus Skulpturen, die Christian Tieck, ein Bruder des Romantikers Ludwig Tieck, geschaffen hatte. Christian Tieck war ein Schüler des Jakobiners Jacques-Louis David gewesen, dessen Kunst Goethe trotz Davids revolutionärer Jakobiner-Karriere tief verehrte. Kunst und Politik gehören zwar letztlich immer zusammen, doch ein frei denkender Kopf wie Goethe wusste immer beides im Guten zu nutzen und sogar zu verbinden, selbst wenn etwas davon im Widerstreit zu seinem Weltbild stand. In Goethes *Maximen und Reflexionen* findet sich der Satz »Die Gewalt einer Sprache ist nicht, dass sie das Fremde abweist, sondern dass sie es verschlingt.« Man kann diese Aussage auch auf den weitblickenden Geist Goethes ausdehnen, der Einflüsse aufnahm und damit versuchte, im eigenen Sinne Neues und Gutes zu schaffen. Was dann auch dazu führte, dass nun im neu errichteten Stadtschloss der Schüler eines radikalen Revolutionärs ikonographisch einen Fürsten und dessen gegen die Normen verstoßendes Liebesleben zu legitimieren half. Denn Christian Tieck bildete in einer Skulptur des Treppenhauses Karoline Jagemann als Göttin ab.

Derweil kämpfte Kotzebue in Weimar weiter gegen Goethe. Der wiederum hatte sich entschieden, Kotzebues Stück *Die deutschen Kleinstädter* in Weimar zur Uraufführung zu bringen.

Auch das war Goethe. Ein Goethe, der versuchte, in Streitereien doch noch Harmonien, wenigstens aber Knüpfpunkte zu finden. Allerdings überarbeitete Goethe das Stück. Es sei zu offensichtlich gegen die Romantiker um August Wilhelm Schlegel in Jena gerichtet. Kotzebue war entsetzt, und eine Aufführung platzte zunächst. Am 3. November 1803 gelangte das Stück dann doch auf die Weimarer Bühne. Der Zwist mit Kotzebue aber blieb.

Herder verstarb in Weimar am 18. Dezember 1803 als erster der großen Vier. Verbittert war er über so vieles gewesen: die Erkaltung des Verhältnisses zu Goethe, die Eifersucht auf dessen enge Beziehung zu Schiller, die in Herders Augen zu geringe Wertschätzung der eigenen Leistung durch den Hof, der Ärger um die lange ausbleibende Anerkennung seines Adelstitels. Wieland beklagte den Toten: »mein bester und gewissermaßen mein einziger Freund in Weimar«.

Von Herders Gedanken bleiben viele in der Welt, nur werden sie zu selten erkannt, obwohl einiges daran im Grunde zeitlos gültig ist. Immanuel Kant prägte ihn, aber auch der Aufklärungskritiker Johann Georg Hamann hatte Eindruck auf ihn gemacht. Von Herder bleibt die Einführung des Gedankens der geschichtlichen Bedeutung jeder Kultur und seine Rolle als Pionier der Kulturwissenschaft. Wörter wie ›Nationalcharakter‹, ›Genie‹ oder ›Zeitgeist‹ popularisierte er. Den Begriff ›Zeitgeist‹ soll er sogar geschaffen haben, ein Begriff, der in die Welt und in andere Sprachen hinauswanderte und weiterlebt. Herder wandte sich zudem gegen die erstarrte Theologie seiner Zeit. Herders Gedanke, dass jede Kultur ein Ausdruck des universellen Menschseins ist, war und ist ein bedeutender Gegenentwurf zu jedem Chauvinismus und Nationalismus.

Im Spiegel Frankreichs

Am 1. Dezember 1804, Herder lag bereits auf dem Sterbebett, traf die in jenen Tagen bereits weit über Frankreich hinaus bekannte Germaine de Staël in Weimar ein. Ihren Nachnamen trug sie aufgrund der längst zerrütteten Ehe mit dem schwedischen Botschafter in Paris. Aufgewachsen war sie als die einzige Tochter von Jacques Necker, einem wohlhabenden aus Genf stammenden Bankier. Der hatte sich mit großem Ehrgeiz, dabei von seiner Frau Suzanne in deren Salons in Paris gefördert, in die allerhöchsten Kreise gearbeitet und schließlich als letzter Finanzminister Frankreichs vor der Französischen Revolution König Ludwig XVI. gedient.

De Staëls Eltern hatten ihre Tochter in dem Bewusstsein aufgezogen, etwas Besonderes zu sein. Schon als Kind war sie im Haus zwischen den Großen ihrer Zeit von einem zum anderen gegangen und hatte viele mit ihrem Witz, ihrem Charme, ihrer Bildung und Intelligenz bestrickt.

Mittlerweile war sie 37 Jahre alt, reich und eng verbunden mit den alten Kräften ihres Landes. Da sie viele der Gegner des nun unumschränkt herrschenden Napoleon Bonaparte mit ihrem Geld unterstützte, war sie in Frankreich nicht mehr geduldet. So begann ihr Exil. Zwölf Jahre sollte es dauern. Mit Zögern war de Staël im Oktober 1803 gen Deutschland aufgebrochen. Ihren Sohn ließ sie beim Großvater. Die beiden Töchter, von denen die jüngere aus einer außerehelichen Beziehung Germaines stammte, nahm sie mit. Auch ihr Gefährte Benjamin Constant und einige Bedienstete begleiteten sie. Mit dem Literaten Constant verband sie seit Jahren eine äußerst wechselhafte Beziehung. Der war aufgewachsen in der Schweiz, den Niederlanden, Belgien und Großbritannien und wurde zu einem wichtigen Denker des Liberalismus.

De Staël wollte nach Weimar, in »Deutschlands literarische Hauptstadt«, wie sie Joseph Bonaparte, dem ältesten Bruder Napoleons, in einem Brief auseinandersetzte. Weimar schien ihr ein hervorragend zu benennendes Ziel, um ihrer Abreise nach Deutschland Größe zu geben und ihr den Charakter der Flucht zu nehmen. Am 27. November erklärte sie in einem Brief an ihren Vater, der sich nach Ausbruch der Revolution in sein Schloss in Coppet am Genfer See zurückgezogen hatte: »Ich muß einen Vorwand für meine Deutschlandexpedition finden, und die Weimarer Literaten sind ein ausreichender. Nun, ich werde mich entscheiden, wenn ich da bin. Bei jeder Station hoffe ich, daß sie die letzte sein wird.«

In Weimar wusste man, wer sich da von ferne ankündigte. Germaine de Staël hatte nicht nur aufgrund ihrer Kontakte, sondern auch als Schriftstellerin einen Namen. In Deutschland war ihr mit ihrem Briefroman *Delphine* ein großer Erfolg gelungen, vor allem bei den Leserinnen. 1795 hatte Goethe einen Text de Staëls zur zeitgenössischen Literatur für Schillers *Horen* ins Deutsche übersetzt. Ihre Reiseroute durch Deutschland verfolgten nun die Zeitungen.

Am 30. November berichtete Schiller aus Weimar an Goethe, der sich in Jena aufhielt: »Frau v. Staël ist wirklich in Frankfurt, und wir dürfen sie bald hier erwarten. Wenn sie nur Deutsch versteht, so zweifle ich nicht, daß wir über sie Meister werden, aber unsre Religion in französischen Phrasen ihr vorzutragen und gegen ihre französische Volubilität aufzukommen ist eine zu harte Aufgabe.«

Am 14. Dezember, kaum in Weimar angekommen, wollte Germaine de Staël sich möglichst schnell mit Goethe treffen. Der hielt sich noch immer in Jena auf und teilte ihr in einem elegantem Französisch gehaltenen Brief höflich mit, er sei nicht abkömmlich. Sie entgegnete darauf, dann komme sie. Er brauche ihr nur zwei Zimmer zu mieten. Er gab zurück, sie solle sich doch nicht die Mühe machen. Die verschneiten Wege.

Schiller war ebenso wenig wie Goethe an einem Treffen mit Germaine de Staël interessiert. Er arbeitete an *Tell*. Und er fühlte sich nicht gut. Doch er beugte sich dem Wunsch Carl Augusts, der mit seinen Geistesgrößen vor Ort glänzen wollte. In Uniform und mit Degen, wie bei Hofe obligatorisch, traf er auf den Gast. De Staël hielt den bleichen, steifen, rothaarigen Mann zuerst für einen General. Schiller strengten die Gespräche mit dem Gast aus Frankreich an. Sie sprach kein Deutsch, er kein adäquates Französisch, um ihren sehr intensiv dargebrachten Ausführungen mit Freude folgen, geschweige denn diese parieren zu können. So kamen de Staël und Schiller nicht so recht zusammen. Sie sei überbordend im Gespräch, meldete er an Goethe, eine Naturgewalt, aber Schiller räumte auch ein, es sei »nichts falsches« an ihr.

Bei Hof hatte man Germaine de Staël tatsächlich warmherzig empfangen und organisierte eine Veranstaltung nach der anderen für sie. Sie verstand sich bestens mit der sonst so zurückhaltenden Herzogin Luise und bezauberte den alten Wieland, der ihr später in einem Brief hinterherrief, er bedauere, 30 bis 40 Jahre zu früh geboren worden zu sein.

Endlich, zum Weihnachtsfest, kehrte Goethe nach Weimar zurück. Nahezu täglich trafen nun Einladungen de Staëls bei ihm ein, und diese beschwerte sich allseits darüber, wie wenig Zeit er wie auch Schiller und Wieland für sie fänden. Goethe aber steckte wie Schiller mitten in verschiedenen Arbeiten und Verpflichtungen. In dieser Phase seines Lebens war er des Umstandes überdrüssig, unablässig Besucher zu empfangen.

»Es ist recht Schade daß uns diese interessante Erscheinung zu einer so ungeschickten Zeit kommt«, bedauerte Schiller in einem Brief an Goethe am 21. Dezember, riet dem Freund aber, sie doch endlich zu empfangen: »Alles kommt jetzt darauf an, daß Sie eilen, eine Anschauung von ihr zu bekommen, und sich einer gewissen Spannung zu entledigen.«

Goethe empfing Germaine de Staël dann schließlich doch. Die berichtete nach Paris, man feiere sie in Weimar und es vergehe kaum ein Tag ohne ein Treffen mit den Großen vor Ort. Und: »Der bedeutendste Mensch, der hier lebt, ist zweifellos Werther-Goethe; aber er ist von einer Eigenliebe beseelt, die ebenso erstaunlich ist wie seine Phantasie.«

Am 14. Januar schrieb Schiller an Goethe, der wieder nach Jena gegangen war: »Madame de Staël will noch 3 Wochen hier bleiben. Trotz aller Ungeduld der Franzosen wird sie, fürchte ich, doch an ihrem eigenen Leib die Erfahrung machen, daß wir Deutschen in Weimar auch ein veränderliches Volk sind, und daß man wissen muß zu rechter Zeit zu gehen.« Als die Besucherin Weimar Anfang März 1804 Richtung Berlin verließ, schrieb er an Goethe, ihm sei »nach der Abreise unsrer Freundin nicht anders zu Mut, als wenn ich eine große Krankheit ausgestanden hätte«.

Der Eindruck, den Weimar, das Germaine de Staël kühn stellvertretend für Deutschland setzte, auf sie gemacht hatte, war zwiespältig. Einerseits bewunderte de Staël das Ernste und die Neigung zu tiefem, weitem Denken, andererseits gewann sie den Eindruck, die Denker und Dichter, die sie Eremiten und Mönche nannte, blieben in Deutschland ebenso strikt ihrem Metier verhaftet wie die Mächtigen. Obwohl es Austausch gebe, meinte sie, überließen etwa die Denker, da sie an anderes dächten als das Jetzt, letztlich den Mächtigen deren Geschäft. »Es sind so friedfertige und abstrakt denkende Philosophen, dass sie bis auf wenige Ausnahmen, fast mit jeder Regierung auskommen könnten«, sinnierte sie in einem Brief.

In Berlin lernte Germaine de Staël nun Wilhelm August Schlegel kennen. Der Schlegel-Kreis in Jena hatte sich Ende 1801 aufgelöst. Wilhelm August war nach Berlin gegangen, Friedrich nach Dresden. Caroline Schlegel hatte sich Friedrich Schelling zugewandt und war mit ihm 1803 nach Würzburg gezogen.

Am 18. April erreichte de Staël in Berlin die Nachricht, ihr geliebter Vater in der Schweiz sei schwer erkrankt. Tatsächlich war Necker bereits seit neun Tagen tot, doch niemand traute sich, ihr das zu sagen. Sie brach sofort auf. Schlegel begleitete sie. Am 22. April traf sie wieder in Weimar ein. Benjamin Constant, der zwischenzeitlich in die Schweiz zurückgereist war, erwartete sie dort. Er war ihr nach Weimar entgegengekommen, um ihr die traurige Nachricht zu überbringen. De Staël blieb noch eine Woche in Weimar und versuchte, sich zu fassen. Am 1. Mai 1804 verließ sie mit ihrer Reisegesellschaft Weimar in Richtung Coppet. Weimar und Deutschland würden jedoch noch von ihr lesen.

In ihr Reisetagebuch trug sie ein: »Ich habe diese Freistatt der Wissenschaft und der Philosophie geliebt, in die der Lärm der Welt nicht durchdringt, wo friedliche Seelen und gelehrte Geister unter sich die Mittel suchen, den einzelnen Menschen zu vervollkommnen. Aber gleichzeitig verdirbt man anderswo den sozialen Menschen, und die Institutionen haben so viel mehr Kraft als die Bücher, daß die harmlose Philosophie aus dem Norden Deutschlands vielleicht nicht lange großen Einfluß auf die Verbesserung des Menschengeschlechts haben wird.«

Vielleicht doch Berlin?

Weimar wurde Schiller zu eng. Carl August redete ihm zudem unablässig in seine Dramenarbeit hinein. Der hatte ihn zwar 1802 durch den Kaiser in den erblichen Adelsstand erheben lassen, doch forderte er immer wieder Änderungen in dessen Dramen. Schillers Adelsstand stellte eine große Erleichterung für seine adelige Frau Charlotte dar. Nachdem sie als Frau eines Bürgerlichen bislang von vielen Veranstaltungen bei Hofe ausgeschlossen gewesen war, gehörte sie nun wieder etwas mehr dazu.

Es war überhaupt gut, adelig zu sein. Herder hatte sich darum bemüht, von Carl August einen Adelstitel anerkannt zu bekommen, den er bereits besaß. Erst dank Goethes Hilfe, dem es gelang, den Herzog zu erweichen, hatte er sich schließlich das »von« vor seinen Nachnamen setzen können.

Im Frühjahr 1804 klagte Schiller seinem Schwager Wolzogen: »Es gefällt mir hier mit jedem Tage schlechter, und ich bin nicht willens, in Weimar zu sterben.« Doch er könne sich noch nicht entscheiden, wohin er gehen solle. Fieber, Husten und Schmerzen plagten ihn unentwegt. Er berechnete seine Finanzen bis zum 50. Lebensjahr, denn er sorgte sich um seine wachsende Familie. Charlotte erwartete das vierte Kind. Im Mai 1804 reiste er mit ihr und den beiden Söhnen »Knall auf Fall« dorthin, wo eben noch die für ihn so anstrengende Germaine de Staël für Furore gesorgt hatte: nach Berlin.

Dort empfing man ihn mit offenen Armen. Insbesondere Iffland, der nun als Direktor des dortigen Nationaltheaters amtierte, umwarb ihn, wie er es schon seit Jahren tat. Schiller hatte ihn bei seiner Ankunft wissen lassen: »Ich bedarf eines neueren, eines größeren Elements, ich freue mich darauf, zu sehen und zu hören und meinen Sehkreis zu erweitern.« Weimar schien nunmehr tatsächlich viel zu klein für den Mann, der nach vorne und immer weiter hinausdrängte. Zumal, Schiller wurde in Berlin gefeiert. Mit dem Kabinettsrat Beyme trat er in Verhandlungen. Ein Salär von 3000 Talern stand in Aussicht und das Recht, die Hofequipage zu nutzen. Schiller wollte nachdenken und erbat sich Geduld, »bis er die Auflösung seines Verhältnisses in Weimar mit der erforderlichen Zartheit bewirkt haben würde«. Doch zurück in Weimar kamen Schiller Zweifel. Größere Verhältnisse wie in Berlin reizten ihn, doch: »In neue mich zu begeben, schreckt mich Bequemlichkeit«, gestand er Körner. Und Weimar? »Hier in Weimar bin ich freilich absolut frei und im eigentlichsten Sinn zu Hause.« Und da war Goethe, zu dem sich das Verhältnis nun doch wieder belebte. Goethe erwirkte zudem, dass Carl August Schillers Pension erneut, diesmal auf 800 Taler jährlich, verdoppelte und eine Zusage gab, diese im Laufe der Jahre immer wieder zu erhöhen. Und er gab Schiller seine Erlaubnis, einen Teil des Jahres in Berlin zu verbringen.

Im Juli zogen Schiller und die schwangere Charlotte zwischenzeitlich noch einmal nach Jena, um sich ihrem Arzt Stark nahe zu wissen. Bei einer Ausfahrt einen Tag vor der Geburt der zweiten Tochter erkältete sich Schiller, und Koliken suchten ihn heim. Eine vermutlich schon seit zehn Jahren in Schiller wütende Bauchfellentzündung hatte jetzt wohl eine Darmverschlingung nach sich gezogen. Erst im Oktober kam er allmählich wieder zu Kräften und setzte sich erneut an das Manuskript von *Demetrius*. Außerdem, wenn es ihm die Kraft erlaubte, bearbeitete er andere Stücke für die Bühne. So Shakespeares *Macbeth* oder Lessings *Nathan der Weise*. Gerade letzteres Stück, das Meisterwerk der deutschen Aufklärung – auch dieses in den Blankversen der Klassik gehalten –, brachte Schiller nun wieder auf die Bühne, nachdem es zwei Jahrzehnte zuvor in Berlin durchgefallen war. So entriss er es der Gefahr, in Vergessenheit zu geraten. Auch seine eigenen frühen Werke wollte Schiller angesichts eigener anderer Blickwinkel erneuern und überarbeiten, ließ aber letztlich von einer konsequenten Umsetzung ab und beschied sich mit der Einsicht, sie zu belassen, »wie sie einmal einem gewaltsamen Geist entsprungen waren«.

Aus dem Osten

Von Westen drohte Napoleon mit einem Angriff auf die zahlreichen Staaten in Deutschland und damit auch auf das kleine Herzogtum Sachsen-Weimar-Eisenach. Dort versuchte Carl August, wie seit Generationen üblich, über familiäre Verbindungen Bündnisse zu schmieden, die einen gewissen Schutz geben könnten. Vielleicht gelang es, Schutz aus dem Osten zu erhalten. Man arbeitete bereits eifrig daran.

Fünf Jahre hatte Carl August um die Verheiratung des Erbprinzen Carl Friedrich mit Maria Pawlowna, Tochter des herrschenden und Schwester des künftigen Kaisers von Russland aus der Herrscherfamilie Romanow-Holstein-Gottorp gerungen. Die Eheverhandlungen hatten begonnen, da war Maria erst 13 Jahre alt gewesen und ihr Gatte in spe 16. Nun war sie 18 und Carl Friedrich 21 Jahre alt. Um die engen familiären Verbindungen auch hier zu betonen: Die erste Frau von Marias Vater Paul war eine Schwester der Mutter ihres Bräutigams gewesen.

Die Bemühungen waren nun endlich mit einem Eheversprechen belohnt worden. Dieses hatte der Emissär des Weimarer

Hofes Wilhelm von Wolzogen mit Kaiser Paul ausgehandelt und sich dafür lange am Hof in Sankt Petersburg aufgehalten. Wolzogen, ein Freund und einstiger Mitschüler Schillers in der Hohen Karlsschule in Stuttgart, Ehemann von Caroline, der Schwester von Schillers Frau Charlotte, und somit Schillers Schwager, hatte Maria Pawlowna kennengelernt; er war von ihrem Wesen angetan und auch von ihrem Klavierspiel beeindruckt. Als 1801 Kaiser Paul im Laufe einer Palastintrige ermordet wurde und Maria Pawlownas Bruder Alexander I., mit dem sie eng verbunden war, den Thron bestieg, musste Wolzogen erneut nach Sankt Petersburg reisen, um die versprochene Ehe zu sichern. Es gelang ihm, nun mit Alexander einen Ehevertrag auszuhandeln. Dem kam die Verbindung mit Weimar gelegen. Es galt, sich vor Napoleon zu schützen.

Am 3. August 1804 feierte man in Sankt Petersburg die Hochzeit des Erbprinzen Carl Friedrich mit Maria Pawlowna, danach trat das Paar die lange Reise nach Weimar an. Nach mehreren Wochen trafen sie am 9. November 1804 dort ein. Herzog Carl August war vorausgeritten und hatte sie an der Grenze Polens empfangen. Seine Gattin Luise war den beiden bis Naumburg mit anderen Familienmitgliedern entgegengereist. An der Landesgrenze hatte das Paar eine offene Prunkkutsche bestiegen und seine Fahrt entlang einer jubelnden Menge fortgesetzt. Abordnungen empfingen sie allenthalben, Geschenke wurden in den Wagen gereicht, Ehrenpforten durchquert. Überall spielten Kapellen. An der Treppe im gerade erst wieder bezogenen Stadtschloss wartete Anna Amalia. Neben ihr Luise, die erneut dem Paar vorausgeeilt war.

Schon zuvor waren aus Russland 79 Kutschen mit der Aussteuer in Weimar eingetroffen. Ein Schatz. Man stellte die Kostbarkeiten im Fürstenhaus in zehn Sälen aus. Dazu gehörten wertvolle Spiegel, eine komplette Küchenausstattung, die Einrichtung für eine orthodoxe Kapelle, Porzellan, Kleidung, Pelze.

Von der Einfahrt in die Stadt und dem Stadtschloss war die Braut aus Russland angetan. Doch dann soll sie zu ihrem frisch angetrauten Gatten gesagt haben, es sei schön hier auf dem Lande. Nun aber wolle sie in die Residenz. In der war sie allerdings schon.

Schiller hatte zur Begrüßung der künftigen Landesmutter in nur vier Tagen das kleine Festspiel *Huldigung der Künste* gedichtet. Er war damit nach erster Ablehnung Goethe zur Seite gesprungen, da diesem bei allen Vorbereitungsverpflichtungen zur Begrüßung Maria Pawlownas nichts einfallen wollte.

Kaum aus Jena zurückgekehrt, wo er Zeuge der glücklichen Geburt seiner Tochter gewesen war, hatte Schiller sich das Werk, noch immer geschwächt von seinem letzten Krankheitsschub, abgetrotzt. *Huldigung der Künste*, das letzte Werk, das er in seinem kurzen Leben beenden sollte, stellte ein lyrisches Schauspiel für den Hof dar. Darin gelang Schiller das Kunststück, der Fürstin zu huldigen, sie aber zugleich zu verpflichten, das Recht der Freiheit der Künste nicht zu beschneiden, sondern ihnen im Gegenteil die Ehre zu erweisen.

Maria Pawlowna war begeistert, ja zu Tränen gerührt. Im Grunde spiegelte sich in Schillers letztem Stück noch einmal die seltsame Harmonie von Künsten, Macht und freiem Geist der klassischen Zeit Weimars. Eine zerbrechliche Harmonie.

Maria Pawlowna, Napoleon und die Schopenhauers 1805–1832

Der Verlust Schillers

Am Weimarer Hof nahm Maria Pawlowna mit ihrem höflichen, offenen, charmanten und freundlichen Wesen rasch die meisten für sich ein. Anna Amalia war von ihr begeistert, auch Marias Schwiegervater Carl August. Nur Schwiegermutter Luise blieb ihrer Natur gemäß abwartend. An ihren Bruder schrieb sie: »Du weißt, dass ich nicht enthusiastisch bin, deshalb habe ich noch kein bestimmtes Urteil über sie.«

Bald schon begann Maria Pawlowna in ihrer neuen Heimat gestaltend tätig zu werden, dabei wusste sie ihre Macht und ihre finanziellen Mittel zu nutzen. Auch in der Politik. Ihrem Schwiegervater Carl August sprang sie finanziell bei. Der trug gerade einen Konflikt mit Bertuch aus, der seit Januar 1804 in Halle unter der Leitung des dorthin von Jena abgewanderten Literaturprofessors Christian Gottfried Schütz die *Allgemeine Literatur-Zeitung* herausgab, die Carl August ein Dorn im Auge war, da sie sich seinem Herrscherzugriff entzog. Mit Goethe hatte er daher als Gegenstück die *Jenaische Allgemeine Literatur-Zeitung* ins Leben gerufen. Dieser aber fehlte es zunächst an Organisation und Mitteln. Maria half nun mit ihren Geldern aus, und allmählich gewann die Zeitschrift Goethes und Carl Augusts an Bedeutung, während die der Konkurrenz abnahm.

Am 10. Januar 1805 stellte sich Maria Pawlowna mit ihrem Gemahl zu einem ersten ausführlichen Besuch bei Goethe am Frauenplan ein. Welch ein Wandel der Zeiten! Ein Dichter, noch dazu bürgerlich geboren, gab nun selbst dem herrschenden Adel Audienz. Eine gesellschaftliche Annäherung fand zwar statt, von einer beginnenden Überwindung des Standesdenkens konnte allerdings keine Rede sein. Anfang 1805 berichtete Maria an ihre Mutter Maria Fjodorowna: »Liebe Mama, was die Gelehrten betrifft, so sind gerade sie dermaßen verlegen, die guten Leute, dass es drollig ist. Allgemein gesprochen haben sie den Grazien kein Opfer dargebracht. Der alte Wieland trägt ein Käppchen, was mich als ich ihn zum ersten Mal sah, ihn für einen Juden halten ließ. Goethe hält seinen Hut ganz senkrecht dicht am Körper, als ob es ein Blumentopf sei, und Schiller, dessen Physiognomie schön, jedoch leidend ist, scheint sehr oft zu taumeln.« Worte, die wie eine Bestätigung der Eindrücke wirken, die Germaine de Staël ein Jahr zuvor hatte.

Von Weimar und seinen Einwohnern erzählte Maria Pawlowna am 27. April 1805: »Weimar eine unglaubliche Mischung von Hohem und Niedrigem.« Darunter seien »die drei kapitalen Köpfe (sie meinte Goethe, Schiller und Wieland), außergewöhnliche Menschen«. Der Herzog sei »der denkbar originellste Mensch, der glücklich ist, wenn ihm ein Bonmot einfällt«, seine Gattin Luise, »die Herzogin: gebildet, liebenswert, wenn man sie näher kennt«. Maria war also ihrer Schwiegermutter womöglich nähergekommen. Und Anna Amalia? »Die Herzoginmutter: die das bemerkenswerte Talent besitzt, dass Jung und Alt sie gerne aufsuchen und sich bei ihr wohlfühlen.« »Auf der anderen Seite« aber erlebte Maria in ihrer neuen Umgebung Männer und Frauen, »die recht unbedeutend oder geradezu unangenehm sind und unter denen man eine Menge Plattfüße findet«. Und sie sah »eine mittlere Sorte von Menschen, die sich nur in der Richtung bewegen, in die sie gestoßen werden«. Tja, »und dies ist eben Weimar«.

Nur vier Tage nach diesem Brief begegneten sich zwei der Größten dieser Stadt zum letzten Mal. Der Winter von 1804 auf 1805 war für Schiller und für Goethe hart gewesen. Schiller suchten nach dem Krankheitsschub in Jena immer weitere Anfälle von Fieber heim. Hinzu kamen Ohnmachten, die er vor Charlotte oft verbarg. Goethe litt vor allem im Februar unter Nierenkoliken, die große Sorgen hervorriefen. Schiller weinte, als er vom Zustand seines Freundes hörte. Beide litten unter Krankheitsschüben bis in den April. Doch dann ging es Schiller wieder etwas besser. Sein Freund Johann Heinrich Voß schöpfte Zuversicht: »Schiller ist ganz gesund!« Und auch Schiller war besserer Dinge. »Die beßere Jahreszeit läßt sich endlich auch bei uns fühlen, und bringt wieder Muth und Stimmung; aber ich werde Mühe haben, die harten Stöße seit neun Monaten, zu verwinden und ich fürchte, daß doch etwas davon zurückbleibt«, begann er seinen letzten Brief, den er am 25. April an seinen Lebensfreund Körner richtete. Darin die Beschwörung: »Wenn nur Leben und leidliche Gesundheit bis zum 50. Jahr aushält.«

Recht genesen war Schiller seit seinem letzten Krankheitsschub nicht. Sein Gesicht blieb fahl. Doch er steckte voller Pläne. Er hatte sich ein leichtgängiges ruhiges Pferd gekauft und freute sich darauf, zur Körperertüchtigung bald auszureiten. Er arbeitete am *Demetrius* und schmiedete in freien Minuten Reisepläne, suchte auf Landkarten den kürzesten Weg zum Meer, das er so gerne sehen wollte. Auch in die Schweiz wollte er. Doch immerzu mahnte er, man solle nicht über die nächsten zwei Jahre hinaus planen.

Am 1. Mai sahen Goethe und Schiller an der Haustür an der Esplanade einander zum letzten Mal. Schiller war im Begriff, mit seiner Schwägerin Caroline von Wolzogen ins Theater zu fahren. Goethe mochte sich nicht anschließen. Auf dem Weg ins Theater sagte Schiller, seine linke Seite, die zuletzt so geschmerzt habe, sei wie taub. In der Loge bekam er hohes Fieber. Zu Hause legte er sich ins Bett.

In den nächsten Tagen wachten Charlotte Schiller, Caroline von Wolzogen, der Arzt und der treue Diener am Krankenlager. Er hustete. Das Fieber blieb. Dann, zwischenzeitlich, ging es Schiller etwas besser. Er meinte sogar, herausgefunden zu haben, wie er der Krankheit weiter begegnen könne. Am sechsten

Abend aber verschlechterte sich sein Zustand. Er fing an, abgehackt zu reden, doch er blieb bei klarem Bewusstsein. Er sagte: »Gebt mir Märchen und Rittergeschichten; da liegt doch der Stoff zu allem Schönen und Großen.« Am siebten Abend redete er viel im Schlaf. »Ist das eure Hölle? Ist das euer Himmel?«, rief er laut Caroline von Wolzogen vor dem Erwachen. Am achten Tag morgens antwortete er ihr, als sie ihn zu seinem Befinden befragte: »Immer besser, immer heiterer.« Am neunten Tag in der Frühe verlor Schiller das Bewusstsein. Er begann, bei geschlossenen Augen Unzusammenhängendes zu reden. Oft in Latein. Der Arzt gab ihm ein Glas Champagner, um seine Kräfte zu heben. Dann war er wieder halb bei Bewusstsein, halb bewusstlos. Am Nachmittag des 9. Mai ließen seine Kräfte nach. Er drückte Charlotte, die neben seinem Bett kniete, die Hand. Schließlich lief es »wie ein elektrischer Schlag über seine Züge; dann sank sein Haupt zurück«. Schiller war tot.

Goethe, seit der letzten Krankheit noch immer nicht bei Kräften, bangte schon seit Tagen um seinen Freund. Nun wagte man kaum, ihm die Nachricht zu überbringen. Johann Heinrich Voß berichtete, als ein Bote in dessen Haus eintraf, habe Goethe gerade Besuch von seinem Freund Meyer gehabt. Der sei nach vorne gekommen, habe dort von Schillers Tod erfahren und nicht gewagt, zu Goethe zurückzukehren. Ohne Gruß verließ Meyer das Haus. Goethe nahm die gedrückte Stimmung um ihn herum wahr. Flüstern. »Schiller muss sehr krank sein«, sagte er. Doch niemand sagte etwas. In der Nacht nach Schillers Tod soll Goethe, dem noch immer niemand etwas gesagt hatte, geweint haben. Am nächsten Morgen fragte er Christiane Vulpius: »Nicht wahr, Schiller war gestern sehr krank?« Er betonte dabei das »sehr«. Sie brach in Tränen aus. »Er ist tot?« Sie nickte. Er habe es selbst ausgesprochen, sagte sie. Goethe zog sich tagelang vollkommen zurück. Für niemanden war er zu sprechen. Das Begräbnis besuchte er nicht. An Zelter: »Ich dachte mich selbst zu verlieren, und verliere nun einen Freund« und damit »die Hälfte meines Daseins«.

Am 10. August fand Goethe die Kraft, in Bad Lauchstädt, wo sein Weimarer Theater im Sommer Gastspiele gab, eine Art Gedenkveranstaltung für Schiller zu feiern. Er ließ die letzten drei Akte von *Maria Stuart* spielen und *Das Lied von der Glocke* szenisch aufführen. Goethe hatte noch einen Epilog dazu geschrieben.

Im September 1805 kehrte Goethe nach Weimar zurück, wo am 29. die letzte Kunstausstellung der »Weimarer Kunstfreunde« eröffnet wurde. Goethe sah die Veränderungen in der Kunst durch die Romantik und warnte davor, das Gefühl über das Können zu stellen. In dem erst 1812 verfassten Bericht »Letzte Kunstausstellung 1805« vermerkte er angesichts mancher von ihm beobachteter Entwicklungen: »Gemüt wird über Geist gesetzt, Naturell über Kunst, und so ist der Fähige wie der Unfähige gewonnen. Gemüt hat jedermann, Naturell mehrere; der Geist ist selten, die Kunst ist schwer.«

In dieser letzten Kunstausstellung der Weimarer Kunstfreunde zeigte der knapp 30-jährige Caspar David Friedrich nach Jahren einer schweren Lebenskrise mit Depressionen, in denen er vermutlich auch einen Selbstmordversuch unternommen hatte, die zwei Sepia-Zeichnungen »Wallfahrt bei Sonnenaufgang« und »Fischer am See«. Der begeisterte Goethe erwirkte, dass Friedrich den halben Betrag der ausgesetzten Preissumme erhielt, obwohl dessen Arbeiten mit dem für den Preis vorgegebenen Thema, eine Sage der Antike zu illustrieren, nicht das Geringste zu tun hatten. Später kaufte Goethe noch einige Arbeiten Friedrichs für die herzogliche Sammlung.

Im November 1805 kam Kaiser Alexander I., der Bruder Maria Pawlownas, nach Weimar. Doch dieser gesellschaftliche Höhepunkt stand bereits im Schatten eines neuen aufziehenden Krieges mit Frankreich. Preußische Truppen, über 20 000 Soldaten, nahmen Winterquartier in Weimar.

Nach der Erschütterung durch Schillers Tod gelang es Goethe nur langsam, wieder seelisch Tritt zu fassen. Er arbeitete. Ihn beschäftigte und erfüllte seine im Jahr zuvor gegründete

Mittwochsgesellschaft mit Vorträgen und Experimenten, und er arbeitete weiter an seiner Farbenlehre und an *Faust*. Zudem lenkte das 1806 in Auszügen von Friedrich von der Hagen veröffentlichte *Nibelungenlied* seinen Blick auf deutsche Mythen. Er las an mehreren Abenden daraus vor und riet, man solle es dramatisieren. Auf diese Weise trug er zu der Wertschätzung bei, die diesem Sagenepos nun allmählich zuwuchs. Auch betrat er damit die Denkwege der Romantik, die fort von der griechischen Klassik führten. Goethe aber wandelte auf beiden Pfaden. Er beschäftigte sich mit Winckelmann, dem großen Fürsprecher der Antike, und gab *Winckelmann und sein Jahrhundert* heraus.

Johanna Schopenhauer und Napoleon kommen

Da einer Frau aus den höheren Kreisen mit Ehrgeiz und Geltungsdrang in dieser Zeit die Zugänge zu einflussreichen Berufen versperrt waren, gab es für sie kaum eine bessere Gelegenheit, sich ein gewisses Prestige zu verschaffen, das nicht abhängig von der Stellung des eigenen Gatten war, als einen Salon zu betreiben. Woanders in Europa bot sich die Gründung eines solchen Salons vor allem in der jeweiligen Hauptstadt an, da diese im Allgemeinen auch das kulturelle und gesellschaftliche Herz ihres Landes war. So London, Paris, Wien. Deutschland besaß nicht diese eine Hauptstadt. Es hatte mehrere. Die allerdings besaßen Magnetkraft nur für ihre Region. Und von all diesen kleinen Hauptstädten Deutschlands konnte Weimar, das selbst unter ihnen eine der kleineren war, aufgrund der dort lebenden Größen mit den vielleicht größten Anziehungskräften glänzen.

Das sah auch Johanna Schopenhauer, eine wohlhabende Kaufmannswitwe in Hamburg, so. Daher zog sie Ende September 1806 mit ihrer neunjährigen Tochter Adele nach Weimar. Der 18-jährige Sohn Arthur blieb zunächst in der Hansestadt.

Ihm hatte sie im Mai nach eingehender Prüfung der Verhältnisse in Weimar geschrieben: »Der Umgang scheint mir sehr angenehm und gar nicht kostspielig, mit wenig Mühe und noch weniger Kosten wird es mir leicht werden, wenigstens einmal in der Woche die ersten Köpfe in Weimar, und vielleicht in Deutschland, um meinen Teetisch zu versammeln und im ganzen ein sehr angenehmes Leben zu führen.«

Am heutigen Theaterplatz 1, damals die Esplanade, zog sie in die Wohnung des im Mai verstorbenen Hofmedikus Dr. Gottfried Herder, eines Sohns des Philosophen. Kaum hatte Johanna Schopenhauer in Weimar ihren Haushalt installiert, kam eine Katastrophe über die kleine Stadt, und die Neubürgerin sah sich unversehens gezwungen, vielen ihrer in Not geratenen Mitbürger zur Hilfe zu eilen. Vor den Toren Weimars war es bei Jena und Auerstedt am 14. Oktober 1806 zu einer gewaltigen Doppelschlacht gekommen, bei der Napoleon, seit Dezember 1804 selbstgekrönter Kaiser Frankreichs, mit dem französischen Heer die Truppen Preußens, Sachsens und auch Sachsen-Weimar-Eisenachs besiegt hatte. Vorausgegangen war ein Ultimatum von Preußens König Friedrich Wilhelm III. an Napoleon, die französischen Truppen über den Rhein zurückzuziehen. Nahezu 240 000 Männer hatten gekämpft, über 45 000 waren getötet, verwundet oder gefangengenommen worden. Nach der Schlacht zogen französische Soldaten plündernd durch Weimar.

Johanna bewirtete notgedrungen französische Soldaten. Charlotte von Steins Zuhause wurde verwüstet. Den Besitz des Malers Meyer luden Soldaten auf einen Wagen und fuhren damit davon. Bei Wieland, der in Frankreich hohes Ansehen genoss, postierten die Sieger hingegen als Schutz vor Plünderung Soldaten vor der Tür.

Goethe notierte in seinem Tagebuch: »Abends um 5 Uhr flogen die Kanonenkugeln durch die Dächer. Um 1/2 6 Einzug der Chasseurs. 7 Uhr Brand, Plünderung, schreckliche Nacht. Erhaltung unseres Hauses durch Standhaftigkeit und Glück.« Er war von zwei französischen Soldaten bedroht worden. Christiane

Vulpius ging energisch dazwischen und rettete ihm dadurch womöglich das Leben. Goethe sah das vielleicht auch so. Am 17. Oktober, nur wenige Tage nach der Schreckensnacht, bat er den Hofprediger Wilhelm Christian Günther, ihn und seine langjährige Lebensgefährtin zu trauen. In seinem Brief an ihn heißt es: »Ich will meine kleine Freundin, die so viel an mir getan und auch diese Stunden der Prüfung mit mir durchlebte völlig und bürgerlich anerkennen, als die Meine.« Und: »Geben Sie dem Boten, wenn er Sie trifft gleich Antwort. Bitte.«

Carl August als Kommandeur auf preußischer Seite war mit seinen Truppen nicht vor Ort. Auch Maria Pawlowna hatte Weimar drei Tage vor der drohenden Schlacht verlassen. Sie durfte Napoleon keinesfalls als Geisel in die Hände fallen. Herzogin Luise aber war in der Residenzstadt geblieben und beeindruckte den französischen Kaiser, der einen Tag nach der Schlacht im Schloss eintraf und Drohungen gegen ihren Mann ausstieß, indem sie ihm mit ihrem festen und reservierten Verhalten im Gentz'schen Treppenhaus die Stirn bot. Vielleicht wählte sie absichtlich den Empfang im beeindruckenden Entree des Schlosses. Zweifellos mit Bedacht hatte sie, die mit den kleinsten Finessen jeden höfischen und politischen Protokolls Vertraute, sich zum Empfang des Kaisers auf die oberste Stufe der breiten, doppelt angelegten Treppen gestellt. Die Begrüßung auf der untersten Stufe galt als höflich und entgegenkommend, die auf der obersten als reserviert und nahezu abweisend.

Luise erreichte, auch durch ihr weiterhin standhaftes Verhalten während einer Audienz bei Napoleon, dass dieser davon Abstand nahm, ihrem Mann das Herzogtum zu entziehen. Dies verband Napoleon aber mit einer Bedingung und einem Ultimatum: Carl August sollte sein preußisches Kommando niederlegen und binnen weniger Tage nach Weimar zurückkehren. Doch der Herzog war zunächst schwer zu erreichen. Daraufhin reiste Friedrich Müller – 1801 nach dem Examen der Rechtswissenschaften als Regierungsassessor nach Weimar gekommen, 1804 zum Regierungsrat befördert, später ab 1815 Staatskanzler in Weimar und geadelt – Napoleon hinterher, um bei ihm um Verlängerung des Ultimatums zu bitten. Am 15. Dezember unterzeichnete man einen Friedensvertrag. Weimar musste hohe Zahlungen leisten und Truppen für Napoleons Feldzüge stellen. In Spanien, in Tirol und in Russland kämpften bald Soldaten aus Weimar. Zudem musste Sachsen-Weimar-Eisenach dem im Juli 1806 von Napoleon gegründeten Rheinbund beitreten. Darin hatte Napoleon 16 deutsche Staaten unter seinem Einfluss zusammengefasst und Bayern sowie Württemberg zu Königreichen, Baden zum Großherzogtum erhoben. Das alte Heilige Römische Reich Deutscher Nation war perdu. Im August hatte Franz II. auf Druck Napoleons die Kaiserkrone niedergelegt.

Napoleon verließ Weimar an jenem 17. Oktober 1806, an dem Goethe um seine Trauung mit Christiane Vulpius ersuchte. Goethe und er waren sich nicht begegnet. Viele Bürger mussten nun Einquartierungen der Besatzer hinnehmen. Auch Goethe. Bei ihm kam Dominique Vivant Denon, »das Auge Napoleons«, unter. Der hatte als Wissenschaftler an dessen Ägyptenfeldzug teilgenommen, danach dazu aufsehenerregend publiziert und suchte nun, daher sein Beiname, die Kunst, die sich in besetzten Gebieten zu requirieren anbot. Als französischer Stadtkommandant blieb Georg Friedrich Dentzel zurück. Als Sohn eines Bäckers in Dürkheim geboren, hatte er in Halle und Jena Theologie studiert, dann im Amerikanischen Unabhängigkeitskrieg mit französischen Truppen gekämpft, sich während der Französischen Revolution den Jakobinern angeschlossen und fungierte nun als Napoleons Adjutant. Unter Dentzel trat in Weimar wieder eine gewisse Ruhe ein.

Goethe hatte Glück gehabt. Andere namhafte Weimarer bezahlten die Schreckenstage letztlich mit ihrem Leben. Plündernde Soldaten waren auch in das Haus von Georg Melchior Kraus eingedrungen. Seit nun 30 Jahren war er der Leiter der 1776 gegründeten Fürstlichen freien Zeichenschule. Kraus wurde schwer misshandelt. Sein Freund Bertuch nahm ihn danach auf und pflegte ihn. Doch nach wenigen Wochen erlag Kraus seinen

Verletzungen am 5. November 1806. Er war 69 Jahre alt geworden. Die Leitung der Zeichenschule übernahm daraufhin Goethes Freund Meyer.

Nach seiner Italienreise hatte Goethe begonnen, das Amateurhafte, das Dilettierende, vom Professionellen zu trennen. Nicht nur im Theater, auch in der Malerei. Längst beeinflusste er dahingehend auch den Lehrplan der Zeichenschule. In den Zeichenschulen dieser Tage, so in Wien und in Berlin, galt es, das Können zur Förderung der beginnenden Industrie zu entwickeln. Und auch Goethe und Meyer trennten nun die Ausbildung von Handwerkern und Laien. Meyer implementierte eine starke Lehrsystematik. Drei Klassen wurden eingerichtet, auch Mädchen wurden unterwiesen, jedoch durften sie nicht den Fortgeschrittenenkurs besuchen.

Am 19. Oktober notierte Goethe in seinem Tagebuch »Trauung«. Es ist dort das einzige Wort, das er der Angelegenheit widmet. Trauzeugen waren der gemeinsame Sohn August und Friedrich Wilhelm Riemer, der als Hauslehrer und bald als opferbereiter Freund und Privatsekretär in Goethes Haushalt wohnte. Riemer sollte später noch über die Wirren der bedrohlichen Nacht nach der Schlacht ausführlich berichten. In die Ringe ließ Goethe nicht das Datum der Hochzeit, sondern jener Nacht eingravieren. Den 14. Oktober 1806.

Goethes und Christiane Vulpius' Vermählung beflügelte sofort den Klatsch, nicht nur in der Weimarer Gesellschaft, sondern darüber hinaus in den sogenannten besseren Kreisen ganz Deutschlands, bis hinein in die Gazetten. Ein Skandal! Alles andere als standesgemäß! Und dann die Trauung ausgerechnet im Schatten der Zerstörungen des Krieges! Herablassend bis verletzend äußerte man sich dabei vor allem über Christiane Vulpius. Man nannte sie »die Dicke«, »Mätresse«, Goethes »Demoiselle«. Wie Goethe auf sie hereinfallen könne. Goethe indes nahm die Niedertracht zur Kenntnis und schwieg. Der Klatschintrigant Böttiger veröffentlichte in Cottas *Allgemeiner Zeitung* – selbstverständlich anonym – zu Goethes großem Ärger die Worte:

»Goethe ließ sich unter dem Kanonendonner der Schlacht mit seiner vieljährigen Haushälterin, Dlle. Vulpius, trauen, und so zog sie allein einen Treffer, während tausend Nieten fielen.« Goethe verwies Cotta in einem Brief auf ihr bislang so gutes Verhältnis und forderte: »Nicht weiter!« Cotta verstand.

Aus der ablehnenden Haltung in der Weimarer Gesellschaft scherte eine aus. Am 24. Oktober 1806 ließ Johanna Schopenhauer ihren Sohn Arthur per Brief wissen: »Goethe hat sich am Sonntag mit seiner alten geliebten Vulpius, der Mutter seines Sohnes, trauen lassen … Ich empfing sie, als ob ich nicht wüsste, wer sie vorher gewesen ist.« Und es folgt das vielzitierte Wort: »Ich denke, wenn Göthe ihr seinen Namen gibt, können wir ihr wohl eine Tasse Tee geben.« Und Goethe war dankbar dafür, wie sie fortfuhr: »Ich sah deutlich, wie sehr mein Benehmen ihn freute; es waren einige Damen bei mir, die erst formell und steif waren und hernach meinem Beispiel folgten. Göthe blieb fast zwei Stunden, und war so gesprächig und freundlich, wie man ihn seit Jahren nicht gesehen hat. Er hat sie noch zu niemand außer mir geführt. Als Fremden und Großstädterin traut er mir zu, dass ich die Frau so nehmen werde, als sie genommen werden muß; sie war in der Tat sehr verlegen, aber ich half ihr bald durch.« Und sie nahm sich vor, Goethe und Christiane das gesellschaftliche Leben zu erleichtern. Zweimal in der Woche war nun Teegesellschaft bei ihr. Wer zum inneren Kreis gehörte, durfte andere mitbringen. Sonntag und Donnerstag von neun bis fünf, »ich gebe Tee, nichts weiter«. Ein simples Konzept. Erfolgreich.

Kaum einer, der sich im Laufe der Jahre nicht bei Johanna Schopenhauer einfand. Neben Goethe, Wieland, Wilhelm von Humboldt – der Johanna allerdings für affektiert hielt –, Bertuch, Ludwig Tieck, Einsiedel, der Kunsthistoriker Karl Ludwig Fernow, der an Goethes Winckelmann-Buch mitgearbeitet hatte und über den Johanna Schopenhauer 1809 eine Biographie in Angriff nehmen sollte. Es kamen zudem de la Motte Fouqué, Wilhelm Grimm, Achim und Bettina von Arnim, Clemens

Brentano. Man zeichnete, trug vor, machte Musik. Für Goethe richtete Johanna einen kleinen Tisch mit Zeichenutensilien her. Goethe kam meist eher überraschend, und immer, wie sie betonte, seien alle von ihm sofort beeindruckt. Er selbst sei meist zu Anfang eher still und verlegen, schaue, wer da sei, akklimatisiere sich dann aber allmählich.

Ihrem Sohn Arthur teilte Johanna Ende November glücklich mit, ihr Salon habe »wohl in Deutschland und nirgends seines Gleichen; könnte ich dich doch nur einmal herzaubern«.

Beginnende Arbeit am Nachruhm

Das Jahr endete. Am 25. Dezember 1806 brachte Karoline Jagemann einen Sohn zur Welt. Der Vater war Carl August. Ein erster Sohn der beiden war noch als Säugling 1804 verstorben. Goethe berichtete seinem Freund und Herzog, der sich nun in Berlin aufhielt, der Junge sei »wohl gebildet und hat eine gute Farbe und verspricht zu leben«. Man gab dem Kind den Namen Wolfgang. Goethe wurde Taufpate. Er hatte in diesem Jahr den ersten Teil von *Faust* fertiggestellt.

1807 arbeitete Goethe an *Wilhelm Meisters Wanderjahren*. Am 16. Februar 1807 feierte man die Uraufführung des überarbeiteten *Torquato Tasso* in Weimar; über den Dichter am Hofe des Alfonso II. d'Este und dessen Liebe zu des Herzogs Schwester. Goethe gab zu, es habe ihm an Vorbildern in Weimar nicht gefehlt. Bei vielen Motiven hatte er an sich und seine Situation in der Stadt gedacht. Und an seine Flucht einst nach Italien. Wie etwa in den berühmten Worten aus Torquato Tasso: »Es bildet ein Talent sich in der Stille, Sich ein Charakter in dem Strom der Welt.«

Bei der Inszenierung nahm der Kult um Weimars ruhmreiche Zeit, die sich nun unweigerlich ihrem Ende neigte, Fahrt auf. Goethe, der mehrfach ernstlich erkrankt gewesen war und nicht wusste, wie viel Zeit ihm blieb, trug zu der beginnenden weihevollen Atmosphäre bei. Er ließ bei der Uraufführung von *Tasso* Büsten von Schiller und Wieland, der zugegen war, mit Lorbeer bekränzen.

In der Tat näherte sich nun eine Ära ihrem unweigerlichen Ende. Am 10. April 1807 verstarb Anna Amalia. Von Leibarzt Huschke gepflegt. Goethe erinnerte an ihre Regentschaft: »Ein ganz anderer Geist war über Hof und Stadt gekommen«, und setzte hinzu: »Bedeutende Fremde von Stande, Gelehrte, Künstler, wirkten besuchend oder bleibend.« Wohl auch mit der Absicht, Akzente für den eigenen Ruhm zu setzen.

Anna Amalia hingegen hatte noch in ihrer letzten Lebenszeit wiederholt über Goethe den Kopf geschüttelt. Während sich alle mit der Bedrohung durch Napoleon auseinandersetzten, spreche Goethe von »nichts als von großen Naturen«. Er gebe sich dem Spott preis. Goethe aber handelte nur wie immer, wenn er sich vor den Fährnissen um ihn herum schützen wollte: Er zog sich zurück und versuchte, gleich einem Wanderer auf Berggipfeln, einen Blick von oben und von Ferne auf das Dasein einzunehmen. Er arbeitete, nun vor allem an der Farbenlehre. So floh er mit Hilfe seines Geistes; »es scheint er mögte sich gern herraussen reisen von allen die Sachen die geschehen sind«, kommentierte Anna Amalia ihn erkennend.

Leidenschaften

Im Dezember 1807 zog der 19-jährige Arthur Schopenhauer nach Weimar. Er nahm eine kleine Wohnung. Seine Mutter Johanna hatte darauf bestanden, dass er getrennt von ihr und seiner Schwester wohnte, denn: »Dein Mismuth ist mir drückend und verstimmt meinen heitern Humor.« Nun besuchte er die beiden nach einem festgelegten Terminplan.

Als Arthur im Theater einen Auftritt der elf Jahre älteren Karoline Jagemann sah, ging es ihm wie vielen anderen Männern vor und nach ihm. Spontan soll er zu seiner Mutter gesagt haben:

»Dieses Weib würde ich heimführen und wenn ich sie Steine klopfend an der Landstraße fände.« Er, der durch zahlreiche Bosheiten in seinen späteren Schriften als einer der bekanntesten intellektuellen Frauenfeinde in die Geschichte einging, ein Einzelgänger, der nie heiratete und die größte Nähe wohl zu seinen Pudeln entwickelte, bei denen er, wenn der eine starb, dem nächsten denselben Namen gab, verfasste für Karoline Jagemann sein einziges bekanntes Liebesgedicht.

Der Chor zieht durch die Gassen,
Wir stehn vor deinem Haus;
Mein Leid würd' mir zu Freuden,
Sähst du zum Fenster aus.

heißt es in den ersten Zeilen. Schopenhauer, der immerhin ins Gespräch mit der Angebeteten kam, erzählte ihr seine damals bereits ersonnene Stachelschwein-Parabel. Diese handelt davon, wie Stachelschweine an einem kalten Tag zusammenrücken, um sich zu wärmen. Doch je näher sie sich kommen, desto stärker schmerzen die Stacheln. Sie müssen wieder auseinanderrücken. Doch damit droht auch wieder Kälte.

Karoline Jagemann war nach wie vor die Lebenspartnerin Carl Augusts, und nach der Geburt Carl Wolfgangs bekamen sie in den nächsten Jahren noch einen weiteren Sohn und eine Tochter. Sie gaben Gesellschaften in Karolines Refugium, dem Deutschritterhaus, fuhren gemeinsam zu Kuren, und Carl August verbrachte alle Abende außer donnerstags und sonntags bei Karoline und den drei Kindern. Geduldet von Gattin Luise.

Karoline Jagemann spielte in der kleinen Residenzstadt eine ganz andere Rolle als die, die man in der Gesellschaft dieser Tage gemeinhin goutierte. Ungewöhnlich für eine Frau, erst recht eine Mutter in dieser Zeit, verdiente sie zudem durch bezahlte Arbeit ihren Lebensunterhalt, wobei sie, wenn sie gewollt hätte, in Wien und Berlin Engagements mit weit höheren Gagen hätte bekommen können. Am Weimarer Theater arbeitete sie weiter mit Goethe zusammen. Nach wie vor kam es zu Meinungsverschiedenheiten über Inszenierungen, aber sie schätzten einander.

Dass zur Theaterarbeit permanente Konflikte gehören, erlebte Goethe nun erneut mit dem Stück eines jungen Dramatikers, das zum Klassiker werden sollte. Doch am Tag der Uraufführung, dem 2. März 1808, hätte das wohl kaum jemand geglaubt. In der Inszenierung von Goethe wurde Heinrich von Kleists Komödie *Der zerbrochne Krug* zu einem Reinfall. Es gab Buhrufe. Doch auch die Rezensenten fanden wenig Gutes daran. Goethe hatte den Einakter in einen Dreiakter aufgeteilt, was die Handlung zerriss. Und überhaupt, Kleists erzählerischer Ton lag Goethe fern.

Kleist selbst war im Herbst 1802 nach Weimar gekommen und bis Februar 1803 auf Gut Oßmannstedt als Gast Wielands geblieben, den er mit seinen literarischen Ideen, die er beeindruckend deklamierte, tief beeindruckte. Wieland ließ den seltsamen jungen Mann unverblümt wissen, wie überzeugt er von dessen Potential war. Den »stolzesten Augenblick meines Lebens« nannte Kleist dessen Anerkennung. In die Proben des *Zerbrochnen Krugs* hinein hatte Kleist dem bewunderten Goethe ein Heft seiner Zeitschrift *Phoenix* gesandt. Deren Inhalt, wohl vor allem ein Auszug aus Kleists Stück *Penthesilea*, verstörte Goethe aber derart, dass er den Kontakt abbrach.

Kleist, der in seinem Stil überhaupt schwer einzuordnen ist, und der mit einer neuen Sprachbehandlung daherkam, war von dem Misserfolg der Aufführung von *Der zerbrochne Krug* verletzt, und er gab Goethe die Schuld daran. Er soll sogar erwogen haben, ihn zum Duell zu fordern. Schließlich begnügte sich Kleist damit, einige wütende Verse über den Dichterfürsten niederzuschreiben.

Was diesen betraf, kam am 23. April die 22-jährige Bettina Brentano, Tochter von Goethes Jugendfreundin Maximiliane von La Roche, gerade recht. Bettina, eine energische, und, wie Schilderungen nahelegen, anstrengende Person, verehrte Goethe mit all ihrer Leidenschaft, und davon besaß sie viel. Sie hatte ihm zahlreiche Briefe geschrieben und diese mit »Dein Kind« unterzeichnet. Doch die waren von dem um 36 Jahre älteren Umschwärmten allenfalls äußerst knapp beantwortet worden. Bettina nahm Quartier bei Wieland, bei dem ihr jedoch zu viel der »alten Luft« herrschte. Im November kam sie wieder nach Weimar. Diesmal mit ihrem Bruder Clemens und ihrem späteren Ehemann Achim von Arnim. Deren Volksliedsammlung *Des Knaben Wunderhorn* war von Goethe gelobt worden. Bettina hatte Goethe gesagt, sie wolle eine Biographie von ihm verfassen, worauf er sie ermunterte, dies zu tun.

Das Weimar, das man später das klassische nennen sollte, schwand weiter dahin. Am 7. September 1808 verstarb Luise von Göchhausen, nur wenige Monate nach Herzogin Anna Amalia, mit der sie eine enge, aber auch immer wieder äußerst wechselvolle Beziehung verbunden hatte. Göchhausen bleibt für die Literaturgeschichte als eine Art Assistentin Goethes bedeutsam, weil sie viele Abschriften von seinen Texten anfertigte, unter anderem eine frühe Fassung von *Faust*, den sogenannten *Urfaust*. Goethe selbst arbeitete weiter an *Wilhelm Meisters Wanderjahre*. Aus einigen dafür vorgesehenen Teilen war bereits im Jahr zuvor die Idee für den Roman *Die Wahlverwandtschaften* entstanden, den er nun abzuschließen versuchte.

Die Weltgeschichte machte erneut nahe Weimar und dortselbst Station. Vom 27. September 1808 bis zum 14. Oktober fand der Erfurter Fürstentag statt, und Napoleon, der das Treffen einberufen hatte, demonstrierte mit der Anreise zahlreicher Fürsten der Vasallenstaaten des Rheinbundes seine Macht. Als besonderen Gast begrüßte er Maria Pawlownas Bruder, den Kaiser Alexander I., mit dem er einen Bündnisvertrag gegen Österreich schmieden wollte. Man hielt Konferenzen ab, gab Bälle und Empfänge. Am 2. Oktober empfing Napoleon, der *Die Leiden des jungen Werther* mehrfach gelesen und das Buch einst im Marschgepäck seines Ägypten-Feldzugs mitgeführt hatte, seinen Bewunderer Goethe. »Voilà un homme!«, rief Napoleon aus. Bei ihrem etwa einstündigen Treffen sprachen die beiden über Voltaire und über Werther.

Der Fürstentag nahm seinen weiteren Lauf. Dazu gehörte Tage später, am 6. Oktober, nach ausgedehnter Jagd auch ein Festmahl im Weimarer Schloss. Danach Theater. Die Comédie Française gab Voltaires *Le mort de César*. Am Abend lud man zum Ball ins Schloss. Napoleon und Goethe hatten sich kurz wiedergesehen, jedoch nur ein paar Worte gewechselt. Während des Balls ließ Napoleon, der sich langweilte, Wieland holen. Sie standen anderthalb Stunden im Zwiegespräch, zu dem sich kein anderer zu gesellen wagte. Napoleon redete auf Wieland ein, lehnte sich dabei zuweilen an eine Säule, während Wieland zunehmend ermüdete und froh war, als er sich zurückziehen konnte.

Am 14. Oktober, dem letzten Tag des Fürstentags, verlieh Napoleon in Erfurt Goethe und Wieland den Orden der Ehrenlegion. Goethe lief von Stolz erfüllt, wie Wilhelm von Humboldt berichtete, von »meinem Kaiser redend« überall mit der erhaltenen Auszeichnung herum. Mancher mochte ihn für vaterlandsvergessen halten. Die Nation? Nationen? Die eigene Kultur? »Deutschland ist nichts, aber jeder einzelne Deutsche ist viel, und doch bilden sich letztere gerade das Umgekehrte ein«, konstatierte Goethe am 14. Dezember 1808 in einem Gespräch mit Müller und fügte an: »Verpflanzt und zerstreut wie die Juden in alle Welt müssen die Deutschen werden, um die Masse des Guten ganz und zum Heile aller Nationen zu entwickeln, das in ihnen liegt.« Das war das Versprechen, das Goethe in der deutschen Kultur schlummern sah: Nicht die Machtentfaltung über eine politische Einheit, nicht die Selbstentwicklung über die Selbstbeschau als Nation nach innen, sondern das friedliche Wirken deutscher Kultur in die Welt hinein. Darin war er mit Alexander von Humboldt einig, mit dem er im Austausch stand und dessen Welterkenntnis er in so vielem teilte. Und es schwingt von den in Weimar gefassten Ideen auch wieder der Gedanke Herders mit, dass es ein großes Gesamtmenschliches gibt, das in jeder Kultur nur auf andere Weise hervortritt.

Carl August tat weiterhin alles ihm Mögliche, um die eigentliche Frau an seiner Seite sowie die zweite Familie, mit der er auch den Alltag verbrachte, zu beschützen und ihr Sicherheit zu geben. An Karoline Jagemanns 32. Geburtstag, dem 25. Januar 1809, schenkte er ihr den erblichen Adelstitel einer Freifrau von Heygendorf, wozu auch ein Landgut gleichen Namens bei Allstedt gehörte, das ihm durch das Aussterben der Besitzerfamilie zugefallen war.

Auch Arthur Schopenhauer, der von Karoline Jagemann so Verzauberte, gewann mehr Sicherheit, ebenfalls im materiellen Sinne. Anfang 1809, er war nun volljährig, erhielt er sein Erbe ausgezahlt. Im Oktober 1809 verließ er nach eindreiviertel Jahren Weimar und zog nach Göttingen. Goethe beendete derweil *Die Wahlverwandtschaften* und nahm die Arbeit an einer Autobiographie auf. Er war nun gerade 60 Jahre alt geworden. Doch auch die Welt der Farben ließ ihn nicht los.

Das Element Farbe

Zur Ostermesse in Leipzig 1810 erschien nach vielen Jahren der Arbeit und der Experimente in zwei Bänden und in einem beiliegenden Heft mit Farbdrucken Goethes Werk *Zur Farbenlehre.* Erste Gedanken zu Entstehung und Wesen der Farben waren ihm bereits 1777 auf seiner Winterreise im Harz gekommen. Damals hatte ihn das Farbspiel der Schatten, violett auf gelbem Schnee und dessen Wechsel zu Purpur im Abendlicht mit grünen Schatten, gepackt und ihn dazu gebracht, dem Effekt der Nachbilder von Farben nachzuspüren. 1791 hatte er den ersten Teil seiner *Beiträge zur Optik* und 1792 den zweiten Teil veröffentlicht. Berühmt wurde der von Goethe 1809 angefertigte Farbkreis. Darin ordnete er die Farben so an, dass sich jeweils die Komplementärfarben gegenüberliegen: »So fordert Gelb das Violette, Orange das Blaue, Purpur das Grüne, und umgekehrt. So fordern sich alle Abstufungen wechselweise, die einfachere Farbe fordert die zusammengesetztere, und umgekehrt.«

Was die wissenschaftliche Herangehensweise betraf, sah Goethe nach wie vor – er war damit ja bereits bei Schiller auf Widerspruch gestoßen – Anschauung und Beobachtung im Vergleich zur Theoriebildung als die wichtigere Methode. Damit verfolgte er einen Ansatz, der ihn als Vorreiter der Experimentalwissenschaft ausweist. Interessant ist auch Goethes Verständnis von Wissenschaft als ein der Kunst dienendes Erkenntnisfeld. Damit schlug er Brücken von Wissenschaft zu Kunst und überwand an mancher Stelle die Kluft, die sich seinerzeit insbesondere durch die Aufklärung und die starke Orientierung an Logik und Messbarkeit des Forschungsgegenstandes zwischen beiden Gebieten auftat.

Mit seinen wissenschaftlichen Folgerungen über die Entstehung von Farben stellte sich Goethe gegen Newton – und irrte. Newton sah Weiß als die Vereinigung aller Farben, für Goethe hingegen war Weiß die Anwesenheit von Licht. Dennoch machte Goethes Farbenlehre, in der er auch die Einflüsse von Farben auf die Emotionen behandelte, auf Maler wie William Mallord Turner tiefen Eindruck. Als Wissenschaftler erreichte Goethe zwar nicht die Anerkennung, die er erhoffte. Jedoch als Denker, der Wissenschaft und Kunst zusammenführte, lieferte er hochinteressante Anregungen. Turner schuf Jahre später sein Gemälde »Licht und Farbe (Goethe's Theory) – Der Morgen nach der Sintflut«; ein Bild, das in sich selbst einen Farbkreis darstellt.

Im Mai 1810 reiste Goethe nach Karlsbad, wo er über den Sommer blieb. Im Spätsommer fuhr er nach Dresden und besuchte dort unter anderem Caspar David Friedrich. In dessen Atelier sah er am 18. September die Gemälde »Mönch am Meer« und »Abtei im Eichwald«. Goethe notierte in seinem Tagebuch: »Zu Friedrich. Dessen wunderbare Landschaften. Ein Nebelkirchhof, ein offnes Meer.« Friedrich hatte in den vergangenen Jahren zu seinem besonderen Stil gefunden. Beide Bilder wurden im selben Jahr erstmals auf der Berliner Akademieausstellung gezeigt, wo sie der preußische König Friedrich Wilhelm III. kaufte. So radikal die Bilder in ihrer Raumaufteilung waren, sie berührten. Eine begeisterte Besprechung durch Heinrich von Kleist, der sich mit Friedrich angefreundet hatte, nahm das Bild für die Gefühlswelt der Romantik in Besitz: »Das, was ich in dem Bilde selbst finden sollte, fand ich erst zwischen mir und dem Bilde, nämlich einen Anspruch, den mein Herz an das Bild machte, und einen Abbruch, den mir das Bild tat.«

Goethe aber mochte den romantischen Entwicklungen nicht folgen. Er bewunderte etwa den klassizistischen Maler Jakob Philipp Hackert, von dem er in Italien im Zeichnen unterwiesen worden war und über den er sogar eine biographische Arbeit verfasste. Hackert, der »eine unglaubliche Meisterschaft hat, die Natur abzuschreiben und der Zeichnung gleich eine Gestalt zu geben«, entsprach mit seinen Bildwelten stärker Goethes Ideal, das sich in der Wiedergabe – in dieser Hinsicht war Goethe wieder fast der Wissenschaftler – eher der genauen Darstellung denn dem Ausloten von Gefühlswelten verbunden fühlte. Die Wege hingegen, die Caspar David Friedrich und die Romantiker einschlugen, befremdeten Goethe daher, insbesondere Friedrichs Phantasielandschaften. Seine Bilder gehen über die Weite, die Breite und die Fläche in die Tiefe und versuchen nicht, wie die klassizistische Landschaftsmalerei durch die bewusste Positionierung von Gegenständlichem wie Bäumen oder Personen Tiefe zu erzeugen. Es sind die Komposition der Flächen und die Farbverläufe, durch die Friedrich Tiefe der Gefühle und der Gedanken hervorruft. Das jedoch war ein Weg zum Inneren des Menschen, dem Goethe nicht folgen mochte. So bildete Friedrichs Malerei, wie auch die Turners, einen Weg in die Moderne, der Goethe verwehrt blieb.

Napoleons Joch abstreifen!

Im Frühjahr 1812 begann Napoleon seinen Russlandfeldzug. Seine Invasionsarmee aus etwa 600 000 Soldaten setzte sich zu einem Drittel aus Angehörigen der Staaten des Rheinbundes zusammen. Dazu gehörten auch Soldaten aus Weimar. Napoleon eroberte Moskau, musste aber dann einen verlustreichen Rückzug antreten. Anfang Dezember verließ er seine Armee, um nach Paris zu eilen, wo er eine neue Armee aufbauen wollte. Er passierte auf seinem Weg dorthin auch Weimar. Durch seinen Gesandten Baron Saint Aignan, der sich seit Frühjahr in Weimar aufhielt, um von dem Ort zu berichten, der »großen Einfluss auf die öffentliche Meinung« in Deutschland habe, ließ Napoleon an Goethe und Wieland Grüße ausrichten.

Napoleons Vasallenstaaten versuchten nun nach und nach, ihr Joch abzuschütteln. Im Vertrag von Tauroggen am 30. Dezember 1812 schloss der preußische General Ludwig Yorck von Wartenburg einen Waffenstillstand mit Russland. Dadurch löste er Preußen ohne Absprache mit seinem König Friedrich Wilhelm III. aus dem Zwangsbündnis mit Frankreich und schuf die Voraussetzung für eine neue starke Koalition im Kampf gegen Napoleon.

In Weimar starb am 20. Januar 1813 Wieland. Man bahrte ihn in einem repräsentativen Saal von Bertuchs Anwesen auf, schmückte ihn mit Kränzen, seinen Werken und den ihm verliehenen Orden. Nun lebte von den großen Vier der klassischen Weimarer Zeit nur noch Goethe.

Am 28. Februar schlossen Preußen und Russland einen Bündnisvertrag. Am 17. März erklärte Preußen Frankreich den Krieg. Der preußische König Friedrich Wilhelm III. veröffentlichte den Aufruf »An mein Volk«, in dem er dieses als »Preußen und Deutsche« ansprach. Von den deutschen Staaten folgte zunächst nur Mecklenburg der Kriegserklärung. Anfang April kamen preußische Truppen nach Weimar, mussten sich aber vor der französischen Armee wieder zurückziehen. Goethe notierte am 15. April in sein Tagebuch: »Entschluss nach Teplitz zu reisen.« Zwei Tage später: »Früh 6 Uhr aus Weimar gefahren.« Er blieb in Teplitz bis in den August.

Goethe war fort, da zog Napoleon am 28. April erneut durch Weimar. Carl August, auf dem Papier noch immer sein Verbündeter, wurde von ihm mit einer Mischung aus Schmeicheleien und Drohungen bedacht. Goethe notierte am gleichen Tag in Teplitz: »Gebadet.« Und: »Früh sehr heiß. Abends Gewitter.«

Es folgten über das Jahr verlustreiche Kämpfe, zwischenzeitliche Waffenstillstände und am 12. August die Kriegserklärung Österreichs an Frankreich. Immer wieder durchzogen Soldaten Weimar. Vom 16. bis 19. Oktober 1813 kam es dann zur Völkerschlacht bei Leipzig. Etwa 600 000 Soldaten kämpften, über 90 000 wurden getötet oder verwundet. Napoleon und die Truppen seiner Rheinbundstaaten mussten eine schwere Niederlage gegen die Koalition aus Österreich, Russland und Preußen hinnehmen.

Nach der Völkerschlacht wurde der österreichische General Hieronymus von Colloredo-Mansfeld bei Goethe einquartiert und war entsetzt, dass Goethe noch immer den ihm von Napoleon verliehenen Orden trug. Der meinte zu Wilhelm von Humboldt, man könne doch einen kaiserlichen Orden nicht gleich ablegen, nur weil der Kaiser eine Schlacht verloren habe. Humboldt wollte ihm gerade antworten, da bat ihn Goethe, er möge doch dafür sorgen, dass er einen österreichischen Orden bekäme. Humboldt: »Es ist närrisch, dass wir immer dazu bestimmt sind, dass die Leute uns ins Vertrauen ihrer kleinen Schwachheiten setzen.« Ansonsten flüchtete Goethe sich wieder in Arbeit, etwa an der *Italienischen Reise* und am Gesamtwerk, dessen erste Bände bei Cotta zur Herbstmesse 1815 erscheinen sollten.

Wenige Wochen vor der Völkerschlacht war Germaine de Staëls Buch *De l'Allemagne* (*Über Deutschland*) erschienen. Das Buch wurde ein großer Erfolg, auch und gerade mit seinen Übersetzungen ins Englische und ins Deutsche. Den Europäern brachte es Deutschland und die Deutschen näher; wenn auch mit einigen Klischees und einem zuweilen recht individuellen

Blick der Autorin, den diese zuweilen allzu schnell für repräsentativ hielt. So berichtete Germaine de Staël, die Deutschen seien verschlossen, hätten einen Hang, allein sein zu wollen, und sie seien Stubenhocker. Außerdem beklagte sie eine relativ reizlose Landschaft, die Sprache und ein allgemeines Obrigkeitsdenken. Doch andererseits, die Deutschen liebten die Musik und würden sich ihr oft widmen. Auch die Wissenschaft sei den Deutschen sehr nah. Und summa summarum: In Deutschland studiere man die Bücher, in Frankreich hingegen die Menschen. Durch den Erfolg von de Staëls Buch wuchs der Ruf Weimars weit über Deutschland hinaus. Größen der Kunst und Kultur in Europa machten sich nun zunehmend auf den Weg in die Stadt. Weimar wurde ein Reiseziel.

Im November 1813 führte Goethe ein Gespräch mit dem Jenaer Historiker und Professor Heinrich Luden über dessen geplante Zeitschrift *Nemesis* mit dem Untertitel »Zeitschrift für Politik und Geschichte«, die er mit Bertuch zu publizieren plante. Das, was Goethe in dem Gespräch äußerte, erscheint wie ein Amalgam seiner Sicht und Erfahrungen auf die Politik: »Ich spreche über solche Dinge sehr, sehr ungern, und Sie dürfen überzeugt sein, daß ich meine guten Gründe habe«, sagte er zu Luden. Doch da Luden, »in dieser wunderlichen und furchtbaren Zeit ein Journal herausgeben« wolle, zudem ein politisches Journal, das er gegen Napoleon und gegen die Franzosen richten wolle, gebe er zu bedenken: »Sie mögen sich stellen, wie Sie wollen, so werden Sie auf dieser Bahn bald ermüden; Sie werden bald daran erinnert werden, daß die Windrose viele Strahlen hat. Alsdann werden Sie an die Throne stoßen und wenn auch nicht denen, welche auf denselben sitzen, doch denen mißfallen, welche dieselben umgeben. Sie werden alles gegen sich haben, was groß und vornehm in der Welt ist; denn Sie werden die Hütten vertreten gegen die Paläste und die Sache der Schwachen führen gegen die Hand der Starken.«

Und er ergänzte: »Glauben Sie ja nicht, daß ich gleichgültig wäre gegen die großen Ideen Freiheit, Volk, Vaterland. Nein!

diese Ideen sind in uns; sie sind ein Theil unsers Wesens, und niemand vermag sie von sich zu werfen. Auch liegt mir Deutschland warm am Herzen; ich habe oft einen bittern Schmerz empfunden bei dem Gedanken an das deutsche Volk, das so achtbar im Einzelnen und so miserabel im Ganzen ist. Eine Vergleichung des deutschen Volkes mit andern Völkern erregt uns peinliche Gefühle, über welche ich auf jegliche Weise hinwegzukommen suche, und in der Wissenschaft und in der Kunst habe ich die Schwingen gefunden, durch welche man sich darüber hinwegzuheben vermag; denn Wissenschaft und Kunst gehören der Welt an und vor ihnen verschwinden die Schranken der Nationalität.«

Ludens und Bertuchs *Nemesis* erschien ab Januar 1814 in Weimar und entwickelte sich über die Zeit von einer polemischen antinapoleonischen Propagandazeitschrift zu einer anerkannten seriösen politischen freiheitlichen Zeitschrift, die weit über Weimar und auch Deutschland Beachtung erfuhr.

Ende November kam Arthur Schopenhauer noch einmal für einige Zeit nach Weimar. Er hatte Goethe im Vorjahr seine Dissertation *Ueber die vierfache Wurzel des Satzes vom zureichenden Grunde* zugeschickt. Nun aber beim Zusammentreffen der beiden erhielt Schopenhauer eine erste Einführung in die Farbenlehre und zudem Gerätschaften ausgehändigt, um selbst Beobachtungen dazu anstellen zu können.

Carl August zog währenddessen, nunmehr in russischer Uniform, in Richtung der Niederlande gegen Frankreich. Goethes Sohn August wollte sich als Freiwilliger anschließen, doch Goethe bangte um seinen einzigen Sohn und erreichte, dass dieser als Mitarbeiter der Organisation der Truppenverpflegung nach Frankfurt entsandt wurde. Am 31. März 1814 zogen die Alliierten in Paris ein, und einige Wochen später ging Napoleon als abgedankter Kaiser ins Exil nach Elba. Die Insel vor der toskanischen Küste wurde ihm als Fürstentum überlassen. Es sollte ihn dort nicht lange halten.

Auf veränderter Bühne

In Weimar kam es im Mai 1814 zwischen Arthur Schopenhauer und seiner Mutter zum endgültigen Bruch. Arthur verließ die Stadt. Goethe hatte dem jungen Philosophen noch am 8. Mai die bemerkenswerten Verse ins Stammbuch geschrieben:

»Willst du dich deines Werthes freuen,
So mußt der Welt du Werth verleihen.«

Von seiner Bekanntschaft mit Goethe sprach Schopenhauer später als einer der erfreulichsten und glücklichsten seines Lebens.

Carl August kehrte von seinem Militärdienst erst im September 1814 in seine Residenzstadt zurück, brach aber schon nach wenigen Tagen wieder auf, um auf dem schließlich bis zum 9. Juni 1815 tagenden Wiener Kongress an der politischen Neuordnung Europas mitzuwirken. Auch Maria Pawlowna nahm teil. Carl Augusts Bestreben, seinem Herrschaftsbereich Sachsen einzuverleiben, widersetzte sie sich. Sie hielt es mit ihrem Bruder Alexander, der Sachsen lieber seinem Freund, dem preußischen König Friedrich Wilhelm III., zuschlagen wollte. Carl August profitierte aber dennoch. Er wurde zum Großherzog erhoben, und Sachsen-Weimar-Eisenach wuchs durch einige kleinere Territorialgewinne von 120 000 auf 200 000 Einwohner an; doch noch immer setzte sich Sachsen-Weimar-Eisenach aus mehreren getrennten Gebieten zusammen.

Ende Juli 1814 war Goethe zu einer dreimonatigen Reise an Rhein, Main und Neckar aufgebrochen. Er besuchte nach 17 Jahren seine alte Heimat Frankfurt wieder, und er machte die Bekanntschaft von Marianne Jung, der baldigen Marianne von Willemer. Sie wurde seine Dialogpartnerin bei der Arbeit an einer Gedichtsammlung zum Werk des persischen Dichters Mahomed Schemseddin Hafis, die er später als *West-östlicher Divan* veröffentlichen sollte. Sein Verleger Cotta hatte ihm eine deutsche Übersetzung einer Sammlung von Hafis' Werken zugesandt, die Goethe sofort begeisterten. Er kaufte Bücher zur Kunst und Geschichte des Orients für die herzogliche Bibliothek und begann mit eingehenden Forschungen zur islamischen Kultur.

Napoleon hatte sich derweil über seine Verbannung hinweggesetzt, am 1. März 1815 mit einem Tross Getreuer in Cannes wieder Frankreich betreten und war im Triumph nach Paris gezogen. Seine erneute Herrschaft endete nach nur wenigen Monaten am 18. Juni 1815 auf dem Schlachtfeld von Waterloo. Nun schickte man ihn weiter fort als zuvor, nach St. Helena, eine Insel im Südatlantik. Die Bedrohung durch ihn hatte ein Ende gefunden.

Goethe war von Carl August in seinem neuen Großherzogtum in den Rang eines Staatsministers erhoben worden, woraufhin er im Dezember anlässlich der Neuordnung der Regierung eine Denkschrift vorlegte. Darin verwies Goethe darauf, was wesentlich zur Größe seiner Wahlheimat beigetragen hatte und was er nunmehr als seine Aufgabe sah: »Weimar hat den Ruhm einer wissenschaftlichen und kunstreichen Bildung über Deutschland, ja über Europa verbreitet; dadurch ward herkömmlich, sich in zweifelhaften literarischen und artistischen Fällen hier guten Rats zu erholen. Wieland, Herder, Schiller und andere haben soviel Zutrauen erweckt, dass bei ihnen dieser Art Anfragen öfters anlangten [...] Mir Überbliebenen, ob ich gleich an solchen Anforderungen und Aufträgen selbst schon hinreichend fortlitt, ist ein großer Teil jener nicht einträglichen Erbschaften zugefallen.«

Carl August hielt derweil mit der politischen Entwicklung nicht nur Schritt, sondern setzte sich, was die Weiterentwicklung der Staatlichkeit zu einer stärkeren Beteiligung der Bürger betraf, an die Spitze der Fürstentümer in Deutschland. Am 5. Mai 1816 erhielt Sachsen-Weimar-Eisenach als erster Staat im nun geschaffenen Deutschen Bund eine landständische Verfassung. Der Landtag, zusammengesetzt aus Vertretern von Adel, Bürgertum und Bauern, erhielt das Recht, die Steuern festzusetzen. Die Verfassung gewährte Meinungs- und Pressefreiheit.

Ende Mai 1816 erkrankte Christiane von Goethe. Am 6. Juni verstarb sie. In Weimar gab es wieder Klatsch: Goethe habe sich im Hause absentiert, um Christianes Leid nicht mitertragen zu müssen. Johanna Schopenhauer, die selbst nicht Zeugin der Ereignisse gewesen war, schien über die Umstände wieder besonders gut Bescheid zu wissen und erzählte in Briefen ausführlich von den Ereignissen, die ihr zu Ohren gekommen waren.

Auch Neues begann. Neues Leben! Zukunft! Am 11. September wurde dem Kunstdrechslermeister Johann Gottfried August Zeiß, der sich in Weimar niedergelassen hatte, ein Sohn geboren. Erbprinz Karl Friedrich, den Zeiß kennengelernt hatte, weil der auf der Suche nach jemandem gewesen war, der ihm einige handwerkliche Fähigkeiten beibrachte, wurde sein Patenonkel. Daher erhielt der Junge den Namen Carl Friedrich. Später gründete er in Jena ein optisches Unternehmen und gab ihm den Namen Carl Zeiß.

Karoline Jagemanns Rolle in Weimar wurde verzwickter. 1809, in dem Jahr, in dem sie von Carl August zur Freifrau von Heygendorf erhoben worden war, hatte der Schauspiel und Oper am Theater getrennt. Die Leitung des Schauspiels oblag weiterhin Goethe, die Leitung der Oper aber legte Carl August in die Hände von Karoline. Der Klatsch in Weimar stellte nun Karoline von Heygendorf, wie sie nunmehr hieß, als eine Frau dar, die ihre Rolle als Geliebte des Herzogs nutzte, um Goethe zur Seite zu drängen. Ihr Können und professioneller Hintergrund zählten da nicht; auch gab man dem Argument keinen Raum, dass sie schlichtweg eine andere Auffassung vom anzustrebenden Aufführungsstil hatte. Während Goethe im Theater nach wie vor bestimmte Posen und Betonungen forderte, die zuweilen in Pathos abzurutschen drohten, suchte Karoline von Heygendorf eine natürlichere Ausdrucks- und Verhaltensweise auf die Bühne zu bringen. Im Grunde arrangierten sich Goethe und sie in ihrem Arbeitsverhältnis; und ihr privates Verhältnis schien weiterhin gut zu sein. Bei Abenden im Deutschritterhaus war Goethe nach wie vor oft dabei.

Dann aber sollte 1817 ein französisches Bühnenstück des Dichters René Charles Guilbert de Pixérécourt auf Weimars Bühne aufgeführt werden. In Frankreich war *Der Hund des Aubry*, wie das Stück in seiner deutschen Übersetzung hieß, ein großer Erfolg gewesen, und danach auch in Berlin. Das Besondere: Ein dressierter Hund trat darin als große Attraktion auf. Er vollführte zahlreiche Kunststücke und trug sogar zur Aufklärung eines Verbrechens bei. Als Karoline von Heygendorf und der große Hundeliebhaber Carl August nun wünschten, dieses Stück in Weimars Theater zu sehen – Karoline hatte bereits einen Schauspieler mit dessen dressiertem Pudel an der Hand –, lehnte Goethe, der Hunde nicht mochte, ab. Er verwies auf die Würde des Hauses. Nun ging es hin und her. Doch Carl August wollte das Stück sehen und befahl die Aufführung. Goethe zog sich beleidigt nach Jena zurück und erwähnte wohl auch hier und da wieder mal Rücktrittsabsichten.

Manche Drohungen wiederholen sich zu oft. Denn einen Tag nach der Aufführung des Stückes sandte Carl August am 13. April an Goethe diese Zeilen: »Verschiedene Äußerungen deinerseits, die mir zu Augen und Ohren gekommen sind, haben mich unterrichtet, dass du es gerne sehen würdest, von denen Verdrießlichkeiten der Theater Intendanz entbunden zu werden.« Daher komme er gerne »hierin deinen Wünschen entgegen, dankend für das viele Gute, was du bei diesen sehr verworrenen und ermüdenden Geschäften geleistet hast«. Einen hochoffiziellen Brief dazu habe er beigelegt »und wünsche wohl zu leben«.

Doch Carl August bereute seine Worte bald und reiste nach Jena. Die beiden Freunde versöhnten sich unter Umarmungen. Aber seine Entscheidung, Goethe zu entlassen, nahm Carl August nicht zurück. Der aber war wohl im Grunde froh darum; auch sicher längst der ständigen Einwürfe von Carl August überdrüssig, der gerne in dessen wie auch in Schillers Stücken lektoriert hatte.

Das Theater trat nun vor allem mit musikalischen Aufführungen hervor, die auch weit über Weimar beachtet wurden.

Was für Karoline von Heygendorfs Arbeit spricht, ihr in Weimar aber nicht half. Sie galt als die ehrgeizige Frau, die Goethe aus dem Amt geflüstert hatte. Keinem Gedanken gaben die übelmeinenden Reden Platz, dass Carl August das Theaterstück des Anstoßes selbst gerne gesehen und vor allem gewollt hatte. So finden sich in den Briefen der nächsten Jahre mehrere abfällige Bemerkungen über Karoline, dies bemerkenswerterweise oft bei Frauen, insbesondere bei Charlotte von Stein und Johanna Schopenhauer. Das Verhältnis Goethes zu Karoline von Heygendorf blieb im Übrigen weiterhin gut, geradezu freundschaftlich.

Das Wartburgfest

Zu den wichtigsten Ergebnissen des Wiener Kongresses hatte 1815 die Gründung des Deutschen Bundes gehört. Diese Vereinigung deutscher Staaten mit den beiden dominierenden Kräften Preußen und Österreich hatte erste Verfassungseigenschaften eines Nationalstaates, doch von staatlicher Einheit war das Gebilde noch entfernt. Es gab keine zentrale Regierung, und manche Bundesmitglieder wie Österreich regierten zudem Gebiete außerhalb des Bundes.

1815 hatten sich die Studenten in Jena zu der sogenannten Urburschenschaft verbunden. Die kleine Universitätsstadt unter Carl Augusts und Goethes Ägide wurde, auch dank der von Carl August in der Verfassung gewährten Pressefreiheit, zum Zentrum der Burschenschaftsbewegung. Die gehörte zu den treibenden Kräften der zunehmend populärer werdenden Idee, einen geeinten liberalen deutschen Nationalstaat zu schaffen.

Für 1817 stand die 300-Jahr-Feier der Reformation an. Weimar war eine der Wirkungsstätten Luthers gewesen. Zum Herzogtum Weimar-Sachsen-Eisenach gehörte die Wartburg, einer der zentralen Orte von Luthers Schaffen. Dort hatte er sich einst als Junker Jörg versteckt gehalten und folgenreich die Bibel ins Deutsche übersetzt. Die Wartburg auf einem Bergrücken hoch über Eisenach stand also sowohl für den Protestantismus, für das Aufbegehren gegen alte Mächte, als auch für Deutschland, das nicht zuletzt über den Weg der Sprache durch Luther einen wichtigen Impuls erfahren hatte.

Goethe hatte bereits im Winter über eine Lutherfeier nachgedacht und überlegt, wie er sie vor dem Hintergrund der nationalen Gefühle und des Sieges im Befreiungskrieg so gestalten konnte, dass niemand sich ausgeschlossen fühlte. In seinen Ausführungen zeigte sich, ihm war die Einheit und Verbundenheit der Menschen in Deutschland wichtiger als die Feier eines Deutschseins oder einer bestimmten Religion. In seinem Gespräch 1813 mit Luden, einem der Mentoren der Burschenschaftsbewegung, hatte er bereits ausgeführt, dass Kunst und Wissenschaft in seinen Augen die Schranken der Nationalität überwinden könnten. Nun thematisierte er die Schranken der Religion, die womöglich Menschen nicht mit einbezog: »Niemand fragt, von welcher Konfession der Mann des Landsturms sei«, notierte er, »alle ziehen vereiniget zur Kirche, und werden von demselben Gottesdienste erbaut; alle bilden einen Kreis ums Feuer, und werden von einer Flamme erleuchtet. Alle erheben den Geist, an jenen Tag gedenkend, der seine Glorie, nicht etwa nur Christen, sondern auch Juden, Mahometanern und Heiden zu verdanken hat.« Und er schlug vor, die Reformationsfeiern mit der Siegesfeier zum Jahrestag der Völkerschlacht bei Leipzig zusammenzulegen.

1817 ging eine Einladung von Jena aus an die protestantischen Universitäten im Land. Im Sommer ersuchten die Burschenschafter der Jenaer Universität ihren Großherzog um die Ausrichtung eines studentischen Festes auf der Wartburg, wo sie am Jahrestag der Völkerschlacht das 300. Jubiläum von Luthers Reformation feiern wollten. Goethe bemerkte dazu am 22. August 1817 zu Knebel: »Unter uns gesagt ist an der ganzen Sache nichts interessant als Luthers Charakter«, und setzte hinzu: »Alles Übrige ist ein verworrener Quark, wie er uns noch täglich zur Last fällt.«

Carl August hingegen reagierte wohlwollend auf die Bitte der Studenten und ordnete an, ihnen die Wartburg für das geplante Fest zur Verfügung zu stellen. Auch sei Brennholz für Freudenfeuer herbeizuschaffen. Die Brauereien forderte er zum Brauen von Bier auf, und die Behörden in Eisenach appellierten an die Bürger, Quartiere für die Besucher zur Verfügung zu stellen.

Am 18. Oktober hatten sich dann unter einem klaren Herbsthimmel etwa 500 Studenten aus allen Teilen Deutschlands auf der Wartburg versammelt. Sie schwenkten Fahnen mit Schwarz, Rot und Gold. Die Farbkombination ging auf das Lützow'sche Freikorps in den Befreiungskriegen gegen Frankreich zurück. Dessen Kämpfer hatten schwarze Jacken und Hosen mit roten Säumen und goldfarbenen Knöpfen getragen. Die Studenten nun auf dem Fest erschienen mit langen Haaren und Bärten, in weiten Hosen und engen schwarzen Jacken, der sogenannten altdeutschen Tracht. Es waren wie einst im Freikorps im Wesentlichen junge Männer aus verschiedensten Regionen des uneinigen Deutschlands, aus verschiedenen Gesellschaftsschichten, beseelt vom Wunsch nach Einheit und Freiheit. Doch trotz aller Vielfalt, die Versammlung war zutiefst protestantisch geprägt. Man sang protestantische Choräle, es folgte eine protestantische Predigt. Nach einem gemeinsamen Essen ging es hinab in die Stadt zu weiteren Feiern. Es wurde öffentlich geturnt. Turnen war politisch. »Turnvater« Friedrich Ludwig Jahn, der Vorkämpfer und das Haupt der Turnbewegung, sorgte auch auf dem Wartburgfest dafür. Jahn war in der Zeit der napoleonischen Besatzung zu einem radikalen Nationalisten geworden. Ein Deutschland in Freiheit mit gleichen Rechten wollte er. Doch dieser Nationalismus, der einerseits die Deutschen einen sollte, schwenkte auf der anderen Seite in Rassismus, in Abgrenzung, in Antisemitismus um. Am Abend zogen die Studenten noch einmal hoch zur Wartburg. Dort entfachte man Siegesfeuer. Eine Gruppe um den Jenaer Studenten Hans Maßmann initiierte eine Bücherverbrennung, vorgenommen in Form von beschrifteten Makulaturballen, die man mit den zu vernichtenden Büchern betitelte und dann ins Feuer warf. Jahn, der nicht anwesend war, hatte wohl für die Bücherverbrennungen eine Liste zusammengestellt.

Die Bücherverbrennung alarmierte die Öffentlichkeit. Carl August wurde die Unterstützung jakobinischer Bestrebungen vorgeworfen. Sachsen drohte seine Studenten aus Jena zurückzuziehen. Preußen und Österreich schickten in Absprache ihre Staatsminister Hardenberg und Christian Graf von Zichy nach Weimar. Der österreichische Außenminister Klemens von Metternich, der die politische Bühne dieser Tage nachhaltig prägte und mit seinem sogenannten Metternich'schen System jenes Zeitalter begründete, das nun nach dem Wiener Kongress von 1815 bis zu den nächsten Revolutionen als Zeitalter der Restauration in die Geschichtsbücher einging, erfuhr von den Vorgängen des Wartburgfestes. Die Burschenschaftler, hörte er, hätten sogar einen Toast auf Carl August ausgerufen: »Dem einzigen deutschen Fürsten, der sein Wort gehalten hat.« Metternich kommentierte: »Wir sind völlig überzeugt, daß unter allen Uebeln die heute Deutschland verheeren selbst die Licenz der Presse nicht ausgenommen, dieser Burschen-Unfug das größte, dringendste und drohendste ist.«

Doch Carl August ließ sich nicht beirren und lud zur Taufe seines Enkels Carl Alexander, des künftigen Großherzogs nach seinem Sohn, am 5. Juli 1818 hochoffiziell Vertreter der Burschenschaften aus Jena ein. Und nicht nur in Carl Augusts Familie gab es Anlass zu feiern, sondern auch in der seines Freundes Goethe. Am 17. Juni 1817 heiratete Goethes Sohn August Ottilie von Pogwisch, die Tochter einer Hofdame von Herzogin Luise. Am 9. April 1818 kam Goethes erstes Enkelkind Walther Wolfgang zur Welt.

Zu den auf der Wartburg verbrannten Büchern gehörten auch August von Kotzebues *Geschichte des Deutschen Reiches*. Kotzebue war dank der Beziehungen des ehemaligen Prinzenerziehers Görtz in Russland in die Dienste des Kaiserhofs getreten und diente, seit 1785 im erblichen russischen Adelsstand, als Generalkonsul Russlands. In seinem in Weimar erscheinenden *Literarischen Wochenblatt* griff Kotzebue den Liberalismus und dessen Protagonisten wie Universitäten, Burschenschaften und die Turnbewegung scharf und oft verletzend an. Am 23. März 1819 erstach der vermutlich geistig verwirrte Jenaer Burschenschafter und Theologiestudent Karl Ludwig Sand Kotzebue in Mannheim.

Kotzebues Ermordung nahm Metternich als willkommenen Anlass, um gegen die liberalen Strömungen in seinem Zugriffsbereich umfangreiche Maßnahmen zu ergreifen. Im August 1819 verabredeten Vertreter der einflussreichsten Staaten des Deutschen Bundes auf Metternichs Betreiben die sogenannten Karlsbader Beschlüsse, die danach im September 1819 vom Bundestag in Frankfurt im Eilverfahren abgesegnet wurden. Öffentliche Presse- und Meinungsfreiheit wurden abgeschafft, Burschenschaften verboten, Universitäten kontrolliert; politisch unliebsame Professoren erhielten Berufsverbot.

Im Januar 1819 trat der österreichische Klaviervirtuose Johann Nepomuk Hummel sein Amt als Hofkapellmeister in Weimar an. Das Nationaltheater in Weimar machte nun über die Opernaktivitäten Karoline von Heygendorfs hinaus die Musik zunehmend zu einem Schwerpunkt. Maria Pawlowna beglich aus der Privatschatulle die Hälfte von Hummels Jahresgehalt. Hummel gab Maria Pawlowna Klavierunterricht und auch der 1811 geborenen Prinzessin Augusta, der späteren Königin von Preußen und deutschen Kaiserin.

Im Sommer 1819 erschien Goethes Gedichtsammlung *West-östlicher Divan*. Eine Verneigung vor dem Dichter Hafis, dem Koran, der islamischen Mystik. Dort heißt es:

> Wer sich selbst und andre kennt
> Wird auch hier erkennen:
> Orient und Occident
> Sind nicht mehr zu trennen.

Einige der Gedichte in *West-östlicher Divan* stammten von einer Frau. Von Marianne Willemer, deren Briefwechsel mit Goethe zu diesem Thema wesentlich zu dem Werk beigetragen hatte. Sie blieb aber als Co-Autorin ungenannt.

Abenddämmerung mit Goldrand

Am 3. April 1822 verstarb Friedrich Justin Bertuch, der größte Unternehmer Weimars. Schiller hatte Bertuchs Garten und dessen Reichtum bewundert. »Die Bertuchs müssen in der Welt doch überall Glück haben!«, hatte er gemeint. Doch Bertuchs Glück war hart erarbeitet, und in den Kriegswirren von 1806 bis 1815 hatte auch er schwer zu kämpfen gehabt. Die Pressefreiheit in Sachsen-Weimar-Eisenach hatte er, der sich nie nur als Unternehmer, sondern auch als die Gesellschaft mitgestaltender Bürger verstanden hatte, für zahlreiche Zeitschriften und Buchveröffentlichungen zu Kultur, Wissenschaft und Politik genutzt. 1817 hatte er die Geschäfte an seinen Schwiegersohn übergeben.

Man bestattete Bertuch im Park hinter seinem Haus. Friedrich von Müller, seit 1815 Staatskanzler von Weimar, hielt die Rede am Grab und rief aus: »Er war eine der schönsten Zierden, eine der treuesten Stützen unseres Bundes.« Goethe hatte an der Rede mitgearbeitet, blieb aber fern. Er schickte als Vertreter seinen Sohn.

Dass Bertuch mehr oder minder der Einzige war, der in der Geschichte Weimars auf dem Gebiet des Wirtschaftens herausragte, ist bemerkenswert. Denn außer dem Hof war es letztlich er, der mit seinen Unternehmungen den Großteil der Bevölkerung Weimars ernährte. So stellt er vielleicht über Weimar hinaus ein sehr seltenes Gegenbeispiel zur scharfen Trennung und Einordnung dar, die in Deutschland oft und gerne vorgenommen wird, wenn es um Kultur und Wirtschaften geht. Germaine de Staël bemerkte dies in *Über Deutschland*. Diese Trennung schließt dann auch schnell aus, dass jemand, der dem einen Gebiet zugehört, in Verbindung mit dem anderen steht. Bertuch aber hatte, wie vielleicht nur noch Goethe, in vielen fast einander fremd erscheinenden Lebensbereichen gewirkt und damit auch Grenzen zwischen Lebenswirklichkeiten überwunden oder niedergerissen.

In diesem Jahr 1822 kam aus Genf der junge Naturwissenschaftler Frédéric Soret nach Weimar und übernahm die Aufgabe des Erziehers des Erbprinzen Carl Alexander. Bald war Soret auch ein wichtiger Gesprächspartner des alten Goethe. Er übersetzte dessen *Metamorphose der Pflanzen* ins Französische und half, die mineralogische Sammlung zu ordnen. Goethe wiederum leistete dieser Tage Pionierarbeit auf dem Gebiet des Urheberrechts in Deutschland. Denn vor dem Hintergrund der geplanten Veröffentlichung seiner »Ausgabe letzter Hand« versuchte er, sich über die deutschen Staaten ein Recht gegen unerlaubten Nachdruck zu sichern, das er vom Deutschen Bund auch erhielt.

Im Februar 1823 erlitt Goethe einen Herzinfarkt. Im gleichen Jahr begannen die Verhandlungen über die Herausgabe von Goethes und Schillers Briefwechsel. Es kam zu Verstimmungen mit Schillers Witwe Charlotte, deren Schwester Caroline und den Kindern, die sich auch im Ton der untereinander gewechselten Briefe niederschlugen. Im Frühjahr 1824 einigte sich Goethe mit Schillers Familie, vor allem in der Honorarfrage, in der Ersterer lange nicht sonderlich entgegenkommend gewesen war. Ende 1828 erschienen die ersten beiden Bände.

Am 10. Juni 1823 kam der 31-jährige Student der Rechtswissenschaften Johann Peter Eckermann nach Weimar. Er bewunderte Goethe zutiefst und hatte ihm einen Text über dessen Poesie geschickt, der Goethe gefiel, weshalb er ihn an seinen Verleger Cotta weiterreichte, der ihn publizierte. Eckermann wurde ein Mitarbeiter Goethes, half beim Zusammentragen alter Texte, arbeitete unermüdlich und gewann Goethes Vertrauen und Zuneigung. Eine feste Stellung aber erhielt er nicht. Es gab hier eine Geldzuwendung, dort Naturalien. Daher arbeitete er als

Englischlehrer, um die Miete seines möblierten Zimmers begleichen zu können. Aus Aufzeichnungen von Gesprächen mit Goethe, die Eckermann diesem vorlegte, ergab sich die Idee eines Buches, das unter Überwachung Goethes entstehen sollte. Der stimmte zu. So wuchs über Jahre das Werk, mit dem Eckermann zu Ruhm kommen sollte.

Von späteren Berühmtheiten, die neben vielen anderen weniger Begabten Goethe ihre Arbeiten schickten, erhielten einige keine Antwort: Heine, Eichendorff, Grabbe, Franz Schubert. Hector Berlioz. Goethe musste und wollte zunehmend auch mit der Zeit und den Kräften haushalten. Zudem kamen immer mehr Besucher. Und sie wollten Goethe sehen. Sie meldeten sich bei ihm, wollten von ihm empfangen werden, einen Blick auf ihn werfen, ein paar Worte mit ihm sprechen. Zeitweise gab es der Wünsche so viele, dass bereits anwesende Besucher von der Meldung weiterer Besucher gestört wurden.

Anfang Oktober 1824, das Anschreiben an ihn ist vom 1. des Monats, empfing Goethe den jungen Heinrich Heine und dessen Bruder Maximilian. Seinem Freund Rudolf Christiani berichtete Heine mehr als ein halbes Jahr später am 26. Mai 1825 über die Begegnung mit Goethe: »Den Herbst machte ich eine Fußreise nach dem Harz, den ich die Kreuz und Quer durchstreifte, besuchte den Brocken, sowie auch Goethe auf meiner Rückreise über Weimar.« Doch: »Über Goethes Aussehen erschrak ich bis in tiefster Seele, das Gesicht gelb und mumienhaft, der zahnlose Mund in ängstlicher Bewegung, die ganze Gestalt ein Bild menschlicher Hinfälligkeit. Vielleicht Folge seiner letzten Krankheit. Nur sein Auge war klar und glänzend. Dieses Auge ist die einzige Merkwürdigkeit, die Weimar jetzt besitzt.«

Später berichtete Heine in dem von ihm bekannten ironisch-lakonischen Ton noch einmal von seiner Begegnung mit Goethe: »Ich war nahe daran, ihn griechisch anzureden; da ich aber merkte, dass er deutsch verstand, erzählte ich ihm auf deutsch, dass die Pflaumen auf dem Wege zwischen Jena und Weimar sehr gut schmeckten.« Und er sinnierte: »Ich habe in so manchen Winternächten darüber nachgedacht, wieviel Erhabenes und Tiefsinniges ich dem Goethe sagen würde, wenn ich ihn mal sähe. Und als ich ihn endlich sah, sagte ich ihm, dass die sächsischen Pflaumen sehr gut schmeckten. Und Goethe lächelte.«

Doch die Audienz fand ein schnelles und seltsames Ende. Goethe soll laut Maximilian Heine seinen Bruder gefragt haben, womit er sich im Moment beschäftige. »Mit einem Faust«, antwortete der. Goethe nach kurzem Stutzen: »Haben Sie weiter keine Geschäfte in Weimar, Herr Heine?« Darauf Heine: »Mit meinem Fuß über die Schwelle Eure Exzellenz sind alle meine Geschäfte in Weimar beendet.« Und ging.

Vom 21. auf den 22. März 1825 brannte in Weimar das Theater nieder, das so lange Goethes Arbeitsplatz gewesen war. Goethe war getroffen. Beim Neubau setzte Karoline von Heygendorf durch, den einstigen Bau, den Coudray unter dem Einfluss Goethes geschaffen hatte, nun durch einen anderen zu ersetzen.

Ansonsten war das Jahr 1825 in Weimar eines der Jubiläen. Das nutzte man, um sich zu feiern. Und die Stadt weiter zu musealisieren. Man feierte 50 Jahre Regierungszeit Carl Augusts, die Goldene Hochzeit des Großherzogspaares und, von Carl August angeordnet, auch Goethes Goldenes Dienstjubiläum. Carl August bestimmte den 7. November, den Tag von Goethes Ankunft in Weimar, als Festtag dafür. Es gab Empfänge, Gratulationen, Huldigungen. Am Abend spielte man im Theater *Iphigenie*. Goethe wurde bejubelt. Er blieb nur bis zum 3. Akt. Später spielte ein Orchester. Die Musik hatte Hummel geschrieben. Danach Abendessen.

Und Weimar selbst? In seinen 1826 erschienenen *Briefen eines in Deutschland reisenden Deutschen* notierte der Schriftsteller Carl Julius Weber: »Wenn irgend eine Stadt der Imagination Streiche spielt, so ist es Weimar. Sein Ruf geht vor ihm her wie vor großen Männern, und man findet ein kleines, totes, schlecht gebautes, recht widriges Städtchen.«

Als der Landtag 1826 Goethe zur Rechnungslegung für die ihm jährlich aus dem Landeshaushalt zufließende Summe von

11777 Talern aufforderte, intervenierten Carl August und Luise: »Außer und über dem geschriebenen Rechte gibt es ja noch ein anderes Recht, das ist das Recht für Dichter und Frauen«, ließ Luise wissen. »Wir haben nur einen Goethe, und wer weiß wie lange noch; ein zweiter dürfte sich vielleicht nicht bald wieder finden.«

Zur Ostermesse 1827 erschienen erste Bände von Goethes »Ausgabe letzter Hand« bei Cotta, und bis 1842 erschienen inklusive Nachlassbänden in der Summe 60 Bände. Goethe hatte dafür ein atemberaubend hohes Honorar ausgehandelt. 60 000 Taler.

Carl Augusts letzte Reise

Am 29. Mai 1828 war Carl August zu einer Reise nach Berlin aufgebrochen. Er hatte vor, die Verwandtschaft zu besuchen und mehrere Essen, Empfänge und Besuche zu absolvieren. Er und Luise waren schon seit einiger Zeit bei schlechter Gesundheit. Carl August litt unter Brustschmerzen und Müdigkeit, die mit Schlaflosigkeit und Atemnot einhergingen.

Er hatte die Reise wegen seiner Schwäche schon um drei Wochen verschieben müssen, und er ahnte wohl, dass es seine letzte sein könnte. Goethe ließ er wissen, es ginge auch darum, »von der Außenwelt bei dieser Gelegenheit Abschied zu nehmen«. Doch einmal aufgebrochen, ließ Carl August keine Vergnügung aus. Er trank, rauchte, besuchte zig Empfänge und Tafelrunden. Am Vormittag des 13. Juni, einem heißen Frühsommertag, unterhielt er sich lange mit Alexander von Humboldt. Sie sprachen über Meteorologie, Astronomie. Carl August klagte über den Pietismus, der sich einschleiche, eine »Schwärmerei mit politischen Tendenzen« nach dem Ende des Absolutismus und vor dem Hintergrund der aufgekeimten Freiheitsbestrebungen und der aufkommenden Liebe zum Mittelalter. Er schlief immer wieder ein. »Sie sehen, Humboldt, es ist aus mit mir!«, bemerkte er.

Er finde nun Trost in der christlichen Lehre. Menschenfreundlich sei sie. Die ersten Christen seien »Freigesinnte unter den Ultras« gewesen. Aber »als sie selbst mächtig wurden, da dichteten sie der Sache Wunder an«.

Nach dem Gespräch mit Humboldt bestieg Carl August eine Kutsche und fuhr nach Wittenberg. Am nächsten Tag wünschte er das Gestüt Graditz bei Torgau in Augenschein zu nehmen. Beim Essen überfiel ihn Übelkeit. Dennoch ließ er sich am Nachmittag Pferde zeigen. Am Abend fühlte er sich schlechter. Er ging mit seinen Begleitern treppauf in sein Zimmer. Man redete, er rauchte wieder Zigarre. Als er sie zu Ende geraucht hatte, fühlte er Krämpfe in der Brust, trat ans Fenster und sackte zusammen. Major von Germar fing ihn auf. Carl August war tot.

In Weimar wurde Carl August im Römischen Haus aufgebahrt und drei Wochen später beigesetzt. Das neue Fürstenpaar war nicht vor Ort. Carl Friedrich und Maria Pawlowna waren nach Sankt Petersburg gereist, da Marias mittlerweile geistig zerrütteter Bruder Alexander plötzlich verstorben war.

Auch Goethe fehlte bei der Beisetzung. Einen Tag nach Carl Augusts Tod war die Nachricht in Weimar angekommen. Kanzler von Müller hatte die traurige Kunde an den Frauenplan gebracht, wo man gerade in geselliger Runde saß. Nun hatte sich Goethe für mehrere Wochen nach Dornburg zurückgezogen. Dort erheben sich drei Schlösser auf einem Plateau über der Saale. Das Rokokoschloss hatte Carl August 1816/17 sanieren lassen und es danach als Sommerresidenz genutzt. Goethe logierte in dem benachbarten Renaissanceschloss, das Carl August wenige Jahre zuvor dazu erworben und zum Wohnschloss hatte umbauen lassen. Dort verfasste Goethe die *Dornburger Gedichte*. Im Gedicht *Dem aufgehenden Vollmond* heißt es:

Willst du mich sogleich verlassen?
Warst im Augenblick so nah!
Dich umfinstern Wolkenmassen,
Und nun bist du gar nicht da.

Nach Carl August

Nach Carl Augusts Tod verließ Karoline von Heygendorf angesichts zahlreicher Anfeindungen noch 1828 Weimar. Die Theaterarbeit gab sie auf. Ab 1838 lebte sie noch einmal in der Stadt, in dem Haus nahe der Herderkirche, das ihr Carl August einst geschenkt hatte. Dort kümmerte sie sich um die Kinder der früh verstorbenen Frau ihres Sohnes Carl Wolfgang. 1844 verließ sie die Stadt wieder und verbrachte die letzten Jahre bis zu ihrem Tod 1848 mit 71 Jahren bei einem Sohn in Dresden.

Was die Nachfolge Carl Augusts bei der Regentschaft betraf, war Goethe zuversichtlich. Der neue Großherzog Carl Friedrich sei voller »Herzensgüte«, was zu »großen Hoffnungen« berechtige. Noch größere Stücke aber hielt er auf Maria Pawlowna. Eckermann sagte er, er kenne sie ja nun seit 1805 und sie sei »eine der besten Frauen unserer Zeit, und würde es sein, wenn sie auch keine Fürstin wäre«. Und das sei es ja, worauf es ankäme.

Maria Pawlownas Geld wurde nun zu einem noch größeren Machtfaktor als zuvor. Der Hof hatte über die Jahre an Pracht gewonnen. Auch, weil ihrem Mann, dem neuen Großherzog Carl Friedrich, Willen und Format fehlten. Er pochte zwar auf seinen Status, füllte diesen aber nicht aus. So war es de facto seine Gattin, die regierte; nicht nur mittels ihres Geldes, sondern auch aufgrund ihrer weit ausgeprägteren Tatkraft.

Trotz Maria Pawlownas Energie näherte sich Weimars goldene Zeit unweigerlich ihrem Ende. Kleine Flammen züngelten noch aus der letzten Glut. Im August 1829 erschien die erste Ausgabe der Zeitschrift *Chaos,* herausgegeben von Goethes Schwiegertochter Ottilie, Eckermann, dem Engländer Parry und Soret. Sie war entstanden in Reminiszenz an Anna Amalias *Tiefurter Journal.* Die Zeitschrift, in kleiner Auflage gedruckt, versammelte Beiträge, Rätsel und Gedichte. Es war ein hübscher Erfolg. Auch Goethe machte mit, wegen »der Langeweile, die hier über dem Leben liegt«, erklärte er. Er wurde in diesem Jahr 80 Jahre alt.

Die goldene Zeit war eine Epoche des Wortes gewesen. Ob sich eine weitere gute Zeit für Weimar auch auf der Macht des Wortes gründen ließe, stand in den Sternen. Vielleicht aber konnte es gelingen, der kleinen Stadt fortan Strahlkraft über die Musik zu verleihen. Es gab Ansätze. Und die waren verbunden mit Maria Pawlownas Liebe zur Musik.

Immerhin, die Musikgrößen Europas kamen und gaben Konzerte. Vielleicht würde einer bleiben. 1829 sorgte ein Auftritt Niccolò Paganinis in Weimar für Furore. Aber das gelang Paganini nahezu immer. Er reiste wieder ab. Schon 1821 hatte sich der Wunderknabe Felix Mendelssohn Bartholdy mit seinem Mentor Carl Friedrich Zelter für über zwei Wochen bei Goethe am Frauenplan aufgehalten. Mendelssohn Bartholdy war damals ein 12-jähriger Junge mit schulterlangen dunklen Locken, der die sonntäglichen kleinen Orchesteraufführungen bei seinen Eltern zu Hause leitete, für deren Anlässe er auch komponierte. Goethe erbat sich von dem jungen Genie, ihm auf dem Klavier die großen Komponisten in chronologischer Reihenfolge vorzuspielen und ihm zu erklären, was der Nachfolgende Neues zur Entwicklung beigetragen habe. 1822 und 1825 war Mendelssohn Bartholdy erneut nach Weimar zu Goethe gereist. Zuletzt besuchte er ihn 1830, nun längst ein gefeierter Pianist. Doch dauerhaft nach Weimar kam Mendelssohn Bartholdy nicht.

Auch Mendelssohn Bartholdys Mentor und Klavierlehrer Zelter, ein Komponist, Musiktheoretiker, lebenslanger enger Freund Goethes, nur ein Jahr älter als dieser und einer der wenigen, die Goethe duzte, blieb nur ein Besucher von Weimar. Zelter hatte unter anderem das humoristische Gedicht *Es ist ein Schuss gefallen* von Goethe vertont. Die Melodie wurde als die des Kinderliedes *Der Kuckuck und der Esel* berühmt.

Während man in Weimar unter einem neuen, eher trägen Großherzog und dessen tatendurstiger Gattin nach den Möglichkeiten der Welt der Töne tastete, herrschte in der Welt um Weimar weiter Tumult. Gesellschaften und Staaten Europas durchlebten Umbrüche. In Paris hatte 1830 die Julirevolution stattgefunden. In Polen kam es ebenfalls 1830 zum Novemberaufstand, in Belgien 1830/31 zur Revolution. In Weimar hatte man daraufhin auf die Zensur zurückgegriffen. Liberale Blätter wie der *Westbote* und die *Deutsche Tribüne* wurden 1832 verboten.

Überall ging es um Freiheit. Es ging um Gerechtigkeit. Es ging auch um Nationalität. Für Goethe war Nationalität eine Sache der Identität, aber dies als Rahmen einer Selbstvergewisserung der eigenen Kultur, die dann im Wissen um sich selbst mit dem Selbst anderer Nationalitäten und Kulturkreise in Austausch treten konnte. Daher sah Goethe in der Besinnung auf die eigene Nationalität keine Sache der Abgrenzung. Für viele Deutsche aber war es das. Und Goethe nahm das wahr. »Überhaupt ist es mit dem Nationalhaß ein eigenes Ding«, sagte er in einem Gespräch mit Eckermann am 14. März 1830 und fügte hinzu: »Auf den untersten Stufen der Kultur werden Sie ihn immer am stärksten und am heftigsten finden. Es gibt aber eine Stufe, wo er ganz verschwindet und wo man gewissermaßen über den Nationen steht, und man ein Glück oder ein Wehe seines Nachbarvolkes empfindet, als wäre es dem eigenen begegnet.«

Das ferne Rom wurde noch einmal ein Schicksalsort für Goethe. In der Nacht vom 26. auf den 27. Oktober 1830 starb dort sein Sohn August während einer Italienreise; seit Jahren war er krank an Körper und Seele gewesen. Einer Infektion folgte Fieber, dann ein Schlaganfall. August hatte während seines ganzen Lebens daran gelitten, einen Vater zu haben, den alle Welt als nahezu gottgleichen Genius verehrte; einen Vater, der konsequent seine eigenen Kreise zog, dem Sohn kaum Nähe schenkte und ihn später zum Assistenten bei der Arbeit an seinem Ruhm machte. August war im Schatten seines Vaters dem Alkohol verfallen. Welche Ironie: August war in Rom zu Gast bei dem hannoveranischen Gesandten August Kestner, dem Sohn jener Frau, die das Vorbild der Charlotte im *Werther* gewesen war. Damals in Wetzlar hatte Goethe sich bei der gemeinsamen Arbeit am Reichskammergericht mit Johann Christian Kestner angefreundet und sich unglücklich in dessen Verlobte Charlotte Buff verliebt. Nun berichtete deren Sohn August Kestner Goethe in einem langen Brief vom Tod seines Sohnes. Kestner sandte den Brief aber an Kanzler von Müller, damit Goethe die Botschaft persönlich durch Freunde erhielt.

In Weimar fiel also Friedrich von Müller die Aufgabe zu, Goethe die Nachricht zu überbringen. Am 10. November ging er zu ihm. Goethe war getroffen, versuchte aber, die Fassung zu bewahren. Zu Ottilie sagte er, sie an der Hand fassend: »Wir müssen nun wohl noch fester zusammenhalten.« Am nächsten Tag wollte er die Enkel um sich haben, dann arbeitete er intensiv an seiner Autobiographie *Dichtung und Wahrheit* weiter. Ende November erlitt er einen Blutsturz, und man bangte erneut um sein Leben. Doch er erholte sich schnell wieder. Am 17. Dezember notierte er: »Abschluß des Faust«. Im Frühjahr überarbeitete er noch einmal den 4. und den 5. Akt. Schließlich, zwischen Februar und Juli, beendete er *Faust. Der Tragödie zweiter Teil.* Er ließ das Manuskript versiegeln, verbunden mit der Anweisung, es erst nach seinem Tod zu öffnen.

Im Winter auf das Jahr 1831 kümmerte sich Goethe um Testamentsfragen. Eckermann und Riemer erhielten die Vollmacht, nach seinem Tod seinen literarischen Nachlass herauszugeben. Goethe warf zunehmend ein Auge auf die Haushaltsführung, da er Ottilies Fähigkeiten, mit Geld umzugehen, nicht vertraute. Ferner beschäftigte er sich mit Aufsätzen, mit der Mineralogie, der Malerei und nach wie vor mit der Farbenlehre.

Immer mehr Musik. 1831 spielte auch die 12-jährige Clara Wieck für den nun 81-jährigen Goethe Klavier. Sie war mit ihrem Vater von Leipzig zu einer Konzertreise nach Paris aufgebrochen und machte in Weimar für etwas mehr als zwei Wochen Station. Sie spielte einmal beim Großherzog, gab danach ein öffentliches Konzert und spielte zudem gleich zweimal, am 1. und am 9. Oktober, bei Goethe. Stolz notierte Claras Vater Goethes Kommentar zu ihrem Vortrag des ersten Konzertes: »Über Claras Darstellung vergisst man die Komposition.« Am 9. Oktober urteilte Goethe beeindruckt: »Das Mädchen hat mehr Kraft als sechs Knaben zusammen.« Danach in einem Brief an Zelter: »Ein Vater brachte seine flügelspielende Tochter zu mir, welche nach Paris gehend, neuere pariser Kompositionen vortrug; auch mir war die Art neu, sie verlangt eine große Fertigkeit des Vortrags, ist aber immer heiter; man folgt gern und läßt sichs gefallen. Da Du dergleichen gewiß kennst so kläre mich darüber auf.«

In den ersten beiden Wochen des März 1832 hielt Goethe wie gewohnt die Ereignisse des Tages in seinem Tagebuch fest. Wiederholt ist dort das Wort »Concepte« zu finden, daneben notierte er amtliche Abstimmungen, Briefe, die zu beantworten waren, und sorgfältig die Besucher und Besucherinnen des Tages. Häufig erscheinen die Namen von Eckermann, Vogel und Riemer. Und selbstverständlich die der Familie. Immer wieder als nahezu letzte Notiz: »Nachts Ottilie.«

Jeden Donnerstag, so war es längst Brauch, besuchte Maria Pawlowna den alten Mann am Frauenplan. Am 15. März 1832 führten sie das letzte Gespräch miteinander. Einen Tag später notierte er: »Den ganzen Tag wegen Unwohlseins im Bette zugebracht.« Es blieb der letzte Eintrag. Der herbeigerufene Hofmedikus Karl Vogel konstatierte, Goethe sei verwirrt. Sein Blick sei matt, in den Augen liege Trägheit. Doch Goethe erholte sich zunächst wieder. Am 19. März saß er morgens auf der Bettkante und blieb den ganzen Tag über auf. Doch in der Nacht suchten ihn Schüttelfrost, Atemnot und Angstzustände heim. Er wechselte zwischen Bett und Lehnstuhl und verlangte, nachdem er ein großes Glas Wein in wenigen Zügen ausgetrunken hatte, man solle die Fensterläden öffnen. Es solle mehr Licht hereinkommen. Dann schwieg er und setzte mit den Fingern imaginäre Zeilen in die Luft. Ruhe. Am 22. März um halb zwölf am Mittag drückte Goethe sich in die linke Seite seines Lehnstuhls. Er war tot.

Am 26. März setzte man Goethe in der Fürstengruft bei, in der bereits Carl August und Schiller lagen. Zuvor hatte man ihn im Haus am Frauenplan aufgebahrt. Mit Schmuck und Pomp und Feierlichkeit. Ottilie hatte die »Parade-Ausstellung« durchgesetzt, damit die Einwohner Weimars Abschied nehmen konnten. Staatskanzler Friedrich von Müller kommentierte in einem Brief an Caroline von Egloffstein: »gegen mein Gefühl und Rat«. 82 Jahre alt war Goethe geworden. Fast 47 Jahre davon – zwei Drittel seines Lebens – hatte er in Weimar verbracht, unterbrochen von zahlreichen Reisen, darunter der längere Aufenthalt in Italien.

Wenige Monate nach Goethes Tod erschien *Faust. Der Tragödie zweiter Teil.* Im 5. Akt trägt ein Türmer ein Lied vor, das auch eine Beschreibung der Sicht Goethes auf das Leben sein kann:

Zum Sehen geboren,
Zum Schauen bestellt,
Dem Turme geschworen,
Gefällt mir die Welt.

Ich blick' in die Ferne,
Ich seh' in der Näh'
Den Mond und die Sterne,
Den Wald und das Reh.

So seh' ich in allen
Die ewige Zier,
Und wie mir's gefallen,
Gefall' ich auch mir.

Ihr glücklichen Augen,
Was je ihr gesehn,
Es sei, wie es wolle,
Es war doch so schön!

Über Liszt und Andersen bis zum Bild 1832–1899

Im Schatten

Vom 27. Mai bis 1. Juni 1832 feierte man im Hambacher Schloss an der Weinstraße mit dem Hambacher Fest eines der bedeutendsten Ereignisse des sogenannten Vormärz. Mit Vormärz bezeichnet man die Zeit von der Julirevolution 1830 in Frankreich bis zu der damals sogenannten Märzrevolution im Jahr 1848. Manche sehen den Vormärz sogar 1815 beginnen, mit den Beschlüssen des Wiener Kongresses.

Zum Hambacher Fest kamen 30 000 Menschen aus allen Teilen der Gesellschaft. Erneut demonstrierten sie mit Fahnen in Schwarz-Rot-Gold für ein einheitliches und freies Deutschland. In den deutschen Fürstentümern reagierte man auf die Veranstaltung mit weiteren Einschränkungen der Versammlungs- und Pressefreiheit. Zur Jahreswende 1832/33 brachen Studentenunruhen in Jena aus. Militär besetzte die Stadt.

Doch während Deutschlands Jugend nach neuen Wegen in die Zukunft suchte, beschäftigte man sich in Weimar vor allem mit der eigenen glorreichen Vergangenheit. Es gelang aber kaum, daraus Kraft für das Morgen zu ziehen. Es schien, als begnüge man sich mit der Selbstvergewisserung von der einstigen Größe und sehe die eigentliche Zukunftsaufgabe darin, diese zu pflegen.

Als Zentralfiguren dieser Pflege boten sich die vier Großen der Weimarer Klassik an. Diese aber sind alle trotz der zeitweise engen Zusammenarbeit Goethes und Schillers immer als äußerst individuelle Charaktere zu sehen, die sich wenig dazu eignen, in den Rahmen eines wie auch immer zu benennenden Quartetts gesetzt zu werden. Und je näher man ihre Werke und ihre Leben betrachtet, um so offensichtlicher treten verschiedene Blickwinkel, Weltanschauungen und Bestrebungen hervor.

Was sie für Weimar waren und was Weimar für sie war – auch die Antworten auf diese Fragen trennen sie. Mit Ausnahme Schillers verbrachten alle vier Männer lange Abschnitte ihres Lebens in der Residenzstadt. Goethe und Herder waren jung, als sie nach Weimar kamen, Wieland bei seiner Ankunft bereits ein Mann mittleren Alters. Insbesondere der Wille zu Neuentwürfen prägte wesentlich die ersten zwei Jahrzehnte Goethes und Herders in Weimar, und er erhielt später noch einmal einen starken Schub durch das Hinzustoßen Schillers. Das allerdings ließ neben vielem anderen die Distanz zwischen Goethe und Herder sowie die zwischen Goethe und Wieland weiter wachsen.

Die Person Goethes stellte in den letzten Jahren vor seinem Tod, in Bezug auf die Ausstrahlung Weimars in die Welt, jeden und alles in den Schatten. Es schien, als könne nichts Nachfolgendes in diesem Schatten gedeihen. Wenn nun jemand nach Weimar kam, dann aus dem gleichen Grund wie schon in den letzten drei Jahrzehnten zuvor: wegen Goethe. Zwar konnte kein Besucher, keine Besucherin mehr den Meister persönlich treffen. Doch man konnte jene besuchen, die ihn gekannt hatten; und die, ob sie wollten oder nicht, erfuhren Bedeutung und Anerkennung, indem sie über Goethe Auskunft gaben. Auch dadurch blieb der Blick auf die Vergangenheit geheftet.

Auf politischem Gebiet hatte der Tod von Carl August schon vier Jahre zuvor eine Lücke gerissen, die sein Nachfolger nicht zu schließen vermochte. Carl Friedrich war beim Antritt seiner Regentschaft als Großherzog mit 42 Jahren bei weitem nicht so jung wie einst sein Vater gewesen, als der mit 18 Jahren die Regierungsgeschicke des Fürstentums in die Hand genommen hatte. Vor allem aber besaß er ein ganz anderes Gemüt.

Carl Friedrich war träge und antriebsschwach; auch an Geistestiefe fehlte es ihm. Doch er besaß ein angenehmes Wesen. Er liebte es, Gäste bei Tisch zum Lachen zu bringen. Und weil er gerne Tierstimmen nachahmte, nannten ihn die Verwandten in Russland »Onkel Kikeriki«. Der sensible Mann hatte unter dem übermächtigen Vater gelitten, vor allem unter dessen Erziehungsmethoden. Durch Zucht und Härte hatte Carl August seinen Sohn hart machen wollen, auch mit wiederholtem Essensentzug, weshalb die Kinder Weimars einst dem jungen hungrigen Erbprinzen Brot zugesteckt hatten. Trotz allen Leids und aller Demütigungen wuchs Carl Friedrich zu einem freundlichen und gefühlvollen Mann heran, der jedoch vor den repräsentativen Erwartungen oft floh. Auch blieben seine Interessen begrenzt. Von den Erlebnissen der Bildungsreise nach Paris, die Carl August dem 19-jährigen Carl Friedrich einst verordnet hatte, floss kaum etwas in dessen späteres Wirken als Landesvater ein. Zudem fehlten ihm Machtinstinkt und ein nennenswerter Gestaltungswille. So war es seine Gattin Maria Pawlowna, die im Grunde übernahm. Der Hofstaat, bislang einer der bedeutendsten Macht- und Wirtschaftsfaktoren der kleinen Residenzstadt, schwoll noch weiter an. 1806 hatten dort 13 Kammerherrn gedient. Mitte des Jahrhunderts waren es 41. Und: Es herrschte weiter Uniformzwang, wenn man bei Hof erschien. Denn auf die Etikette pochte Carl Friedrich ebenso wie Maria Pawlowna.

In der Regierungszeit Carl Friedrichs betrat man nun eine neue Stufe der eigenen Gedenkkultur: Man begann, sie baulich auszuformen. 1835 entstand die Idee, ein großes Goethe-Schiller-Denkmal auf dem Theaterplatz zu errichten, und es reifte der Plan, im Weimarer Stadtschloss Erinnerungszimmer für die vier verstorbenen Größen der vergangenen goldenen Epoche zu errichten: je ein Zimmer in Erinnerung an Goethe, Schiller, Herder und Wieland. Es war vor allem Maria Pawlowna, die sich dafür einsetzte. Man machte sich an die Arbeit.

Heinrich Heine veröffentlichte 1836 seine Polemik *Die Romantische Schule* – die er auch als Replik auf Germaine de Staëls *De l'Allemagne* sah. Wie Heine konstatierte, sei das »die einzige umfassende Kunde«, »welche die Franzosen über das geistige Leben Deutschlands erhalten haben«. Heine stellte nun Goethe auf eine Stufe mit Homer und Shakespeare, ging jedoch mit der Romantischen Schule in Jena hart ins Gericht, sprach von einer Doktrin, bescheinigte ihr Rückwärtsgewandtheit und Realitätsferne. Der zwischenzeitliche Weimarer Jean Paul hingegen sei, so Heine, das gute Beispiel für Individualität, die sich der Realität stelle.

Mit Blick auf die Entwicklungen in Deutschland, insbesondere auch den wachsenden Nationalismus und die Ereignisse des Hambacher Festes, sah Heine »die schäbige, plumpe, ungewaschene Opposition gegen eine Gesinnung, die eben das Herrlichste und Heiligste ist, was Deutschland hervorgebracht hat, nämlich gegen jene Humanität, gegen jene allgemeine Menschenverbrüderung, gegen jenen Kosmopolitismus, dem unsere großen Geister, Lessing, Herder, Schiller, Goethe, Jean Paul, dem alle Gebildeten in Deutschland immer gehuldigt haben«. Da war es. Heine sprach es aus. Ein deutsches Versprechen, das im Weltbürgertum lag. Und fast alle von Heine Genannten hatten in Weimar gewirkt.

Ab 1836 schuf der Maler Bernhard Neher im neu errichteten Westflügel des Stadtschlosses Wandmalereien für das Schillerzimmer und die Goethegalerie. Carl Friedrich Schinkel lieferte zur Letzteren Entwürfe. Im gleichen Jahr erschienen die ersten beiden Bände von Johann Peter Eckermanns *Gespräche mit Goethe in den letzten Jahren seines Lebens.* Das Werk erfuhr große Verbreitung und Anerkennung über Deutschland hinaus.

Und man kümmerte sich um die Letzten der großen Zeit. 1837 wandte sich Johanna Schopenhauer in einem Brief an Großherzog Carl Friedrich. Das Handelshaus, bei dem sie den größten Teil ihres Vermögens angelegt hatte, war schon Jahre zuvor in finanzielle Schieflage und sie selbst darüber in materielle Not geraten. Die angebotene Hilfe ihres Sohnes Arthur, der sich das Erbe vorher von ihr hatte auszahlen lassen, schlug sie aus. Carl Friedrich gewährte ihr eine Ehrenpension und rief sie samt Tochter Adele aus Bonn, wo die beiden untergekommen waren, zurück in sein Großherzogtum, wo Johanna im Jahr darauf in Jena verstarb.

Am 17. Oktober 1837 verstarb Hofkapellmeister Johann Nepomuk Hummel. Der Mozartschüler hatte Weimar zu Glanz in der Musikwelt verholfen, und der Ehrgeiz war da, das musikalische Ansehen der Stadt zu bewahren, wenn nicht sogar zu steigern. Man hoffte nun, für die Nachfolge niemand geringeren als Felix Mendelssohn Bartholdy zu gewinnen. Der aber lehnte im März 1838 ab. Auch Franz Liszt hatte man gefragt. Ebenfalls ohne Erfolg. Mendelssohn Bartholdy kam immerhin zu einem Besuch, um am 25. Mai 1840 die Erstaufführung seines Oratoriums *Paulus* in der Stadtkirche zu leiten.

Die Enkel

Mit dem regierenden Großherzog schien ein neuer Aufbruch kaum in Sicht. Aber mit seinem Nachfolger vielleicht? Der gab zu Hoffnungen Anlass. Seine Mutter Maria Pawlowna nannte Erbprinz Carl Alexander von Sachsen-Weimar-Eisenach liebevoll Sascha. Am 24. Juni 1836 wurde er volljährig.

In Deutschland kämpften weiterhin viele Fürsten gegen Liberalitäts- und Freiheitsbestrebungen. Am 12. Dezember 1837 entließ Ernst August I., der König von Hannover, sieben Göttinger Professoren, die sogenannten Göttinger Sieben. Sie hatten gegen die Aufhebung der liberalen Verfassung von 1833 protestiert. Drei von ihnen wurden des Landes verwiesen. Unter ihnen Jakob Grimm. Daraufhin brachte Bettina von Arnim bei ihrem Besuch des Weimarer Hofes im Oktober 1838 die Idee ins Spiel, Jakob und Wilhelm Grimm nach Weimar zu holen. Sie könnten dort doch die Leitung der Großherzoglichen Bibliothek übernehmen. In einem Brief vom 5. Februar 1839 an die Grimms berichtete sie, dass nicht etwa der regierende Großherzog, sondern »der Erbgroßherzog die große Sehnsucht habe, Weimar wieder emporzubringen und von welchem Nutzen es sein könnte, wenn ihr dort ungestört in den Archiven der Bibliothek arbeiten könntet usw. und noch anderes.« Und sie fragte, nachdem die Brüder offenbar schon Interesse signalisiert hatten: »Habt Ihr noch immer Lust nach Weimar zu ziehen?« Doch die Idee zerschlug sich. Maria Pawlowna war zwar dafür. Sie mochte die Grimms. Jedoch Carl Friedrich befürchtete Ärger mit Hannover.

Als sich Maria Pawlowna mit dem nun 20-jährigen Erbprinzen Carl Alexander 1838 auf der Wartburg über Eisenach aufhielt, entstand wohl die Idee, den Komplex, der sich in sehr schlechtem Zustand befand, wieder aufzubauen. Mit der Restaurierung der Wartburg, die Maria ihm nun anvertraute, sollte Carl Alexander auch auf seine späteren Aufgaben vorbereitet werden. Er nahm sich dessen mit Eifer an.

Carl Alexander war – bei all seinem Enthusiasmus – von allen in den nächsten Jahrzehnten Handelnden allerdings derjenige, der sich wohl am stärksten den alten Zeiten verbunden fühlte. Carl Alexanders Erzieher war Frédéric Soret gewesen, der sich nicht als Höfling, sondern als Genfer Bürger identifizierte. Sorets Vater, der Hofmaler bei Katharina II. gewesen war, kannte Maria Pawlowna aus ihrer Kindheit. Bevor sie Soret in die Dienste des Hofes stellte, hatte Maria Pawlowna Goethe um Rat gefragt, und der hatte sie bestärkt. Sorets Ziel war es gewesen, Carl Alexander »als Mensch und nicht als Prinz« zu erziehen; er achtete bei seinen Erziehungsmethoden auf das Wesen und das Wohl des Kindes, das Pflichtgefühl, Selbstdisziplin und Verantwortungsgefühl entwickeln sollte. Mit Goethes Vertrautem Eckermann hatte Carl Alexander *Torquato Tasso* gelesen und war von ihm in die englische Sprache und dann vor allem in die deutsche Literaturgeschichte eingeführt worden. Carl Alexander verbrachte viel Zeit seiner Kindheit im Haus Goethes, der eine Art zweiter Großvater für ihn wurde und ihn in den verschiedensten Wissenschaften unterwies.

Ein enger Kindheitsfreund Carl Alexanders wurde Goethes Enkel Walther von Goethe. Im gleichen Jahr geboren, blieben sie trotz vieler Aufs und Abs lebenslang befreundet. Walther und der zwei Jahre später geborene zweite Goethe-Enkel Wolfgang wuchsen unter liebevoller Begleitung des Großvaters auf und lernten viele Größen der Zeit in dessen Haus kennen. Gemeinsam mit Carl Alexander durften sie am Frauenplan unbehelligt spielen und aus den Fenstern klettern. Und Goethe lächelte dazu. Walther von Goethe galt früh als musikalisch begabt. Auf Wunsch des Großvaters nahm ihn Felix Mendelssohn Bartholdy unter seine Fittiche. Der aber erkannte bald, dass Walthers Talent wohl nicht für die große Bühne ausreiche.

Für die Wartburg hatte selbstverständlich auch schon Goethe Ideen gehabt. Er hatte an einen Ausstellungsort für alte deutsche Kunst gedacht. Das Wartburgfest aber und alles damit verbundene aufrührerisch Nationalistische hatte dann sein Interesse erstickt.

Carl Alexander ließ nun die Ruinen ausmessen und Pläne entwickeln, wie sie wieder aufzubauen seien. Ab 1838 stellte man in Weimar erhebliche Finanzmittel zur Restaurierung und Erneuerung der Wartburg bereit. Man erkannte, dass sie für die allgemeine Selbstvergewisserungssuche in der Vergangenheit, die nicht nur Weimar, sondern ganz Deutschland ergriff, mit ihrer Geschichte eine Fundgrube für die Pflege von Mythen und Gemeinsamkeit bot: Luther, der Sängerkrieg, die Heilige Elisabeth. Ein romantischer Ort in der Mitte Deutschlands, auf den alle schauen konnten. Gelegen im Herzogtum Sachsen-Weimar-Eisenach, das Carl Alexander, der Enkel Carl Augusts und auf gewisse Weise auch der Goethes, zu neuer Größe und Bedeutung führen wollte.

Vielleicht aber auch mit Musik ins Morgen

Am 1. April 1840 kam Franz Liszt nahezu unbemerkt zu einer Stippvisite nach Weimar. Er war nun 28 Jahre alt, ein hochgewachsener schlanker Mann von etwa 1,85 Meter Größe, hager mit langen Pianistenfingern. Ein Virtuose. Liszt war der vielleicht größte Musikstar seiner Zeit, europaweit verehrt und bejubelt. Frauen fielen in Ohnmacht, wenn er spielte. Viele leidenschaftliche Affären mit Bewunderinnen begleiteten sein Leben.

Liszt hatte kurz zuvor in Leipzig und Dresden konzertiert und eine Lesung von Goethes *Faust* erlebt. Er kannte das Werk bereits in französischer Übersetzung. Nun, nach dem Erlebnis eines Vortrags in der Ursprungssprache, besuchte er das Haus am Frauenplan. Niemand außer dem Verwalter Kräuter hatte wohl zunächst von diesem frühen Besuch des Meisters in Weimar erfahren, der sich in das Gästebuch eintrug, was erst Jahre später entdeckt wurde.

Menschen brauchen Orte. Sie bieten Heimat, Anregung, Ruhe. Liszt brauchte einen Ort, der all das bot, zu jener Zeit wohl mehr als manch anderer. Er war erst elf Jahre alt gewesen, als Beethoven und Schubert sein Klavierspiel 1823 in Wien bewundert hatten, und schon zwei Jahre später, im Alter von nicht einmal 13 Jahren, war er in London und Paris gefeiert worden. Unzählige Konzertreisen hatten ihn in den vergangenen Jahren durch Europa geführt, bevor Liszt nun in der letzten Novemberwoche 1841 in Weimar als Musiker gastierte und drei Konzerte gab. Auch diesmal war das Publikum hingerissen und überwältigt.

In der Woche vor Liszts Auftritten hatte Clara Schumann, wie Clara Wieck nun nach ihrer Heirat mit Robert Schumann im Vorjahr hieß, ebenfalls in Weimar gespielt. Einem öffentlichen Konzert am 21. November war ein privates am 25. November 1841 bei Maria Pawlowna im Stadtschloss gefolgt. Beim öffentlichen Konzert war auch die 1. Sinfonie ihres Mannes aufgeführt worden. Robert Schumann notierte in sein Tagebuch: »Als Weimaraner waren sie sehr splendabel mit dem Beifall.«

Am Abend nach dem Privatkonzert, sie standen kurz vor der Abreise, saßen die beiden Schumanns mit dem Sänger, Schauspieler und Regisseur Eduard Genast, einem geborenen Weimarer, der seit 1833 am Theater die Leitung der Opernregie innehatte, im Speisesaal des Russischen Hofes. Plötzlich hörten sie ein lautes »Bon soir, Ihr Lieben!« Ein hochgewachsener, schlanker Mann mit glatten langen braunen Haaren stand da, und die Schumanns riefen wie aus einem Mund: »Liszt!« Kurz zuvor hatte Clara beim Privatkonzert im Schloss auch von ihm ein Stück gespielt. Liszt gesellte sich sofort zu der Runde, begrüßte alle, nahm neben Clara Schumann Platz und begann mit ihr zu plaudern. Sie bewunderte eine Schmucknadel, die Liszt am Revers trug. Der nahm diese sofort ab und schenkte sie ihr.

Am 26. November 1841 spielte Liszt im kleinen Kreis für die Großherzogin Maria Pawlowna im Stadtschloss, die an zwei aufeinanderfolgenden Tagen erst Clara Schumanns und dann Franz Liszts Klavierkunst genießen konnte.

Eduard Genast freundete sich rasch mit Liszt an und gab während dessen Aufenthalts eine größere Abendgesellschaft, bei der Liszt sich lange und angeregt mit Karoline von Heygendorf unterhielt. Schließlich bat er sie, etwas zu singen. Und er begleitete sie am Klavier. Danach wollte er aufstehen, doch Karoline von Heygendorf bat ihn nun, den *Erlkönig* zu spielen. Was er unter großem Jubel der Anwesenden tat.

Nach seinem Gastspiel in Weimar erhielt Liszt die Einladung, bei den Hochzeitsfeierlichkeiten des Erbprinzen Carl Alexander zu spielen. Und es gelang, Franz Liszt vertraglich an Weimar zu binden. Am 2. November 1842 ernannte Carl Friedrich ihn zum Kapellmeister. Liszt wurde in diesem Amt dazu verpflichtet, pro Jahr im Winterhalbjahr für drei Monate das Orchester zu leiten. Eine Pflicht, die Liszt zunächst nur unzureichend erfüllte, während der festangestellte Kapellmeister André-Hippolyte Chélard weiter das Tagesgeschäft besorgte.

Brautwahl wie gehabt

Maria Pawlowna hatte zur Braut ihres Sohnes Sophie von Oranien-Nassau, Prinzessin der Niederlande, gewählt. Sophie war eine Tochter des Königs Wilhelm II. und dessen Frau Anna Pawlowna, einer Schwester Marias. Am 8. Oktober 1842 feierte man Hochzeit in Den Haag. Klein und grazil reichte Sophie ihrem Cousin und Bräutigam Carl Alexander kaum bis zur Schulter.

Sophie brachte, wie einst schon ihre Tante, ein großes Vermögen mit nach Weimar. Die alleinige Verfügungsgewalt darüber aber ließ sie sich nicht nehmen. Sophie war von lebhaftem und verbindlichem Wesen, doch wenn gefordert, konnte sie rasch auf höfische Strenge umschalten, was ihr mit zunehmendem Alter stärker und konsequenter gelang. Bis zu ihrem zehnten Lebensjahr in einer eigenen Meierei des Hofes aufgewachsen, in allerlei häuslichen und ländlichen Handfertigkeiten ausgebildet, dort oft niederländische Holzschuhe tragend, hatte sie Kochen und Gärtnern gelernt. Dank ihrer schulischen Ausbildung beherrschte sie fünf Sprachen, darunter Deutsch. Als sie 1834 als 10-Jährige mit ihrer Mutter Anna deren Schwester Maria Pawlowna in Weimar besucht hatte, hatte sie sich für das hochmütige Auftreten der Mutter geschämt. Damals waren sich Sophie und Carl Alexander zum ersten Mal begegnet. 1839 bei Carl Alexanders Rückkehr aus England hatten sie sich dann in den Niederlanden erneut getroffen. Im Jahr darauf wurde Sophies Vater als Wilhelm II. König seines Landes. Er integrierte Sophie in die Pflichten der Hofhaltung, sie reiste für den Hof nicht zuletzt 1841 nach Sankt Petersburg, wohin zu dieser Zeit auch Maria und ihr Sohn Carl Alexander kamen. Im Frühjahr 1842 hatten sich Sophie und Carl Alexander dann verlobt.

Carl Alexander, der nun mit Sophie ebenfalls viel auf Reisen war – in Russland, England und Italien –, nannte man in Weimar mittlerweile auch »Carl Alexander den Auswärtigen«. Er traf Metternich, Garibaldi und die junge britische Königin Victoria. Mit dem Kaiser von Russland Alexander II. verband ihn eine lebenslange Freundschaft.

Der Zauber der Musik, insbesondere der neuen Musik, die sich entwickelte, umgab Weimar weiterhin. Vielleicht war das tatsächlich der Weg zu neuer Größe. 1843 kam Hector Berlioz erstmals in die Stadt. 1829 hatte er als sein erstes Werk die als

Schauspielmusik konzipierte Komposition *Huit scenes de Faust* fertiggestellt, nachdem er im Jahr zuvor mit großer Faszination Gérard de Nervals französische Übersetzung von *Faust* gelesen hatte. Berlioz sandte die Noten des Werks an Goethe. Die erhoffte Reaktion aber blieb aus, da Goethe die Partitur an seinen Freund Zelter weitergereicht hatte, der ein vernichtendes Urteil darüber abgab.

Oder doch wieder das Wort? Der Gedanke stand plötzlich konkret am 24. Juni 1844, dem 26. Geburtstag von Erbgroßherzog Carl Alexander, im Raum. Das war auch Goethes Alter gewesen, als der einst in Weimar eingetroffen war. An diesem Geburtstag Carl Alexanders kam der vor allem in Deutschland wegen seiner Märchen sehr populäre dänische Dichter Hans Christian Andersen nach Weimar. Zwei Tage später lernte er Carl Alexander auf Schloss Ettersburg kennen. »Die Sommerhitze drückte«, notierte Andersen im Tagebuch. Andersen war 40 Jahre alt. Und er war mit der Kutsche eingetroffen. Zwar wurden überall Eisenbahnlinien errichtet, doch Weimar lag auf keiner Strecke. Vielleicht, der Gedanke bot sich geradezu an, wäre Andersen bereit, Carl Alexanders Goethe zu werden. »Der Herzog war sehr liebenswürdig, ich könnte ihn zu meinem Freunde wählen, wenn er nicht Herzog wäre«, sinnierte Andersen.

Und die Musik? Erst am 7. Januar 1844, mehr als ein Jahr, nachdem er zum Kapellmeister berufen worden war, debütierte Liszt in Weimar als Dirigent. Danach reiste er nach Dresden. Dort lauschte er der Oper *Rienzi* des jungen Richard Wagner, der Liszt mit völlig neuen Toneinsätzen berauschte. Eine besondere Freundschaft bahnte sich an. Mit Folgen auch für Weimar.

Liszt zieht nach Weimar

Liszt näherte sich Weimar innerlich allmählich an. In einem Brief an Erbgroßherzog Carl Alexander schwärmte er am 6. Oktober 1846: »Weymar, mein Fixstern, Weymar, die Heimat des Ideals.«

Liszt gab an, »bescheiden« seien seine »Bestrebungen an Weymars ruhmreiche Überlieferung anzuknüpfen«, und er vergaß nicht den Hinweis, wie sehr ihn ihre Kaiserliche Hoheit Maria Pawlowna einst ermutigt habe.

Das klang, da Liszt sich doch seit Jahren mehr oder minder entzog, ermutigend für Carl Alexander. Der hoffte, noch ein weiteres Eisen für einen Neuaufbruch Weimars im Feuer zu haben. Denn: »Es kommt mir wie ein halbes Märchen vor, dass ich hier in Weimar einen kleinen Goethe spiele«, notierte Hans Christian Andersen im gleichen Jahr. Mit Degen und Dreispitz – das musste bei Hofe in Weimar noch immer sein – besuchte er einen prunkvollen Hofball. Die prachtvollen erleuchteten Säle bezauberten ihn; jedoch: das viele Stehen.

Endlich wurde 1846 in Weimar ein Bahnhof eröffnet. Die Stadt war nun Endstation einer Eisenbahnstrecke, die aus Halle an der Saale kam. Im Jahr darauf erweiterte man die Anbindung gen Westen nach Erfurt.

Liszt erzählte per Brief seiner damaligen Lebenspartnerin Marie d'Agoult von seiner Idee eines »Neuen Weimar«. Ihm schwebte ein Wirken der Musik auf andere Lebensbereiche vor, inspiriert unter anderem vom Geist des Klassischen Weimar. Beethovens Werk konnte er sich dabei als geistigen Anknüpfungspunkt vorstellen. Doch trotz aller Bekundungen, Liszt bewegte sich weiter durch die Welt und blieb Weimar weitgehend fern.

Im Juni 1847, auf einer Tournee durch die Ukraine, erreichte ihn ein seit Monaten hinter ihm hereilender Brief Carl Alexanders. Unter Vertrag als Kapellmeister stand er in Weimar seit fast schon fünf Jahren, doch Liszt kam dieser Aufgabe so gut wie nicht nach. In Weimar sehnte man sich derweil immer stärker danach, endlich wieder einen ganz Großen der Kunst vor Ort zu wissen, und auch aufgrund Maria Pawlownas musikalischer Neigung hatte man sich zunehmend auf die Musik verlegt. Nun kam Carl Alexanders dringender Hilferuf. Liszt antwortete, forderte Reformen und Geld, viel Geld für Investitionen.

Das Jahr 1848 begann, Liszt war noch immer in der Ukraine, reiste im tiefen Winter mit dem Hundeschlitten und gab drei Konzerte in Kiew. Im Publikum saß die Fürstin Carolyne von Sayn-Wittgenstein, die steinreiche Tochter eines polnischen Gutsbesitzers. Vermutlich vor allem wegen ihres Vermögens war sie so begehrt gewesen, dass sie bereits mit 17 Jahren mit dem Fürsten Nikolaus von Sayn-Wittgenstein verheiratet worden war. Carolyne war außerordentlich gebildet, doch da sie viel, gerne und laut redete und im Überschwang andere kaum zu Wort kommen ließ, war sie eine Frau, der Männer zwar viel, Frauen aber wenig Zuneigung entgegenbrachten. Hinzu kam, dass sie sich außergewöhnlich auffällig – und wie einige meinten: geschmacklos – kleidete und auch mit dem Rauchen von Havannazigarren häufig den Raum einnahm. Carolyne war klein gewachsen, hatte schwarze Haare und eine außergewöhnlich große Nase. Sie gehörte nun ebenfalls zu dem großen Kreis der Frauen, die Liszt verfielen. Sie lud ihn auf ihr Landgut im Westen der Ukraine ein. Er nahm die Einladung an, und sie kamen sich näher. Nach knapp zwei gemeinsamen Wochen reiste sie nach Sankt Petersburg und leitete alles in die Wege, um ihr Vermögen ins Ausland zu schaffen. Carolyne von Sayn-Wittgenstein war entschlossen, sich scheiden zu lassen und fortan mit Liszt zusammenzuleben. Weimar, wo man so hartnäckig nach ihrem neuen Geliebten rief, könnte dafür ein guter Ort sein. Auch Liszt erwärmte sich für die Idee immer mehr. Er war der Konzertreisen müde und wollte mit der neuen Frau in seinem Leben zusammen sein. Sie bestärkte ihn nun, fortan als Komponist und Dirigent zu arbeiten. In Weimar.

Im Februar 1848 kam Liszt, der sich als Ungar und als Europäer sah, also tatsächlich in die kleine Residenzstadt, die nun etwa 13 000 Einwohner hatte. Die Zahl war seit 1830 kaum gestiegen. Liszt kam mit großen Plänen für sich und die Stadt. Hier in Weimar müsse es nun um Musik gehen, aber auch um die Kunst als Ganzes. Nicht um Eitelkeit. Auch eine Eitelkeit in Bezug auf seine Kompositionen wollte er nicht zulassen. Schon am 16. Februar 1848 brachte er in Weimar als erste Aufführung die Oper *Martha* von Friedrich von Flotow auf die Bühne. Er dirigierte.

Es ist nicht zu leugnen, Liszt war nach Goethes Tod der erste große Geist, der in Weimar wohnte und der über Deutschland hinaus Menschen anderer Kulturhintergründe etwas sagte. Doch Liszt war trotz der Vielseitigkeit seiner Interessen kein Universalmensch wie Goethe. Aber wer ist das schon?

Liszt sprach am liebsten Französisch, doch zunehmend reüssierte er im Deutschen. Dennoch, die Einwohner Weimars fremdelten mit ihm, und das Befremden wuchs, als im April seine Lebenspartnerin Carolyne von Sayn-Wittgenstein samt ihrer Tochter Marie in der Stadt eintraf. Sie bezogen die dreigeschossige klassizistische Villa Altenburg. Liszt wohnte im ersten Jahr aus Schicklichkeitsgründen – man war ja nicht verheiratet – im Gasthof Zum Erbprinzen. Die beiden Liebenden hofften, dass der Weimarer Hof etwas zugunsten Carolynes Scheidung erreichen würde. Doch deren Mann bestand weiterhin darauf, die Ehe aufrechtzuerhalten. Er wollte den Zugriff auf das Vermögen seiner Frau nicht verlieren. In Kaiser Nikolaus von Russland fand er einen Fürsprecher, der wiederum auf seine Schwester Maria Pawlowna Druck ausübte. Auch die Kirche lehnte eine Scheidung ab. Trotz dieser Widerstände blieb Carolyne von Sayn-Wittgenstein standhaft und hielt weiter zu Liszt.

Die Altenburg wurde zu einem von vielen gerne besuchten Ort der Gastfreundlichkeit. Karl Gutzkow und Friedrich Hebbel kamen, die Maler Moritz von Schwind und Wilhelm Kaulbach, die Schriftsteller Gustav Freytag und Hans Christian Andersen.

Der Zustand des Orchesters in Weimar schockierte Liszt. Nur 35 Musiker standen ihm zur Verfügung. Einige davon Amateure, alle schlecht bezahlt. Der Chor wirkte in seinem Vortrag bemitleidenswert, wenn man nach dem Urteil von Berlioz geht, der von »kreischenden Unglücksraben« sprach. Liszt machte sich an Verbesserungen. Er probte und probte, und ihm gelang es bald, ein über Weimar hinaus wahrgenommenes Programm auf die Beine zu stellen. Auch eigene Werke gehörten dazu. Wie seine *Bergsymphonie*, die zu den Gründungswerken der neuen Gattung der Symphonischen Dichtung zu zählen ist. Damit griff die Musik in andere Künste und lotete – auch zweifellos im Sinne Goethes – letztlich sogar aus, was alles mit Musik zu beschreiben sei. In ihr atmete ein Jetzt. Es atmete Zukunft.

Revolutionen und Beharren

Im März 1848 brach in Deutschland eine Revolution aus. Es war nur eine von vielen, die Europa in diesem Jahr erschütterten. Es ging weiterhin um Freiheit und um die Überwindung der Restauration, um Bürgerbeteiligung, um nationale Unabhängigkeit. Demonstrationen, Straßenkämpfe mit Polizei und Militär. Im Januar hatte es mit Erhebungen in Italien begonnen und sich im Februar in Frankreich fortgesetzt.

Was Revolutionen betraf, hielt man sich in Weimar weiterhin eher zurück. Man demonstrierte zwar, und man forderte. Zwar gingen Fenster zu Bruch, doch im Wesentlichen verhielt man sich friedlich. Carl Friedrich gewährte nahezu alle Wünsche, die Abordnungen der Bürger an ihn herantrugen, und schenkte der Stadt eine schwarz-rot-goldene Fahne. Sie wurde auf dem Rathaus gehisst. Und Weimar überraschte: Weimarer Bürger taten sich zusammen, um das Fürstenhaus vor Revolutionären zu schützen. Sie gründeten eine Bürgerwehr, die auf der Sternwiese vor Goethes Gartenhaus exerzierte und sich auch auf Goethe als Verächter allen Umsturzes berief. Bald wurde die Fahne auf dem Rathaus eingeholt. Doch andere Bürger des Großherzogtums wanderten in die USA aus. Sie hatten wohl mehr Freiheit und Aufbruch gewollt, waren aber still geblieben oder hatten kein Gehör gefunden.

Eine seltsame Reaktion war das. Weite Teile des Volks in der Residenzstadt scharten sich um den Fürsten; dies wohl vor allem aus Furcht vor den Unsicherheiten der Veränderung. Währenddessen aber tat in all den Wirren das Großherzogtum Sachsen-Weimar-Eisenach Schritte hin zu einer konstitutionellen Monarchie. Die wirtschaftliche Macht des Großherzogs wurde nun begrenzt, das Domänenvermögen in staatliche Verwaltung übergeben. Das Fürstenhaus hatte sich mit einer Zivilliste zufriedenzugeben, die allerdings sehr üppig bemessen war. Später bekam es sogar Schlösser und Parks, sogenanntes Krongut, zurück. Der Versuch aber, sogar den Zugriff auf die Domänen zurückzuerhalten, scheiterte, auch am liberal-konservativen Landtag.

Ende August 1848 besuchte Wagner Liszt zum ersten Mal in der Altenburg. Am 12. November 1848 dirigierte Liszt bei einem Hofkonzert die Ouvertüre von *Tannhäuser*. Es war das erste Mal, dass Liszt die Musik Wagners aufführte. Wagner hatte einer Probe beigewohnt und schwärmte von Liszts Interpretation: »Was ich fühlte, als ich diese Musik erfand, fühlte er, als er sie aufführte; was ich sagen wollte, als ich sie niederschrieb, sagte er, als er sie ertönen ließ.«

Das Thema der Oper war dem Weimarer Fürstenhaus sehr nahe. In voller Länge lautet der Titel der Oper *Tannhäuser und der Sängerkrieg auf Wartburg*. Die ganze Oper führte Liszt dann am 16. Februar 1849 auf. Es war der Geburtstag Maria Pawlownas.

1849 erhielt nach Jahren der Vorbereitungen der Architekt Hugo Ritgen den Auftrag, die Wartburg zu renovieren. Nach vielen weiteren Diskussionen begannen 1853 die Bauarbeiten. Die Burg sollte teils Museum, teils Wohnort der herzoglichen Familie werden. In einer Mischung aus denkmalkonservatorischer Pflege und neu geschaffenen, teils neuromantisch gestalteten Räumen und Einrichtungen setzte man das Vorhaben um. Franz Liszt fungierte als Berater. Er vermittelte für die Bildsprache Moritz von Schwind. Der schuf einen Wandzyklus zur Legende um die Heilige Elisabeth sowie das zentrale Sängerkriegsfresko. Maler der Weimarer Kunstschule wie Paul Thumann schufen für die Reformationszimmer einen Bildzyklus zu Martin Luther.

Auf der Suche nach dem Charakter der eigenen Kultur war das Mittelalter als Identifikationsepoche längst Allgemeingut geworden. Die Bewegung der Romantik und die Bestrebungen zur Schaffung eines deutschen Nationalstaats gehörten dabei zu den maßgebenden Antriebskräften. Sie griffen mit Gedanken und Sentiment auf vermeintliche Fundamente des Deutschen wie den Wald, das Mittelalter mit den Burgen, die Mythen der Ritter, deutsche Sagen, Märchen und Lieder, die Zünfte und das Christentum zurück.

Im Mai 1849 war Richard Wagner auf der Flucht. Er wurde steckbrieflich gesucht und sogar in Abwesenheit zum Tode verurteilt. Der Dresdner Hofkapellmeister hatte sich aktiv am Dresdner Maiaufstand vom 3. bis 9. Mai beteiligt. Von den Barrikaden in Dresden floh er über Chemnitz nach Weimar. Am 13. Mai 1849 traf er dort ein und suchte Hilfe bei Liszt. Der quartierte ihn im Gasthof Zum Erbprinzen ein und empfing ihn auf der Altenburg. Wagner wurde in Weimar geduldet, und schließlich gelang ihm, unterstützt von Liszt und Carolyne von Sayn-Wittgenstein, mit einem falschen Pass die Flucht in die Schweiz.

Liszt treibt die Revolution der Musik voran

Trotz aller Widrigkeiten wurden die Jahre in Weimar zu Liszts produktivster Zeit. Hier schuf er seine *Sinfonischen Dichtungen* und die *Klaviersonate*. Auch die meisten seiner theoretischen Schriften entstanden hier. Am 28. August 1850 zu Goethes 101. Geburtstag inszenierte Liszt Wagners *Lohengrin*. Maria Pawlowna hatte 2000 Taler aus ihrer Privatschatulle zur Finanzierung der Inszenierung beigesteuert. Der französische Schriftsteller Gérard de Nerval und die deutschen Komponisten Giacomo Meyerbeer und Robert Franz waren eigens angereist. Das Weimarer Publikum zeigte weniger Interesse als die Fachwelt. Maria Pawlowna kaufte deshalb selbst zahlreiche Karten und ließ sie kostenlos verteilen, woraufhin sich dann doch eine ansehnliche Schar Weimarer und Weimarerinnen zur Aufführung bequemte. Die Aufführung dauerte vier Stunden und ging in die Geschichte der Musik ein. Später inszenierte Liszt mit dem *Fliegenden Holländer*, *Tannhäuser* und *Lohengrin* eine Wagner-Woche und tat damit in Weimar erste entscheidende Schritte zu Wagners weltweitem Ruhm.

Kennzeichnend auch in diesen Tagen war: Der Hof gab immer noch den Takt der Stadt an. Andere Gesellschaftsschichten kaum. Sie reagierten eher, schlossen sich dem Vorgegebenen an. Im Theater saß der Hof nach wie vor streng getrennt vom Bürgertum. In einer kleinen Stadt, in der alles wirtschaftliche Wohl und Wehe vom Hof, von der Staatsmacht abhängt, kann der bürgerliche Freiheitssinn träge sein.

Liszt sammelte schon seit längerem Schüler um sich und kümmerte sich aufopferungsvoll um sie. 1850 gelang es ihm, den erst 19-jährigen Geigenvirtuosen Joseph Joachim als Konzertmeister nach Weimar zu holen. Joachim hatte als Wunderkind mit sieben Jahren Konzerte gegeben und war von Mendelssohn Bartholdy gefördert worden. Im Jahr darauf kam Hans von Bülow, den Liszt schon seit Jahren kannte und wie einen eigenen Sohn behandelte. Der von Wagner begeisterte Bülow gab sein Jurastudium auf und schloss seine pianistische Ausbildung bei Liszt ab. Wie dieser lebte auch der hochbegabte Pianist Karl Tausig drei Jahre als Gast in der Altenburg. Letzterer war erst 14 Jahre alt, als er 1855 wie so viele große Talente der Zeit zu Liszt kam. Auch er wurde gehätschelt. Doch es waren noch sehr viel mehr, etwa Karl Klindworth, Julius Reubke, Alexander Ritter, Hans von Bronsart. Sie verehrten Liszt und die Musik Wagners. Und da waren auch noch Peter Cornelius und Joachim Raff. Und der Dichter Hoffmann von Fallersleben.

Kurz vor dem 100. Geburtstag Goethes hatten Größen wie Friedrich von Schelling, Alexander von Humboldt und Peter Cornelius einen Aufruf veröffentlicht, in dem Weimar die Rolle zugeteilt wurde, die Kunst für die Nation zu fördern und von dort aus zu verbreiten. Liszt griff die Anregung auf und entwickelte den Plan einer Goethe-Stiftung. Diese sollte jährlich eine Art Olympische Spiele der Kunst veranstalten und Preise vergeben; er sah für die Stadt so etwas wie eine Rolle als »Neu-Athen« vor. Doch die Idee blieb zunächst Idee.

1851 kaufte Maria Pawlowna die Altenburg und stellte sie Liszt kostenlos zur Verfügung. Im Haus kamen mehrere Flügel unter, auch ein Spinett aus Mozarts Besitz, zudem fand dort nun Liszts Sammlung von handschriftlichen Partituren ihren Platz. Am Vormittag komponierte Liszt gewöhnlich in seinem Arbeitszimmer, dem »Blauen Zimmer«, einem kleinen Anbau mit Blick auf den Garten. Er hatte die Musik meist bereits im Kopf und notierte sie direkt.

Liszts Lebensgefährtin Carolyne von Sayn-Wittgenstein wurde nach wie vor von vielen Weimarern geschnitten. Sie war zu sehr Russin mit ihrem Akzent, zu fremd mit ihren bunten Kleidern, zu exotisch mit ihren Zigarren. Zudem war sie Katholikin. Jedoch Liszt und ihr bot der Katholizismus zunehmend eine Zuflucht.

1851 erkundigte sich Wagner bei Liszt, was denn von Weimar zu erhoffen sei. Er sehe nur »die Stupidität, die Bornirtheit, die Gemeinheit und – den leeren Dünkel eifersüchtiger Hofdiener«. Aber Liszt hielt an Weimar fest. Auch und gerade, weil er von dort die Musik Wagners der Welt bekannt machen wollte. Wagner hingegen, voller materieller Sorgen, zugleich aber zutiefst von seiner überragenden Bedeutung für die Welt überzeugt, überzog Liszt in seiner Geldnot mit Bittbriefen und war sich dabei nicht zu schade, Liszt hemmungslos dafür einzuspannen, dass er am Weimarer Hof für ihn bettelte.

Komische Jahre waren das in Weimar. Es war eine Kippzeit. Denn im Vergleich zu den Bürgern schien es das Fürstenhaus zu sein, das im Versuch des Festhaltens an seiner herkömmlichen Macht zumindest in Teilen die wahre revolutionäre Kraft entfaltete. Während allerorten in Europa Fürstenhöfe eher konservativem Gedankengut anhingen, eher selten den Fortschritt in den Künsten der Zeit förderten und sich eher des Drängens aus dem Volk und Bürgertum erwehrten, endlich Veränderungen zuzulassen und neue Wege zu beschreiten, schien es in Weimar fast umgekehrt zu sein. Hier waren es die Bürger, die Fremde wie Liszt und seine Lebensgefährtin argwöhnisch betrachteten. Es waren die Bürger, die der neuen Musik äußerst skeptisch lauschten.

Doch Weimar, einst eine Hochburg der modernen deutschen Literatur seiner Zeit, wandelte sich nun trotz allen Fremdelns in der breiten Bevölkerung zu einem Zentrum der fortschrittlichen Musik. Als Pianist hatte Liszt seinen Ruhm begründet, nun in Weimar setzte er als Komponist und als Musikimpresario Meilensteine. So gilt seine *h-Moll-Klaviersonate* als bahnbrechend. Er beendete sie am 2. Februar 1853. Die alten musikalischen Abfolgen wie Intro, Reproduktion, Reprise, Coda sind noch vorhanden, lösen sich aber in der Komposition zu einem atemberaubenden Fluss aus Grenzbefragungen des Innenlebens auf.

Liszt war in dieser Zeit schwer belastet. Er und Carolyne kämpften mit gesundheitlichen Schwierigkeiten sowie der Atmosphäre in Weimar. Die mangelnde Unterstützung und die Anfeindungen beschwerten ihre Seelen. Doch in ebendieser Zeit schuf Liszt einige seiner bedeutendsten Werke, insbesondere auf dem Gebiet der Programmmusik, die von ihm, Berlioz und bald Wagner in dieser Zeit wesentlich geprägt wurde. Die Programmmusik eröffnete eine neue Wahrnehmung. Die Hörer lauschten nicht nur der Musik, sondern folgten beim Hören einer Erzählung, etwa einer bekannten Geschichte. Insofern war und ist die Programmmusik ein Unternehmen, bei dem die Grenzen zwischen den Künsten niedergerissen werden sollen.

Für die Musik und die Ideen Liszts, Berlioz' und Wagners prägte in Leipzig der Musikkritiker Franz Brendel, der von Robert Schumann die Redaktion der *Neue Zeitschrift für Musik* übernommen hatte, den Begriff »Neudeutsche Schule«. Aber dieses »Neudeutsche« war vor allem europäisch. Mit Liszt, der sich als Ungar und Europäer verstand, mit dem Franzosen Berlioz.

In Liszts Wirken in Weimar lag eine Chance. Sie wurde genutzt und zugleich vertan. Goethe, Wieland und Schiller waren die Avantgarde ihrer Tage gewesen. Liszt war die neue Avantgarde. Doch diese hatte es nun, in dieser Zeit, so viel schwerer als einst Goethe und seine Mitstreiter.

In den Jahren 1852, 1855 und 1856 kam Berlioz zu den »Berlioz-Wochen« in die Stadt. Am 20. Mai 1852, während der ersten Berlioz-Woche, führte Liszt mit großem Erfolg in Weimar dessen Oper *Benvenuto Cellini* auf. Berlioz wurde in dem sonst konservativen Weimar gefeiert, während er in seiner Heimat Frankreich weiter auf große Ablehnung stieß. 1855 führte er in Weimar mit großem Erfolg eines seiner Hauptwerke, die *Symphonie fantastique*, auf, die er bereits 1830 komponiert hatte und die als »musikalisches Drama«, wie Berlioz die Sinfonie bezeichnete, als das Gründungswerk der Programmmusik gilt.

An jenem 20. Mai 1852 war auch Hans Christian Andersen erneut in Weimar eingetroffen. Er besuchte während seines Aufenthalts mehrere Male Liszt und Carolyne. Im Tagebuch notierte er: »Er und die Fürstin kommen mir vor wie Feuergeister, sie lodern und flammen, sie können einen augenblicklich erwärmen, doch nähern darf man sich ihnen nicht, dann verbrennt man.« Am 10. Juni reiste Andersen ab.

Mit Carl Alexander

Am 8. Juli 1853 wurde Carl Alexander Großherzog. Sein Vater Carl Friedrich war an diesem Tag verstorben. Die Regierung trat er am 28. August an. Das war auch Goethes Geburtstag.

Von Ende Juni bis Anfang Juli kam Andersen erneut für wenige Tage nach Weimar. Das Verhältnis zum nun neuen Großherzog begann sich allmählich abzukühlen. Der Briefwechsel ebbte auf Andersens Seite ab. Vielleicht auch, weil er die zu hohen Erwartungen Carl Alexanders erkannte und von sich selbst wusste, er könne kein zweiter Goethe sein. Andersen, der gerne und oft reiste – insbesondere in Deutschland –, begann nun, um Weimar einen Bogen zu machen.

Doch andere kamen. Die Engländerin Mary Ann Evans sprach deutsch und kannte sich gut in der deutschen Literatur aus. Sie wurde Jahre später berühmt unter dem Pseudonym George Eliot. Ihr Roman *Middlemarch* ist ein Klassiker der Weltliteratur. Im Sommer 1854 reiste sie mit ihrem Lebensgefährten George Henry Lewes nach Deutschland, der an einer Biographie über Goethe arbeitete. Er und George Eliot wollten in Weimar mit Menschen sprechen, die Goethe noch gekannt hatten. Auf der Reise besuchten sie zunächst Goethes Geburtshaus in Frankfurt. Danach ging es von Frankfurt mit dem Zug nach Weimar. Dort nahm das Paar Quartier im Gasthof Zum Erbprinzen.

Von dem Erlebten während des schließlich dreimonatigen Aufenthalts in Weimar berichtete George Eliot später in zwei Essays. Statt des erwarteten »Athen des Nordens« hatte Weimar bei ihr zunächst den Eindruck eines »Sparta«, also eher den eines spröden, denn eines anregend lebendigen Ortes, hinterlassen. Doch vom Ilmpark war sie begeistert: Er steche sogar aus den Parks ihrer Heimat heraus. Überhaupt war George Eliot von der Schönheit des Umlands bezaubert. Und die neuen Bekanntschaften, die sie knüpfte, nahmen sie ein. Gustav Schöll, der Direktor der Kunsteinrichtungen, zeigte ihr und Lewes im Schloss die Dichterzimmer. Das Paar sprach mit dem hochbetagten und gebrechlichen Eckermann. Und mit Erlaubnis von Goethes Schwiegertochter Ottilie von Goethe durfte Lewes das Schlafzimmer und das Arbeitszimmer des Meisters besichtigen. Franz Liszt und Carolyne von Sayn-Wittgenstein luden sie zum Frühstück in ihrem Garten ein, bei dem Hoffmann von Fallersleben Gedichte vortrug. Sie lernten auch Carolynes 17-jährige Tochter Marie kennen, die später als Marie zu Hohenlohe-Schillingsfürst in Wien zu einer bedeutenden Salonniere und Mäzenin wurde. Schließlich spielte Liszt den Gästen eine eigene Komposition auf dem Klavier vor. George Eliot war begeistert. Da sei »nichts Seltsames oder Exzessives in seiner Art« gewesen. Überhaupt verbrachte das Schriftstellerpaar aus England während seines Aufenthalts in Weimar viel Zeit mit Liszt und dessen Familie, und an einigen Abenden in der Altenburg lauschten sie Clara Schumann am Klavier.

Im gleichen Jahr 1854 komponierte Liszt in nur zwei Monaten die *Faust-Sinfonie*. Das Faust-Thema beschäftigte ihn seit seiner ersten Begegnung mit Berlioz 1830, als dieser ihm seine Begeisterung für Faust geschildert hatte.

In Weimar versuchte Liszt weiterhin unermüdlich, etwas für ein Kulturleben des Jetzt und der Zukunft zu tun. Im November gehörte dazu die Gründung des Neu-Weimar-Vereins im Russischen Hof. Präsident des Vereins: er selbst. Gefeiert wurde die Gründung am nachfolgenden Silvesterabend in der Altenburg. Von Anfang an mischte August Heinrich Hoffmann von Fallersleben in dem Verein mit. Der stand für das zwischen Freiheitsdrang und dunklem Nationalismus schwankende Deutschland. *Das Lied der Deutschen*, das er 1841 geschrieben hatte und das später zur Nationalhymne wurde, stellte einen Spiegel dessen dar. Denn es besang Freiheit und Gleichheit ebenso wie nationalistische Selbstüberhebung. Der freiheitsliebende Hoffmann von Fallersleben war kein Charakter des Kompromisses und Ausgleichs. Und anders als einst Goethe grenzte er aus, lebte seinen Hass gegen Frankreich aus und verfasste antisemitische Gedichte. Als Freund Liszts und Anhänger vieler Ideen der Moderne trat er in Weimar nun im Kreis des Neu-Weimar-Vereins grob, laut, aufwiegelnd auf, was der Vermittlung der Absicht Liszts, zu neuen Ufern aufzubrechen, keinen guten Dienst tat.

Am 10. November 1856 empfahl Liszt, nachdem Wagner ihm bereits fertige Teile seines monumentalen Opernzyklus *Der Ring der Nibelungen* vorgeführt hatte, in einem Brief aus Zürich an Carl Alexander, das Werk unbedingt in Weimar aufzuführen. Ein Wagner-Theater müsse gebaut werden. Carl Alexander war angetan.

Verkehr und Wirtschaft. Eisenbahn, Telegraphie, Dampfschifffahrt, Industrie. 1855 war in London die erste Weltausstellung eröffnet worden. Die Nationen begannen nun in der fortschreitenden Industrialisierung und Technisierung miteinander zu konkurrieren. Carl Alexander erkannte, obwohl er vor allem den Künsten zuneigte, wie zunehmend wichtig und dringlich es war, die wirtschaftliche Entwicklung in seinem nach wie vor von der Landwirtschaft dominierten Land zu fördern.

Einiges gelang, etwa der Bau der Eisenbahnstrecke nach Weimar. Besonders das nordöstlich gelegene Apolda, das mancher bald das »thüringische Manchester« nannte, profitierte davon. Dort entwickelten sich nun vor allem die metallverarbeitende Industrie und die Textilindustrie. Damit verbunden erkannte Carl Alexander bald die nächsten Herausforderungen. Es galt der oft geringen Qualität der Massenproduktion entgegenzuwirken. Daher beschloss er, der Ausbildung im Kunsthandwerk besondere Aufmerksamkeit zu widmen.

Als erstes Denkmal für die Großen von Weimars klassischer Zeit hatte man noch 1850 unter der Regentschaft Carl Friedrichs vor der Stadtkirche das Herder-Denkmal enthüllt. 1857 folgte nun die Enthüllung des Goethe-Schiller-Denkmals. Es war seit Jahren eine Herzensangelegenheit Carl Alexanders gewesen, die viel Ärger und Debatten gekostet hatte. Nun aber sollte es vor dem Theater Weimars der Welt präsentiert werden. Alle sollten kommen und staunen.

»Das Leben ist auf Gegenseitigkeit begründet«, rief Carl Alexander per Brief Hans Christian Andersen zu. Der hatte sich immer rarer gemacht. Und Carl Alexander setzte hinzu: »also auf das gegenseitige Eingehen auf die Individualität. Wer dieses dem Nächsten gegenüber nicht thut, löst das Verhältniß zu ihm.« Andersen wisse um Carl Alexanders Wunsch, ihn bei den Feierlichkeiten rund um die Enthüllung des Goethe-Schiller-Denkmals im September in Weimar dabeizuhaben. Doch der sende nur »Phrasen statt der Anzeige Ihres Kommens«. Verletzt und wütend stieß Carl Alexander die großherzogliche Drohung aus: »Ich werde Ihnen nicht gut bleiben erkläre ich Ihnen wenn Sie fortfahren mich so zu behandeln und wenn Sie nicht zu dem 2,3,4,5 u. 6 September nach Weimar kommen.« Er schloss mit: »Also ich erwarte Sie in Weimar, so Gott will, sonst erkläre ich Ihnen den Krieg.« Andersen sagte sofort zu.

Als das Goethe-Schiller-Denkmal am 4. September 1857 zur Feier des 100. Geburtstags von Carl August vor dem Theater enthüllt wurde, dachte Andersen: »Schiller hat Ähnlichkeit mit mir.« Auch das Denkmal für Wieland wurde an diesem Tag feierlich enthüllt.

Das Goethe-Schiller-Denkmal, dessen Entwurf vorab heiß diskutiert und mehrfach verändert worden war, rief sofort Begeisterung hervor. Gegossen aus dem dunklen Stahl osmanischer Kanonen, erbeutet bei der Schlacht von Navarino, deren Ausgang zur Unabhängigkeit Griechenlands vom Osmanischen Reich geführt hatte, standen dort nun zwei überlebensgroße Figuren Goethes und Schillers nebeneinander, hoch oben auf einem mehr als mannshohen Sockel. Das Theater, in dem sie gewirkt hatten, in ihrem Rücken, reichen sie sich die Hände und schauen dabei in die Ferne. Als blickten sie nicht zurück, sondern in eine gute Zukunft. Goethe trägt die Hofkleidung eines Staatsministers, Schiller einen langen Gehrock. Der Bildhauer Ernst Rietschel hatte beide mit gleicher Größe gestaltet, obwohl Goethe mit knapp 1,70 Metern kleiner gewesen war als Schiller mit 1,80 Metern. Carl Alexander umarmte ergriffen den Schöpfer Rietschel.

Am nächsten Tag folgte die Uraufführung von Liszts *Faust-Sinfonie*. Die Tage vom 1. bis 6. dieses Festmonats umfassten auch den letzten Besuch des diesmal zum Kommen genötigten Hans Christian Andersen. Im Jahr darauf reiste er erneut nach Deutschland, auch in die Schweiz. Doch Weimar ließ er aus. Auch auf späteren Reisen nach Deutschland verzichtete er auf einen Abstecher dorthin.

Im Jahr 1857 kam Franz von Dingelstedt nach Weimar. Nachdem er zunächst dem liberalen und oppositionellen Lager angehört hatte und mit Heine, Herwegh und Freiligrath befreundet gewesen war, war er später in die Dienste der Fürsten und damit der Kräfte der Beharrung getreten: als Hofrat am württembergischen Hof, später als Intendant am Hoftheater in München. 1857 wurde er Intendant am Theater in Weimar. Liszt hatte ihm das vermittelt. Er sollte es bereuen. Denn zwischen ihnen, die eigentlich Freunde waren, kam es bald zu einem erbitterten Kampf zwischen Musik- und Sprechtheater.

Dieser gipfelte in einem Skandal, der sich während eines Konzerts entfaltete, das Liszt dirigierte. Von Dingelstedt von langer Hand vorbereitet, buhten und schrien und stampften Störer bei der Uraufführung der Oper *Der Barbier von Bagdad* von Peter Cornelius am 15. Dezember 1858 den Vortrag nieder. Liszt stand mit verschränkten Armen am Pult und blickte schweigend ins Publikum, zu dem auch Carl Alexander gehörte, der demonstrativ zur Unterstützung Liszts und Cornelius' klatschte. Doch die Zeiten waren nun andere. Der Fürst herrschte nicht mehr absolut, sondern verließ entsetzt die Loge.

Am 3. Juni 1859 verstarb Maria Pawlowna, Liszts eifrigste Förderin.

Kommen und Gehen

Liszt versuchte weiterhin Carl Alexander dafür zu gewinnen, für die Musik Wagners in Weimar ein Festspielhaus zu bauen. Ein größeres freies Grundstück neben der Altenburg wäre in Frage gekommen. »Wagners Werk«, so Liszt, »wird unser Zeitalter beherrschen als die monumentalste Leistung der gegenwärtigen Kunst.« Wagner war in der Tat das Neue, das Überwältigende, eine Art der Moderne. Doch Weimar ergriff die Gelegenheit nicht.

1860 klagte Liszt in einem am 14. September verfassten Testament: »Zu einer bestimmten Zeit hatte ich für Weimar eine neue Kunstperiode erträumt, ähnlich wie die von Carl August, wo Wagner und ich die Koryphäen gewesen wären wie einst Goethe und Schiller. Die Engherzigkeit, um nicht zu sagen der schmutzige Geist gewisser örtlicher Verhältnisse, alle Arten von Missgunst und Dummheit von draußen wie drinnen haben die Verwirklichung dieses Traumes zunichte gemacht.«

Carl Alexander waren in vielem die Hände stärker gebunden als dem großen Carl August. Die politischen Verhältnisse hatten sich geändert. Regierung und Landtag stimmten oft gegen die Vorhaben des Großherzogs. Insbesondere Liszts Ansinnen, Wagner nach Weimar zu holen, wurde torpediert. Insbesondere dem Duo Liszt und Wagner Macht und Mittel zu geben, davor schreckte man zurück.

Carl Alexander aber blieb hartnäckig auf Kulturkurs. Es gab die einst von Bertuch angeregte sowie von Goethe und Meyer an die handwerklich professionelle Ausbildung angenäherte Zeichenschule. Warum nicht eine Malerschule errichten, um Talente zu Meistern in dieser prestigeträchtigen Kunst heranzubilden?

So eröffnete am 1. Oktober 1860 eine Kunstschule, und da Carl Alexander möglichst viel Mitsprache wollte, gründete er sie als Großherzogliches Privatinstitut. Finanziert wurde die Schule aus Carl Alexanders »Zivilliste«, seinem ihm persönlich zur Verfügung gestellten Etat. Zu Professoren wurden neben anderen Franz Lenbach und Arnold Böcklin berufen. Lenbach war ein Schüler Pilotys; er schuf in diesem Jahr sein Gemälde *Hirtenknabe*, das ikonographische Bild des Jungen, der auf einem Hügel ausgestreckt auf dem Rücken liegt und hinauf in den Himmel blickt, gehalten in warmen sommerlichen Farben, die den Süden feierten. Der noch nicht 24-jährige Lenbach freundete sich mit dem neun Jahre älteren Schweizer Kollegen Böcklin an. Der hatte in Düsseldorf an der Kunstakademie studiert, wo er sich seinen bereits guten Ruf mit Genrebildern und Naturstudien erarbeitet hatte. Nun ging er – ein Novum an den Akademien der Zeit – mit seinen Schülern hinaus aus dem Atelier. Sie malten in der freien Natur.

Leiter der Großherzoglich-Sächsischen Kunstschule Weimar wurde Stanislaus Graf von Kalckreuth, der – ebenfalls in Düsseldorf – von Johann Wilhelm Schirmer ausgebildet worden war. Kalckreuth setzte nun neue fortschrittliche Lernmethoden durch, auch gegen Carl Alexander. Landschafts-, Genre- und Historienmalerei wurden als Fächer gleichgestellt und somit alte Hierarchien der akademischen Malerei abgeschafft. Zudem erhielten Lehrer, Professoren und auch die Schüler gewisse Wahlfreiheiten in der Schüler- und Kurswahl. Ein ungeheurer Vorgang!

Liszt war der Auseinandersetzungen müde. Am 17. August 1861 reiste er nach Rom ab und kehrte damit Weimar den Rücken. Dingelstedt hatte nun freie Bahn. Er bemühte sich darum, neue Dramatiker nach Weimar zu holen, und warb vor allem um Friedrich Hebbel und Karl Gutzkow. Letzterer war ein bedeutender Vertreter des Jungen Deutschland, einer Literaturströmung des Vormärz. Hebbel führte mit großem Erfolg seine *Nibelungen-Trilogie* auf. Die Hauptrolle übernahm seine Frau Christine Enghaus. Hebbel liebäugelte, obwohl er Weimar eng und »wurmstichig« fand, zwischenzeitlich mit einem Umzug dorthin. Doch man riet ihm ab. Mit Dingelstedt, ließ man ihn wissen, sei auf Dauer kein Auskommen. Gutzkow aber ließ sich 1862 in der Stadt nieder.

Böcklin und Lenbach verließen Weimar nach anderthalb Jahren. Lenbach zog es nach Italien. Zudem war er zu der Erkenntnis gekommen, statt zu lehren, selbst noch viel lernen zu müssen. Er hatte allerdings von Böcklin viel über die Porträtmalerei erfahren. Lenbach, später Malerfürst genannt und geadelt, wurde zu einem der bedeutendsten Porträtmaler der deutschen Kaiserzeit. Von Bismarck fertigte er mehr als 80 Porträts an.

Ende März 1863 hielt sich Berlioz für mehrere Wochen in Weimar auf. Er führte das lose auf Shakespeares *Viel Lärm um nichts* aufbauende Singspiel *Beatrice et Bénédicte* auf und dirigierte selbst. Dingelstedt erwarb sich nun Meriten in der Pflege des Werkes Schillers und Shakespeares. Er feierte 1864 einen großen Erfolg mit der Aufführung von allen sieben Shakespeare'schen Königsdramen, in der Übersetzung August Wilhelm Schlegels, die Dingelstedt aber noch einmal überarbeitet hatte. Auch auf Dingelstedts Initiative kam es zur Gründung der Deutschen Shakespeare-Gesellschaft. Es war die erste Shakespeare-Gesellschaft weltweit.

Museen und Malerei

Carl Alexander gab sich mit dem Erreichten nicht zufrieden. Er wollte auch ein Museum. Ab 1864 ließ er das Großherzogliche Museum erbauen. Architekt war der Prager Josef Zítek. Das Gebäude auf der Achse zwischen dem Bahnhof und der neuen Weimarer Nordvorstadt stellte eines der ersten Museumsgebäude in Deutschland dar.

An der Entwicklung in Deutschland nahm Carl Alexanders Familie in jenen Tagen aufgrund ihrer Heiratspolitik regen Anteil. Carl Alexanders Schwester Augusta war 1861 als Gattin von Wilhelm I. zur Königin von Preußen aufgestiegen. Anders als ihr Mann, der in der Revolutionszeit durch gewaltsames Vorgehen gegen Demonstranten und Revolutionäre den Beinamen »Kartätschenprinz« erhalten hatte, vertrat Augusta liberale Ansichten und tat diese auch kund. So wurde sie zu einer Gegenspielerin Otto von Bismarcks, der als Ministerpräsident in Übereinstimmung mit Wilhelm dessen Konflikte mit dem preußischen Abgeordnetenhaus ausfocht und am Ausbau der Macht Preußens arbeitete. Wie seine Schwester beobachtete Carl Alexander die Entwicklungen in Berlin argwöhnisch. Er fremdelte mit der Übermacht Preußens und bevorzugte eine streng konstitutionell geregelte deutsche Einigung unter Einbeziehung Österreichs.

Als im Sommer 1866 Preußen gegen Österreich in den Krieg zog, versuchte Carl Alexander die Truppen, die er zu stellen hatte, in Sicherheit zu bringen, doch sein eigener Landtag stimmte mit nur einer Gegenstimme für die Beteiligung an den Kampfhandlungen, später auch für den Beitritt zum Norddeutschen Bund. Nach dem Sieg über Frankreich nahm Carl Alexander 1871 an der Kaiserproklamation im Spiegelsaal von Versailles notgedrungen und nicht aus Überzeugung teil.

Am 1. Oktober 1867 beendete Dingelstedt seine Arbeit in Weimar. Kaum war er fort, kam Liszt zurück. Am 12. Januar 1869 traf er nach achtjähriger Abwesenheit wieder ein. Er und Carolyne hatten in Rom die Scheidung endlich durchsetzen und heiraten wollen. Als sich das zerschlug, löste sich die Beziehung der beiden. Liszt war gealtert, hatte sich zum Abbé weihen lassen und trug inzwischen Soutanen. Carl Alexander richtete ihm für die Aufenthalte das ehemalige Gärtnerhaus am Ilmpark ein. Fortan verbrachte Liszt, der noch immer Vielreisende, die Sommermonate in Weimar. Unter anderem unterrichtete er musikalische Talente unentgeltlich.

Das Großherzogliche Museum wurde am 27. Juni 1869 feierlich eröffnet. Zu sehen war Kunst der alten Meister und des Klassizismus. Währenddessen hatte sich an der Großherzoglich-Sächsischen Kunstschule eine lose Gruppe junger Maler immer stärker der Landschaftsmalerei im Freien zugewandt. Zu ihnen gehörten seit 1867 Karl Buchholz und seit 1869 Ludwig von Gleichen-Russwurm. Man sprach von der »Weimarer Malerschule«. Sie schufen Landschaftsstimmungen der Tage zwischen den Jahreszeiten. Spätherbst und Vorfrühling im tastenden Licht. Ihre Sujets hielten sie oft in grauen Tönen, weshalb man manchmal auch von der »Grauen Schule« sprach. Was die Ausbildung betraf, stellte die Weimarer Malerschule, da die neuen Ansätze der Malerei in den meisten Akademien auf heftigen Widerstand der dortigen Professoren stießen, eine fortschrittliche Einrichtung dar, in der die Professoren ihren Schülern die neuen Wege in der Kunst aktiv aufzeigten.

Ab 1869 studierte auch ein junger Berliner Unternehmersohn in Weimar. Er stammte aus reichem Hause und kleidete sich wie ein Dandy. Er hieß Max Liebermann und hatte sich mit Blick auf das gegenüberliegende Goethehaus am Frauenplan einquartiert. 1872 schuf er in Weimar sein erstes großes Ölgemälde *Die Gänserupferinnen.* Als Vorbild für den alten Mann, der mit Gänsen durch das Bild geht, nahm er eine Zeichnung, die er vom letzten Kutscher Goethes angefertigt hatte. Als das Gemälde ausgestellt wurde, rief es prompt Ablehnung hervor. Man meinte, das sei ein zu ärmliches Thema, die Bildgestaltung zudem zu dunkel. Der Industrielle Bethel Strousberg aber war begeistert und kaufte das Bild.

1876 übernahm Theodor Hagen, ein gebürtiger Düsseldorfer und dort an der Kunstakademie ausgebildet, als Nachfolger Kalckreuths die Leitung der Kunstschule. Hagen gilt als Vertreter der Freiluftmalerei und als einer der Begründer des deutschen Impressionismus; er war beeinflusst von der Schule von Barbizon. Im Dorf Barbizon, nahe dem Wald von Fontainebleau, hatten seit den 1840er Jahren Maler wie Camille Corot, Gustave Courbet und Jean-Francois Millet dank der Erfindung industriell gefertigter Ölfarben in Tuben und tragbarer Staffeleien die Möglichkeit genutzt, direkt im Freien vor dem Motiv zu malen. Mit dem Erlös des Verkaufs der *Gänserupferinnen* reiste Liebermann nach Paris, wo er zum ersten Mal Bilder von Corot und Courbet sah.

Zum bedeutendsten Schüler Hagens in Weimar entwickelte sich Christian Rohlfs. Der kam 21-jährig zum Wintersemester 1870 in die Stadt. Doch erst 1874 konnte er sein Studium richtig aufnehmen, da er zwischenzeitlich sehr krank geworden war und sich sogar ein Bein hatte amputieren lassen müssen.

In den drei Jahrzehnten von 1870 bis 1900, in denen Christian Rohlfs in Weimar zunächst studierte und anschließend als freischaffender Künstler wirkte, durchlief er die Entwicklung vom akademischen Maler zum fortschrittlichen Freiluftmaler, später – und damit ging er vor allem in die Kunstgeschichte ein – sogar zum Expressionismus und damit zur klassischen Moderne.

Christian Rohlfs schuf zahlreiche Gemälde von Weimar und seiner Umgebung. Er wählte für seine Landschaftsbilder außergewöhnlich große Formate, was zu jener Zeit in diesem Genre nicht üblich war, und er eckte damit an. Auch fehlt in den Landschaften von Rohlfs die Farbigkeit des französischen Impressionismus. Wie bei vielen anderen Weimarer Malern herrschte vorerst das Erdige, das Stoffliche vor. Seine Himmel hielt er meist silbrig. Er malte pastos und setzte auch Spachteltechnik ein, womit er besondere Farbmischungen erreichte.

Deutschland gehörte in der Malerei keineswegs zur Avantgarde. Die tobte sich in Frankreich aus. Weimar aber spielte immerhin eine Rolle als Heimat einer der etwas liberaleren Akademien. Dennoch lief man auch dort der Avantgarde hinterher, und man drohte allmählich den Anschluss an die rasanten Entwicklungen der Malerei zu verlieren. Rohlfs seufzte: »In Weimar schlief auch allmählich Alles ein.«

Allerdings sickerte in Weimar der Impressionismus als Methode ein, die Welt auf neue Weise im Bild zu spiegeln. Dies begann mit den 1870er Jahren, und Christian Rohlfs tat ab Ende der 1880er Jahre erste Schritte hin zum Expressionismus. 1880 war in einer ehemaligen Ziegelei in Weimar die »Permanente Kunstausstellung« gegründet worden, die auch Werken des Impressionismus ein Forum bot.

Carl Alexander unterstützte nun auch Bestrebungen auf einem gänzlich anderen Gebiet. In den 1870er Jahren zog der Afrikaforscher Gerhard Rohlfs nach Weimar, der mit Christian Rohlfs nicht verwandt war. Carl Alexander gab Geld für dessen Expeditionen. Und er verlieh den Größen der erwachenden deutschen Kolonialbestrebungen, Gustav Nachtigall, Carl Peters und Adolf Lüderitz, den Hausorden vom Weißen Falken.

Deutschland war nunmehr geeint in einem Kaiserreich, das aus gewonnenen Kriegen hervorgegangen war, zur Industrienation und zu einer Militärmacht aufgestiegen. Carl Alexander fügte sich in seinem Handeln zunehmend in das nationalistische Konzert ein. In der Kunst neigte er mehr und mehr dem Konservativen zu, und seine Ablehnung Bismarcks begann etwas zu schwinden. Dennoch schien in ihm noch immer eine Saite ambivalenter Distanz zu schwingen. In einem Brief meinte er 1880: »Je mehr unsere Nation vorwärts schreitet, desto mehr wird sie auf Goethe zurückkommen denn sie wird ihn, gerade ihn immer mehr und mehr brauchen.«

Im Mai 1884 trat Liszt zum letzten Mal als Dirigent in Weimar auf. Und im Juni erklärte man Christian Rohlfs zum selbständigen Künstler. Das Museumsgeschäft gedieh weiter. 1885 wurde Goethes Haus am Frauenplan zum Goethe-Nationalmuseum, und noch im selben Jahr gründete man das Goethe-Archiv.

Im Juli 1886 brach Liszt von Weimar, der Stadt, mit der er so viele Pläne gehabt hatte, nach Bayreuth auf. Er wollte seine Tochter Cosima besuchen, die dort nun als Witwe Richard Wagners in der Villa Wahnfried lebte. Seit dem Tod Wagners leitete sie die Bayreuther Festspiele, die – auch dies einer der nicht verwirklichten Pläne Liszts mit Weimar – Weimarer Festspiele hätten werden können. Wenige Tage nach seinem Eintreffen in Bayreuth starb Liszt am 31. Juli. In Weimar schuf man daraufhin ein weiteres Museum. Man richtete Liszts letztes Domizil, das ehemalige Gärtnerhaus am Ilmpark, als Erinnerungsort ein, mit Führungen von Liszts ehemaliger Haushälterin.

Am 24. Juli 1889 kam der junge österreichische Intellektuelle Rudolf Steiner zum ersten Mal nach Weimar. Längst beschäftigte er sich intensiv mit Goethe, Schiller, Wieland und Schopenhauer. Steiner war Großherzogin Sophie empfohlen worden und wollte seine Arbeit an der großen Goethe-Ausgabe (Sophien-Ausgabe) vorbereiten. Sophie holte ihn schließlich genau dafür in die Stadt. Zunächst blieb Steiner nur für dreieinhalb Wochen. Später aber nahm er seinen Wohnsitz in der Stadt und wurde Herausgeber der naturwissenschaftlichen Schriften Goethes, die auch zur Entwicklung von Steiners philosophisch, esoterisch und spirituell zu charakterisierenden Lehre, der Anthroposophie, beitrugen.

Die Renovierung der Wartburg fand 1890 ihren Abschluss. Romantisch und historisierend stand sie nun da.

Ein Weltmann kündigt sich an

Im August 1891 kam ein junger Student der Rechtswissenschaften nach Weimar. Er sollte hier später große Spuren hinterlassen. Sein erster Eindruck von der kleinen Stadt war nicht gut. Der 23-jährige Harry Graf Kessler stand kurz vor seinem Abschluss an der Universität von Leipzig. Als Sohn des wohlhabenden Bankiers Adolf Wilhelm Kessler in Paris geboren, der während des Deutsch-Französischen Krieges 1870/71 zur Übersiedlung nach England gezwungen wurde, dort die Londoner Niederlassung der Bank geleitet hatte und danach in den USA und wieder in Paris arbeitete, war er vom ersten Wimpernschlag seines Lebens an in den höchsten Kreisen aufgewachsen. Harrys Vater war befreundet mit Kaiser Wilhelm I.; 1879 wurde er von diesem geadelt und in den erblichen Grafenstand erhoben. Harrys Mutter Alice, eine überwältigende Schönheit, stammte aus angloirischem Adel. Es gab Gerüchte, sie habe ein Verhältnis mit dem Kaiser gehabt, und immer wieder mutmaßte man gerne, Harry sei der Sohn des Kaisers. Harry aber wies das zeit seines Lebens vehement zurück, da seine Mutter Wilhelm erst 1870 in Bad Ems zum ersten Mal getroffen habe. Da war Harry schon auf der Welt. Nichtsdestotrotz verdrehte Alice den Größen der deutschen Politik den Kopf. Der spätere Reichskanzler von Bülow gehörte zu ihren Verehrern und warb um sie. Doch sie wies ihn ab. 1877 übernahm der Kaiser die Patenschaft von Harrys gerade geborener Schwester Wilhelma.

1880, wenige Wochen nach seinem 12. Geburtstag, hatte Harry Kessler angefangen, Tagebuch zu führen. Das sollte er über 57 Jahre lang so halten und dabei 15 000 Seiten in Notizbüchern füllen, in enger, klein gehaltener Schrift. Die ersten knapp elf Jahre blieb seine Sprache in den Tagebüchern das Englische. Erst 1891 entschied er sich bewusst dafür, auf Deutsch weiterzuschreiben. Kesslers Tagebücher sind die beredten Zeugnisse eines Beobachters der Kunst, Kultur und Politik seiner Zeit; sie gelten als bedeutender Beitrag zur deutschen Literatur. In seinen

Tagebüchern lieferte Kessler von seinen Begegnungen, deren Anzahl und Umfang allein für mehrere Leben ausreichen würden, brillante Beobachtungen und bestechend scharfe Urteile über seine Zeit ab. Seine Person, seine Gefühle hielt er dabei aber weitgehend heraus.

Nach dem Besuch einer Schule in Ascot wurde Harry von seinem Vater nach Hamburg geholt, absolvierte 1888 das Abitur als Klassenbester und nahm das Studium der Rechtswissenschaften auf. Nebenher besuchte er Vorlesungen zu Kunst, Archäologie und Psychologie. 1891/92 führte ihn eine mehrmonatige Weltreise nach Japan, China, Malaysia, Indien und Ägypten.

Harry entwickelte sich zu einem Kosmopoliten und somit im besten Sinne zu einem Protagonisten des von Goethe und den Humboldt-Brüdern vertretenen Weltbürgertums. Zudem blieben ihm die Mühen und Nöte, für sein materielles Auskommen sorgen zu müssen, erspart und damit fremd. Doch was er beruflich machen sollte, wurde zur großen Frage. Er merkte bald, dass es ihn weder zur Juristerei noch zu einer Beamtenlaufbahn zog. Mit einer diplomatischen Laufbahn im Auswärtigen Amt liebäugelte er. Aber es wurde nichts draus. Eine Ehe einzugehen, gehörte nicht zu seinen Lebenszielen. In Männerbünden fühlte er sich wohl. In der Schule, danach im Studium in Bonn und Leipzig. In Bonn focht er in der Burschenschaft Borussia. Zu den Verbindungsmitgliedern gehörten deutsche Fürsten und Adelige, so der spätere deutsche Kaiser Wilhelm II. oder auch Wilhelm Ernst, der spätere Großherzog von Sachsen-Weimar-Eisenach. Sie waren konservativ und kaisertreu. Katholiken fand man in der Burschenschaft kaum, Juden blieben ausgeschlossen. Kessler kommentierte, die Borussia sei ein »Stück der Deutschen oder wenigstens der deutschen Verfassung«. Dort lernte er Eberhard Freiherr von Bodenhausen kennen, der aus altem Landadel stammte und mit dem ihn, obwohl sie sich lange siezten, eine lebenslange Freundschaft verbinden sollte.

An das Studium schloss sich für Kessler 1892 eine einjährige Dienstzeit bei den III. Garde Ulanen in Potsdam an. Auch dort fühlte er sich wohl. Danach aber geriet er in eine persönliche Krise. Er wälzte sogar Selbstmordgedanken. 1895 starb der Vater, und Kessler erbte ein großes Vermögen. Nun begann er, sich in der Berliner Gesellschaft zu tummeln, wurde am kaiserlichen Hof eingeführt und auch Wilhelm II. vorgestellt.

Eberhard von Bodenhausen entwickelte sich zu einem erfolgreichen Industriellen. Kessler und er dachten längst über Deutschland hinaus: Kessler mit seinen anglo-irischen Wurzeln, Bodenhausen aufgrund seiner amerikanischen Mutter. Sie begeisterten sich für Friedrich Nietzsche und dessen Auffassung von Kunst und der darin mitschwingenden tiefen Bedeutung, die sie für das Leben hat. Auch gehörten sie zu der 1895 gegründeten PAN-Genossenschaft mit ihrer einflussreichen Zeitschrift. Die Freie Kunstzeitschrift *PAN* stand für den Jugendstil, zeigte sich jedoch auch offen für andere Bewegungen in der Kunst wie etwa den Symbolismus. Franz von Stuck, Arnold Böcklin, Max Klinger, Max Liebermann und viele andere Vertreter der Moderne suchten und fanden in *PAN* Resonanz und Förderung.

Während all dieser Aktivitäten kam es zu einer für Weimar folgenreichen Begegnung: Im November 1897 lernte Kessler auf Vermittlung Bodenhausens den Belgier Henry van de Velde kennen, der im Jahr darauf für Bodenhausens neue Firma Tropon ein Plakat entwarf. Henry van de Velde, mittlerweile 34 Jahre alt, hatte zunächst tief beeinflusst von George Seurat neoimpressionistisch gemalt, bis ihn mit etwa 30 Jahren eine Sinnkrise erfasste. In dieser Zeit hatte er Nietzsche und anarchistische Literatur gelesen und, von William Morris, der Bewegung Arts and Crafts sowie dem Kulturtheoretiker John Ruskin beeindruckt, den Weg zum Architekten und Gestalter beschritten. Er wollte nun nicht weniger, als durch ästhetische Bildung Kunst, Leben und Handwerk harmonisch verschmelzen und erneuern.

Van de Velde entwickelte eine Programmatik, in der er bei jedem zu gestaltenden Stück nach der einen vollkommenen Form suchte. Für van de Velde war es dabei vor allem die Linie, der es zu folgen galt. Zugleich maß er auch dem Ornament essentielle Bedeutung bei. In Linie und Ornament zeige sich Logik, ließen sich Wege und Wille vermitteln. Kessler war von van de Velde begeistert und überredete ihn, nach Berlin zu ziehen. Dort entwarf der bald die gesamte Einrichtung von Kesslers Wohnung in der Köthener Straße.

In Weimar tat Carl Alexander weitere Schritte auf seinem Weg vom Liberalen zum Konservativen. 1894 entfernte man auf seinen »allerhöchsten Befehl« aus der »Permanenten Kunstausstellung« Werke von Carl Arp, der mit seinen Landschaftsbildern zu einem der bedeutendsten Vertreter der Weimarer Malerschule zu zählen ist. Arp war ein Freund von Christian Rohlfs, dem jetzt zudem der Entzug des freien Ateliers drohte.

Kessler wurde in diesem Jahr zum künstlerischen Berater des Nietzsche-Archivs in Naumburg. Er hatte Elisabeth Förster-Nietzsches Aufmerksamkeit und Wohlwollen durch seine Besprechung der Miniaturausgabe von Friedrich Nietzsches *Also sprach Zarathustra* gewonnen. Sie, die Schwester des krank dahindämmernden Philosophen, verlegte das von ihr ins Leben gerufene Archiv bald an einen anderen, symbolisch weit bedeutenderen Ort als Naumburg.

Des Bruders Schwester

In Naumburg war der kranke Friedrich Nietzsche von seiner Mutter Franziska wie ein Gefangener gehalten worden. Nun war die Mutter verstorben, und Elisabeth Förster-Nietzsche zog 1897 mit ihrem Bruder nach Weimar. Sie bezogen die Villa Silberblick, die Friedrichs einstiger Gefährtin Meta von Salis gehörte. Sie hatte sie für Friedrich gekauft und überließ sie nun ihm und Elisabeth zur Miete. Elisabeth Förster-Nietzsche verhielt sich in dem neuen Refugium sofort so, als sei sie nicht Mieterin, sondern Eigentümerin. Kurzerhand ließ sie einige Wände einreißen. Ihr Cousin Adalbert Ohler, später Oberbürgermeister von Düsseldorf, kaufte schließlich das Haus.

Weimar übernahm nun eine weitere und durchaus merkwürdige Rolle in seiner wechselvollen Geschichte. Die Stadt wurde zu dem Ort, von dem die Ideen eines außergewöhnlichen Denkers verbreitet wurden, der dort zwar lebte, jedoch keine Ideen mehr produzierte. Von seiner Schwester umsorgt, dämmerte er vor sich hin. Ohne sein Zutun benutzte sie vor allem in ihrem Sinne seine Ideen und Schriften und fälschte sie schließlich sogar.

Elisabeth war zwei Jahre jünger als ihr genialer und bewunderter Bruder Friedrich. Das enge Verhältnis der beiden hatte im Laufe der Jahre viele Höhen und Tiefen erlebt. Eingetrübt hatte es sich insbesondere, als Elisabeth 1885 eine Beziehung mit dem antisemitischen und deutschnationalen Gymnasiallehrer Bernard Förster einging. Sie heiratete ihn und folgte ihm 1886 nach Paraguay, wo Förster mit Gleichgesinnten Nuevo Germania, eine deutschnationale Siedlung, gründete. Dort hielt sie sich auch auf, als ihr Bruder 1889 in Turin beobachtet haben soll, wie ein Pferd gepeitscht wurde, woraufhin er auf das Pferd zustürzte, es umarmte und zusammenbrach. In Paraguay nahm sich Förster nach dem Scheitern seines Projektes 1889 das Leben. Elisabeth kehrte 1893 nach Deutschland zurück.

Nach dem Tod der Mutter gelang es Elisabeth, sich den Zugriff auf das Werk des Bruders zu sichern. Sie gründete im nicht allzu weit von Weimar entfernten Naumburg das Nietzsche-Archiv. Dieses hatte sie schon vor dem Umzug mit ihrem Bruder am 1. August 1896 nach Weimar verlegt, ins unmittelbare Umfeld des Goethe- und Schiller-Archivs, das wenige Wochen zuvor am 28. Juni in ein eindrucksvolles, nur dafür errichtetes Gebäude gezogenen war.

Anfang August 1897 kam Harry Graf Kessler erneut nach Weimar. Er war der erste Gast, der in der Villa Silberblick übernachtete. In seinem Tagebuch sprach er mit herablassender Milde vom gutbürgerlichen Ambiente.

Rudolf Steiner gab in diesem Jahr sein Domizil in Weimar auf. Er hatte kurze Zeit für Elisabeth Förster-Nietzsche im Nietzsche-Archiv gearbeitet, dann aber mit ihr gebrochen. Steiner gehörte dann zu den ersten, die die Praktiken der Philosophenschwester im Umgang mit dessen Werk anprangerten.

Mit Kessler und van de Velde in die Moderne 1899–1918

Verwirrende Zeiten

Der Mann, der in Weimar in der Villa Silberblick dahindämmerte, fand in jenen Tagen mit seinen Ideen über alle politischen Lager und ideologischen Gräben hinweg große Resonanz. Friedrich Nietzsches Werk faszinierte, erschütterte, begeisterte. Es half, ihre Epoche zu begreifen.

Zu Beginn des neuen Jahrhunderts veränderte der technische Fortschritt in der bewussten und unbewussten Wahrnehmung der Menschen die Welt in einem noch rascheren Tempo als in den Jahrzehnten zuvor. Neue Eisenbahnstrecken verkürzten die Entfernungen und verbesserten Transport und Handel. Elektrizität, Chemie-, Pharma-, Eisen- und Stahlindustrie stellten mit zahlreichen Innovationen die Arbeitswelt und den Alltag auf den Kopf. Das Telefon revolutionierte die Kommunikation. Neue Drucktechniken ermöglichten die rasche und umfassende Verbreitung von Massenblättern. Die Fotografie bestimmte dank handlicher Kameras zunehmend die Weltwahrnehmung mit. Schon in den ersten Jahren des 20. Jahrhunderts sollten Film, Flugzeuge, Automobile die Welterfahrung noch drastischer verändern.

Das alles verbesserte vieles, aber es verwirrte auch. Und wie nahezu immer, wenn Orientierungslosigkeit eintritt, entstehen viele neue Ideen, erheben sich besonders viele Stimmen. Die aber lassen sich oft weder einordnen noch leicht in Einklang bringen. So war es auch in diesen Tagen. Der Rationalismus hatte es zunehmend schwer, gegen Affekte anzukommen, die aus

Unsicherheit erwuchsen. Fliehkräfte rangen mit Beharrungskräften. Aufbruchsgeist kämpfte gegen Wünsche, Schwindendes festzuhalten. So entwickelten sowohl fortschrittliche als auch erzkonservative Bewegungen eine außergewöhnliche Dynamik und standen sich zunehmend unversöhnlich gegenüber. Nichtsdestotrotz griffen sie oft auf ähnliches zurück, etwa indem sie alle gleichermaßen zu Körperkult, Esoterik und neuen, oft sektengleichen Lebens- und Gemeinschaftsformen neigten.

Schon Arthur Schopenhauer – der andere große Philosoph, der, wenn auch nur kurz, in Weimar gelebt hatte – hatte 1819 in *Die Welt als Wille und Vorstellung* Ideen, die aus der Auseinandersetzung mit dem Rationalismus, der Vernunft, der reinen Logik hervorgingen, erweitert. Schopenhauer hatte betont, wie sehr der Mensch trotz aller Vernunft von seinen Trieben geleitet werde, und holte damit das tatsächliche Leben des unvollkommenen Wesens Mensch in die Mitte der Philosophie zurück. Kunst wurde für Schopenhauer vor dem Hintergrund der fundamentalen Leiden der menschlichen Existenz unter anderem zu einem Trost.

Friedrich Nietzsche führte mit seinem Schlagwort vom »Willen zur Macht«, das er in *Also sprach Zarathustra* 1883 ausformulierte, Schopenhauers Gedanken weiter und machte anknüpfend an die Triebe, die für ihn wie auch für Schopenhauer Ausgangspunkt des Erkennens sind, das Erkennen selbst zum Antrieb des Lebens. Daher sei der Wille zum Leben auch ein Wille zur Macht. Man kann dieses Schlagwort als einen Versuch der Selbstermächtigung des Individuums auslegen. Man kann Nietzsches »Willen zur Macht« aber auch als Legitimation des Vorhabens lesen, die Welt rücksichtslos vom eigenen Erkennen ausgehend zu formen, inklusive dem Recht, andere zu unterdrücken. Während erstgenannte Auslegung viele fortschrittliche Geister und vor allem Vertreter der Künste faszinierte, wurde letztgenannte Deutung von Anhängern und Anhängerinnen autoritärer Gesellschaftsentwürfe aufgegriffen.

Ein Porträt

Elisabeth Förster-Nietzsche übte sich seit Jahren in dem Balanceakt, den fortschreitenden gesundheitlichen Verfall ihres Bruders durch Pflege zu verlangsamen und derweil die Krankheit in der Öffentlichkeit herunterzuspielen, aber zugleich zu betonen, wie sehr sie Stütze ihres Bruders sei. Friedrich Nietzsche aber, von psychotischen Schüben heimgesucht, weitgehend gelähmt und von Schlaganfällen gezeichnet, siechte unaufhaltsam dahin. Während die Ärzte sagten, eine Besserung sei nicht mehr zu erwarten, arbeitete Elisabeth unaufhaltsam an seiner Stilisierung. Dies zu seinem Ruhm. Und zu ihrem.

Ideen finden oft schneller Verbreitung über Bilder. Auch Porträts von Denkern können da zuweilen helfen. Ein Porträt von Nietzsche fertigen zu lassen, könnte seine Wahrnehmung in der Öffentlichkeit in Elisabeths Sinne beeinflussen und, wenn gut umgesetzt, auch die Erkrankung ihres Bruders in einem vergleichsweise milden Licht zeigen. Ein Porträt war daher sorgfältig zu planen und zu durchdenken. Hier kam Harry Graf Kessler ins Spiel. Ihm vertraute Elisabeth. Kessler gehörte mittlerweile dem Aufsichtsrat der Zeitschrift *PAN* an, die es sich zur Aufgabe gemacht hatte, die Kunst und Kultur in Deutschland in die Zukunft zu führen.

PAN bildete ein bewusstes Gegenprogramm zur Kunstauffassung Kaiser Wilhelms II. und der breiten Gesellschaft. Wilhelm II. suchte wie die Mehrheit der Menschen in seinem Reich vor allem nach Selbstvergewisserung und fand diese in allen Mythen, die ein deutsches Wesen beschworen, das über alle Jahrhunderte die Nation in einem Ewigkeitsanspruch verband. Jene Ansätze der Moderne, die Traditionen in Frage stellten, um eine bessere Gesellschaft in der Zukunft zu formen, stießen dort auf den Gegenimpuls, zu bewahren, das Vertraute und Hergebrachte zu pflegen und zu feiern.

In der Porträtfrage vermittelte Harry Graf Kessler nun und gab Ratschläge. Nietzsche, forderte seine Schwester Elisabeth, müsse zwar so gezeigt werden, dass sein Befinden nicht ausgeblendet wurde, doch das Porträt sollte auch den Mythos des Denkers bedienen, der die Tiefen des Daseins auslote. Elisabeth selbst könnte durch so ein Porträt der Nimbus derjenigen zuwachsen, die ihn so behüte, dass er bei allem Leid im Reinen mit sich und der Welt bleibe.

Nach einigem Hin und Her reiste der Maler Hans Olde im Auftrag von *PAN* nach Weimar und traf dort am 5. Juni 1899 ein. Olde war der Sohn eines Großbauern und hatte sich gegen dessen Willen für ein Kunststudium in München entschieden, wo er sich mit dem Bildhauer Adolf Brütt und dem Maler Lovis Corinth angefreundet hatte. Sie alle gehörten 1892 zu den Gründungsmitgliedern der Münchner Sezession, die sich gegen die Bevormundung durch den kaiserlich-staatlichen Kunstbetrieb stellte.

Im Hintergrund des Porträtauftrags für Olde agierte Kessler, der sich bemühte, die Sorgen Elisabeths und auch die bei *PAN* zu zerstreuen. Denn Olde war bereits zwei Jahre zuvor von *PAN*-Redakteur Cäsar Flaischlen angefragt worden, dann aber hatte man ihm wegen moralischer Bedenken, den kranken Philosophen abzubilden, wieder abgesagt. Nun also doch der Auftrag. Flaischlen und Kessler wollten eine Charakterstudie: »Etwas Erschütterndes und durchaus nicht Pathologisches«, wie Kessler Olde wissen ließ.

Olde traf sich nun mehrere Male mit Elisabeth. Sie besprachen das Vorhaben und lernten einander kennen. Am 10. Juni nahm man die erste Porträtsitzung in Angriff. Es folgten weitere, die alle aufgrund von Nietzsches Gesundheitszustand nur kurz ausfielen. Olde blieb sechs Wochen. Er zeichnete und fertigte zahlreiche Fotos an, was damals in der Porträtmalerei ein verbreitetes Vorgehen war. Er schuf eine Kohlezeichnung von einem Foto, aus deren Grundkonzept schließlich eine Radierung entstand. Die allerdings kam der Wahrheit zu nahe. Elisabeth war entsetzt. Das weit vorgerückte Kinn ihres Bruders zeigte seinen Zustand zu offenkundig und zu verstörend. Kessler vermittelte und gab zu bedenken, Änderungen würden die Kosten steigern. Doch Elisabeth setzte sich durch, auch weil Olde einsah: Ein Scheitern hätte seinem Ruf als Maler geschadet, und er brauchte das Geld. So entstand mit der von Olde überarbeiteten Kinnpartie jenes Porträt, das zu einer Ikone der Verehrung des Philosophen wurde. Er sah kaum wie ein Kranker aus, sondern eher wie ein über den Dingen schwebender großer Denker.

Im Mai 1900 erschien Oldes Porträtradierung im letzten Heft des *PAN*. Am 26. August 1900 verstarb Friedrich Nietzsche am späten Vormittag, nachdem er am Tag zuvor einen Schlaganfall erlitten hatte. Elisabeth wollte, dass Max Klinger ihrem Bruder die Totenmaske abnehme. Doch der hielt sich in Paris auf. So sprangen Harry Graf Kessler und Curt Stoeving ein.

Der neue Großherzog

Am 5. Januar 1901 verstarb Großherzog Carl Alexander. Auch er hatte der Villa Silberblick einen Besuch abgestattet, den dahinsiechenden Nietzsche aber nicht sehen dürfen. Stattdessen hatte ihm Elisabeth zwei Gedichte ihres Bruders vorgelesen und Carl Alexander danach ratlos den Weg zurück ins Schloss angetreten.

In Weimar waren der Fürst und seine Frau und damit der Hof weit wichtiger für den Lauf aller Dinge, als der Kaiser in Berlin es für die Hauptstadt war. Berlin war groß und unübersichtlich, es bildete einen Tumult zahlreicher Milieus. Aufgrund der dort versammelten Macht und des dort vorhandenen Geldes entwickelten sich neue große Dynamiken von selbst. In Weimar gab es weder genug Raum noch genug Geld noch genügend Kreise, um viele parallele Entwicklungen hervorzubringen. Was Weimar aber gelang – und das hebt diese Stadt heraus: Es kreierte immer wieder neue atemberaubende Verdichtungen auf den einzelnen Gebieten der Kultur.

Carl Alexanders Sohn Karl August war bereits 1894 während einer Kur in Südfrankreich verstorben, und daher folgte Carl

Alexanders Enkel Wilhelm Ernst ihm als Großherzog nach. Der hatte seine Prägung beim Militär erfahren und fühlte sich einem Offizierskasino sein Leben lang näher als der Gesellschaft am Hof oder gar der in seinem Fürstentum. Er trug in der Öffentlichkeit Uniform und war, als er seine Regentschaft antrat, erst 24 Jahre alt. Die Uniformen wie auch der Großherzogstitel bedeuteten für die unsichere Persönlichkeit Wilhelm Ernsts Halt und Last zugleich. Einsam in seiner Aufgabe als Regent zeigt er auf Porträtfotos den Blick eines Menschen, der zwischen Hochmut und Unsicherheit schwankt. Den großen Vorfahren nachzueifern, schien Wilhelm Ernst eher eine Pflicht als ein wahrlicher Wunsch oder gar Wille. Seine Leidenschaft galt – darin war er einigen seiner großen Vorfahren ähnlich – der Jagd, und dann dem neuen Fortbewegungsmittel Automobil.

Ob Wilhelm Ernst einen neuen Aufbruch in Weimar möglich machen würde, blieb abzuwarten. Sein Name jedoch erinnerte zunächst einmal an seinen Vorfahren gleichen Namens, der einst seinen damaligen Hofkapellmeister Johann Sebastian Bach hatte einsperren lassen.

Eine Idee

Nicht nur Kessler erhoffte sich vom Regierungsantritt des neuen Großherzogs frischen Wind für neue Projekte, denn mit einem jungen Regenten in Gestalt von Carl August war man ja einst mit Verve zu neuen Ufern aufgebrochen. Wenige Tage nach Wilhelm Ernsts Regierungsantritt machte Kessler in Berlin im Salon von Cornelie Richter, der Tochter des Komponisten Giacomo Meyerbeer und Witwe des Malers Gustav Richter, Henry van de Velde mit Elisabeth Förster-Nietzsche bekannt. Damit kamen drei Charaktere zusammen, die alle an einem Scheideweg standen. Förster-Nietzsche brauchte nach dem Tod des Bruders neuen inneren Antrieb, auch Kessler war orientierungslos, geradezu depressiv. Seine Zeitschrift *PAN* war gerade eingestellt worden.

Henry van de Velde wiederum, 1900 nach Berlin gekommen, suchte nach neuen Herausforderungen. Aber das tat er im Grunde immer.

Womöglich war es van de Velde, der schon an diesem Abend mit seinem dort gehaltenen Vortrag zum Kunstgewerbe und dessen Zukunft Elisabeth Förster-Nietzsche auf eine Idee brachte. Am 22. März 1901 schrieb sie an Kessler: »Wenn nun hier«, gemeint ist Weimar, »im Anschluß an die Kunstschule eine Reihe Werkstätten unter der Leitung eines hervorragenden Künstlers wie van de Velde gebildet würden, wo sozusagen für all diese Fabriken neue Muster hergestellt würden, die von diesen Fabriken oder deren besten Arbeitern ganz allein ausgeführt werden dürften, so wäre das doch gewiß ein Ziel, das einen ebenso idealen wie realen Werth haben würde.« Und sie verdeutlichte: »Was ich nämlich immer vermisse, ist, daß auch die allergeringsten Gebrauchsgegenstände nach guten, künstlerischen Prinzipien hergestellt werden, und zwar billige Gebrauchsgegenstände, die eben das Volk auch bezahlen kann und woran es selbst seine innige Freude haben würde.« Das war womöglich das, was van de Velde ohnehin schon vorschwebte, aber man musste es auch auf den Weg bringen. Wer weiß, vielleicht gelang eben dies in Weimar, und man konnte dafür – darauf liefen Elisabeths Gedanken hinaus – den jungen neuen Großherzog Wilhelm Ernst als Unterstützer gewinnen?

Wilhelm Ernst erregte zunächst einmal damit Aufsehen, dass er bei Hofe Deutsch als Umgangssprache einführte und so, von Beamten und Höflingen argwöhnisch beäugt, das seit Generationen traditionell gesprochene Französisch ablöste. Ein Nationalist? Ein Neuerer? Oder nur ein Ignorant? Oder vielleicht alles das?

Kunst- und Kulturpolitik lag Wilhelm Ernst nicht besonders am Herzen. Er wusste aber, er konnte damit eventuell dem Ansehen Weimars und damit sich selbst dienen. Vergangene Zeiten hatten dies ja nun auch bewiesen. Daher hörte er sich an, was Elisabeth Förster-Nietzsche ihm vorschlug, und zeigte sich interessiert. Vielleicht könnte die Förderung der an ihn herangetragenen Ansätze sich lohnen.

Die Kunst der Moderne war im Schwange. Seit 1899 sorgte in Hessen der junge Großherzog Ernst Ludwig von Hessen-Darmstadt mit seinen Aktivitäten für Aufsehen. Auf der Mathildenhöhe in Darmstadt hatte er Künstler und Architekten des Jugendstils in einer neugegründeten Künstlerkolonie versammelt, in der neue Formen des Bauens und Wohnens entwickelt werden sollten. 1901 fand dort eine erste Leistungsschau statt. Von dieser kamen van de Velde und Kessler eindruckstrunken Ende August nach Weimar. Auf ihrer gemeinsamen Deutschlandreise hatte sie der Weg auch dorthin geführt. Nun waren sie von noch mehr Ideen beseelt als schon zuvor.

In Weimar machte der Elan der drei auf ihn einwirkenden Tatmenschen Eindruck auf Wilhelm Ernst, dem die Aktivitäten in Darmstadt zu denken gaben. Am 29. August 1901 notierte Kessler in seinem Tagebuch: »Frau Förster hat in diesen Tagen den Vorschlag gemacht, dass van de Velde sich als Direktor der Kunstschule in Weimar anstellen lasse.« Kessler warf nun sein diplomatisches Geschick in die Waagschale, verhandelte, überzeugte wichtige Einflussgrößen am Hof und schließlich auch den neuen Großherzog. Doch auch künftige Konflikte deuteten sich an. Der Hofmarschall Palézieux legte van de Velde im Laufe des gegenseitigen Kennenlernens seine Auffassung dekorativer Kunst lang und breit dar. Und die war eine andere als die des Belgiers.

Aimé Charles Vincent von Palézieux-Falconnet, in Vevey in der Schweiz als Sohn eines Gutsbesitzers geboren, war nach einer militärischen Laufbahn in der Schweiz sowie danach in der preußischen Armee 1869 Adjutant von Carl Alexander in Weimar geworden und nun mit Wilhelm Ernsts Regierungsantritt 1901 zum Oberhofmarschall aufgestiegen.

Christian Rohlfs war derweil von Henry van de Velde 1900 mit dem Hagener Mäzen Karl Ernst Osthaus bekannt gemacht worden, für den van de Velde gearbeitet hatte. 1901 verließ Rohlfs

Weimar und ging an das von Osthaus gegründete Folkwang-Museum in Hagen, wo ihn Bilder Georges Seurats und Paul Signacs beeindruckten. Doch Rohlfs behielt in Weimar ein Atelier und fuhr immer wieder hin, um dort zu arbeiten.

1902 setzte Rohlfs sein Seurat-Erlebnis um und malte pointilistisch, etwa *Goethes Gartenhaus im Weimarer Park*. So zogen auch in Weimar der Neoimpressionismus und die Moderne ein. Auf gewisse Weise verdichtete sich jetzt in Rohlfs' Werk das weite Erfahrungsspektrum, das sich schon auf vielerlei Weise gedanklich in Goethes Farbenlehre entfaltet hatte und im Pointilismus neue Wege fand. Später, als Rohlfs sich sogar dem expressionistischen Stil zuwandte, reduzierte er die Palette auf Rot, Blau und Gelb als Hauptfarben. Die Klarheit dieser Farbpalette, ihre Zurückführung auf die Grundfarben, nahm auf bestimmte Art viele Entwicklungen im Bauhaus vorweg.

Der Aufbruch

Und da war noch Berlin. Dort hatte Kaiser Wilhelm II. in seiner Rede *An die Berliner Künstler nach Herstellung der Denkmäler in der Siegesallee* am 18. Dezember 1901 festgestellt: »Eine Kunst, die sich über die von Mir bezeichneten Gesetze und Schranken hinwegsetzt, ist keine Kunst mehr, ist Fabrikarbeit, ist Gewerbe, und das darf die Kunst nie werden.« Sie »soll mithelfen, erzieherisch auf das Volk einzuwirken, sie soll auch den unteren Ständen nach harter Mühe und Arbeit die Möglichkeit geben, sich an den Idealen wieder aufzurichten«. Das war keine Rede für die Kunstfreiheit gewesen.

Von der Kunstauffassung Kaiser Wilhelms II. war Wilhelm Ernst nicht überzeugt, und er erwog, es mit den Neuerern zu versuchen, auch wenn es ihm nicht so recht gelang, wahres Interesse oder gar Leidenschaft für deren Ideen zu entwickeln.

Am 20. Dezember 1901 erreichten zwei bedeutsame Telegramme Henry van de Velde. Das eine brachte ihm die Nachricht aus Antwerpen vom Tod seines Vaters, das andere sprach eine Einladung nach Weimar zum Diner beim Großherzog schon am Abend des folgenden Tages aus.

Am nächsten Tag trafen sich van de Velde, Harry Graf Kessler und Elisabeth Förster-Nietzsche mit Palézieux beim Großherzog. Am Abend folgte ein Diner im Schloss. Nach dem Essen sprach Wilhelm Ernst zuerst lange mit van de Velde, danach ging er auf Kessler zu. In der Befürchtung, van de Velde könnte ihm absagen und in einer anderen Stadt mit seinen Plänen Unterstützer gewinnen, stimmte Wilhelm Ernst zu, van de Velde nach Weimar zu holen und ihm dort ein neues Spielfeld zu eröffnen.

Am nächsten Tag war van de Velde bei der Großherzoginmutter im Schloss Belvedere geladen. Da van de Velde den Zug nach Antwerpen erreichen musste, verabschiedete er sich, was gegen die Etikette verstieß. Denn es hätte allein der Großherzoginmutter zugestanden, das Zusammensein zu beenden. Da van de Velde zudem den Grund für seine Abreise verschwieg, war diese verstimmt.

Während van de Velde am Sarg seines Vaters stand und vielleicht nur deshalb so schnell allen Angeboten in Weimar zugesagt hatte, weil er in seiner Trauer daran dachte, wie sehr sein Vater die Tätigkeit in Weimar begrüßt hätte, unterrichtete Kessler in Berlin van de Veldes Verlobte Maria.

In Weimar ging es nun Schlag auf Schlag. Am 1. April 1902 nahm Hans Olde seine Tätigkeit als Direktor der Großherzoglich Sächsischen Kunstschule auf. Ein Amt, das Kessler und Elisabeth Förster-Nietzsche ihrem Mitstreiter van de Velde hatten verschaffen wollen. Aber es tat der Begeisterung keinen Abbruch. Olde gehörte ebenfalls zu den Neuerern und stand seit der gemeinsamen Arbeit am Porträt ihres Bruders mit Elisabeth Förster-Nietzsche in freundschaftlicher Beziehung. Van de Velde wurde zur gleichen Zeit zum Berater in Fragen der Verbesserung des niederliegenden Handwerks im Großherzogtum ernannt. Er gab an, auch wegen Friedrich Nietzsche nach Weimar zu kommen, der für ihn der Vater »Neuen Stils« sei. Kessler jubelte, »eine praktische, moderne Form für die Stellung des Künstlers zum Gewerbe« sei gefunden worden. Das werde in der deutschen Kultur »Epoche machen«.

Im April 1902 fasste Kessler den Entschluss, sich selbst als Akteur in die Arena von Weimar zu begeben. Im Oktober erhielt er die Ernennung zum Vorsitzenden des Kuratoriums des »Großherzoglichen Museums für Kunst und Kunstgewerbe«. Diese neu geschaffene Institution, der er nun vorstand, war aus der 1880 gegründeten Permanenten Kunstausstellung hervorgegangen, die meist kurz nur die »Permanente« genannt wurde und die zuletzt Palézieux geleitet hatte. Dem Kuratorium des neuen Museums gehörten neben Kessler, noch van de Velde, Olde und ein Regierungsrat an.

Auf der Industrie- und Gewerbeausstellung in Düsseldorf im gleichen Jahr weigerte sich Kaiser Wilhelm II., wie erzählt wurde, den van-de-Velde-Raum zu betreten. Er wolle nicht seekrank werden.

Am 24. März 1903 trat Kessler sein Amt an, das er im Übrigen ehrenamtlich übernahm. Seine Depressionen wichen. Er war in Aufbruchstimmung. In Weimar zog er in das Haus Cranachstraße 15, das er erworben hatte. Die Einrichtung gestaltete natürlich van de Velde. Der war mit seiner Familie schon in ein Haus in der gleichen Straße gezogen.

Kessler hatte sich für seine Stellung die Freiheit erstritten, weitgehend selbständig Werke zu verkaufen und anzukaufen. Denn er, der die Großen der Moderne, wie Monet, Seurat selbst sammelte, war der Ansicht, es sei besser, der Geschmack eines Einzelnen – womit er natürlich seinen eigenen meinte – kuratiere eine Ausstellung statt einer Kommission. In diesem Sinne selbstermächtigt stürzte er sich in die Organisation zahlreicher, zum Teil aufsehenerregender Ausstellungen. In Weimar sollte die Moderne gezeigt werden! Seine Kontakte kamen ihm bei all den heiklen Abstimmungen mit Museen, Galeristen, Künstlern und Sammlern zupass.

Kessler begann im Juni 1903 mit einer umfassenden Schau von Plastiken, Grafiken und Gemälden von Max Klinger. Am 1. August 1903 eröffnete dann die Ausstellung »Deutsche und französische Impressionisten und Neoimpressionisten«, die weit über Deutschland hinaus für Furore sorgte. Werke von Édouard Vuillard, Odilon Redon, Maurice Denis, Pierre Bonnard, Paul Signac und der Deutschen Curt Herrmann und Paul Baum waren zu sehen. Es folgten immer wieder auch dazwischengeschaltete Schauen, die der Kunst aus Weimar Referenz zollten, und weitere weithin beachtete Einzel- und Gruppenausstellungen von Impressionisten, Neoimpressionisten und Symbolisten. So konnte das Publikum in Weimar schon sehr früh Werke von Paul Gauguin, Paul Cézanne, Lovis Corinth, Emil Nolde, Auguste Renoir, Édouard Manet und vielen anderen Meistern der neuen Wege in der Malerei sehen.

Kessler schuf schnell neue Tatsachen. Er verkaufte Werke, die Palézieux für die »Permanente« angeschafft hatte, um Werke der Moderne zu erwerben. Palézieux war entsetzt darüber, und Kessler notierte im November 1903 wenig einfühlsam, Palézieux »geht herum und jammert, dass sein Lebenswerk zerstört sei«. Kessler glaubte Wilhelm Ernst fest an seiner Seite, zumal dessen Gattin sich für die neuen Aktivitäten begeisterte. Doch Kaiser Wilhelm II., der alle Fürsten in seinem Reich argwöhnisch beobachtete, insbesondere seinen jungen Verwandten Wilhelm Ernst im symbolträchtigen Weimar, war bereits aufmerksam geworden. Der kaiserliche Gesandte Felix von Müller hatte schon am 15. März 1903 aus Weimar schriftlich nach Berlin über die neuen Entwicklungen mit van de Velde und Kessler berichtet. Wilhelm II. hatte in der Manier seines Vorfahren, des großen Fritz, an den Rand notiert: »ultramoderner Unsinn« und »abscheulich«.

Trotz aller Selbstgewissheit entdeckte Kessler in Weimar zwar mögliche Schwierigkeiten, insbesondere in den Verhältnissen des kleinen engen Hofes, doch er sah vor allem die Möglichkeiten. Allerdings bevorzugte er, anders als einst der junge Goethe, dem es mit Einfühlungsvermögen und Geschick gelungen war, den Widerstand des zu Beginn sehr vehement gegen ihn eintretenden Fritsch zu zerstreuen, die Konfrontation, die er durch seinen Lebensstil des Kommens und Gehens noch förderte. Denn Kessler blieb weiterhin einer, der, kaum an einem Ort eingetroffen, schon auf dem Weg zum nächsten war. Munter pendelte er zwischen Weimar, Berlin, Paris und London.

Am 5. August 1903 hielt der französische Schriftsteller und spätere Literaturnobelpreisträger André Gide in Weimar vor einem kleinen Kreis bei Hofe einen Vortrag mit dem Titel »Über die Bedeutung der Öffentlichkeit«. Tenor: Herausragende Künstler brauchen ein herausragendes Publikum. Dieses Denken in Eliten deckte sich mit dem Denken Kesslers. Der sprach einen Tag nach Gides Vortrag in einem Brief an Hugo von Hofmannsthal von einem Publikum, das man hier am Hof erziehen wolle: »Was ja sonst in Deutschland fehlt.« In der Tat wollte Kessler von Weimar aus eine Missionierung des ganzen Landes starten.

Elisabeth Förster-Nietzsche, die seit 1902 die Villa Silberblick ihr Eigentum nennen konnte, griff nun Kesslers Anregung, das Haus repräsentativer zu gestalten, auf und verpflichtete Henry van de Velde für eine neue, möglichst beeindruckende Gestaltung der Räume des Nietzsche-Archivs. Kessler sprach, was das mit der Gestaltung in der Villa Silberblick verbundene Ziel betraf, sogar von »unserer Zitadelle«. Ihm schwebte vor, dem Geist des toten Philosophen in der Innenarchitektur des Hauses auf spektakuläre Weise Gestalt zu geben. Henry van de Velde ließ seinen Ideen freien Lauf und schuf einen Bibliotheks- und Archivsaal, in dem auch Veranstaltungen stattfinden sollten, und obendrein einen repräsentativen Vorbau für den Eingang zu der Villa. Am 15. Oktober 1903 erfolgte zu Nietzsches Geburtstag die festliche Einweihung. Eine Herme Nietzsches von Max Klinger präsentierte man zudem als besondere Attraktion. Von Kessler in Auftrag gegeben.

Kaiser Wilhelm II. zeigte offen seine Präferenzen. Statt in der Gesellschaft seines Reiches zwischen den Positionen zu vermitteln, schlug er sich in dieser Zeit der Umbrüche und Verkeilungen eindeutig auf eine Seite. Nach dem gewonnenen Krieg 1870/71 gegen Frankreich und der Gründung des Kaiserreichs, in der sogenannten Gründerzeit, erlebte Deutschland ein enormes Wirtschaftswachstum. Groß- und Millionenstädte entstanden und wuchsen. Berlins Einwohnerzahl wuchs von etwas mehr als 800 000 im Jahr 1871 auf über zwei Millionen im Jahr 1900. In Düsseldorf, das 1871 knapp 70 000 Einwohner hatte, lebten 1900 bereits über 200 000 Menschen. Frankfurt am Main wuchs im gleichen Zeitraum von über 90 000 auf fast 300 000 Einwohner. Weimar wuchs auch, aber weit moderater. Von 16 000 auf 28 000 Einwohner.

Währenddessen vertiefte sich der Gegensatz von Land und Stadt. Die Welt wurde lauter, schneller und vielstimmiger. Auch deshalb gestaltete sich die Epoche zur Jahrhundertwende als eine Zeit der vielfältigen Kunstströmungen. Denn diese Zeit warf Fragen auf. Die Antworten darauf waren einerseits Versuche, in die neuen Wahrnehmungsräume Breschen und Wege zu schlagen, andererseits aber bestanden die Antworten in Reaktionen der Abwehr und der Zuflucht in Traditionen.

Kaiser Wilhelm II. wählte die Traditionen. In der Kunst unterstützte er die Allgemeine Deutsche Kunstgenossenschaft unter der Führung des Malers Anton von Werner, der einen pathetischen und repräsentativen Realismus forderte. Strömungen der Moderne wie Impressionismus und sogar Naturalismus lehnte er ab. Werners Werke erfuhren breite Resonanz im deutschen Beamten- und Bürgertum. Sein Gemälde von der Proklamation des Deutschen Kaiserreichs im Spiegelsaal von Versailles wurde Teil des kollektiven Gedächtnisses und bediente den allgemeinen Nationalismus. Werner war ein Favorit Wilhelms II.

Die Künstler der Moderne versuchten indes, auch angesichts ihrer zunehmend offenen Ablehnung und Benachteiligung durch staatliche Kulturstellen, eigene Kraftzentren zu bilden. Nach mehreren Skandalen und offenen Auseinandersetzungen – etwa der von Anton von Werner betriebenen Schließung einer Ausstellung von Werken Edvard Munchs, die sich 1892 zu dem großen Kunstskandal »Fall Munch« ausweitete – initiierte 1898 der Landschaftsmaler Walter Leistikow, von dem zuvor ein Bild für eine Ausstellung abgelehnt worden war, die Berliner Sezession. Zu den Mitstreitern an vorderster Front gehörte Max Liebermann. Auch einige der in dieser Zeit noch immer wenigen Malerinnen wie Sabine Lepsius schlossen sich an. Anton von Werner und Kaiser Wilhelm II. lehnten die Sezession offen ab. Während Werner seine Vorstellung von der Einheit der Künstler bedroht sah, empfand Wilhelm II. die Sezession als Attacke auf sich und den Staat.

Derweil wurde die für 1904 in St. Louis geplante Weltausstellung vorbereitet. Auch das deutsche Kaiserreich wollte bei dieser Vergleichsschau der Nationen glänzen. Der zuständige Reichskommissar plante, aus dem großen Reservoir deutscher Kunst zu schöpfen und alle erdenklichen Richtungen zu berücksichtigen. Viele in der von Anton von Werner geführten Kunstgenossenschaft aber waren über diesen Ansatz der Vielfalt empört, und Wilhelm pflichtete ihnen bei. Er entließ den Reichskommissar und mit ihm auch die Kommission.

Längst tauschten sich Kessler und Max Liebermann über Wege einer intensiveren Zusammenarbeit der modernen Kräfte in der Kultur aus. Etwas musste Werners Kunstgenossenschaft und Wilhelms Kunstpolitik entgegengesetzt werden. Sie dachten an eine neu zu gründende Gemeinschaft. Kunst, Literatur, Musik: Alle sollten dabei sein. Im Oktober und November 1903 arbeitete Kessler auf vielen Ebenen auf einen besonderen Coup hin, und am 15. und 16. Dezember 1903 setzte er ihn in Weimar mit der Gründung des Allgemeinen Deutschen Künstlerbunds ins Werk. Ziel der Vereinigung war unter anderem die »Befreiung vom Gewissenszwang in der Kunst«, wie Kessler in seinem Tagebuch festhielt. Es galt, im Zweifel auch repräsentative deutsche Ausstellungen der Regierung zu boykottieren. Wie etwa die bei der Weltausstellung in St. Louis.

Vizepräsidenten des Allgemeinen Deutschen Künstlerbundes wurden Max Liebermann und Max Klinger. Kessler wurde geschäftsführender erster Vizepräsident und Bodenhausen Schriftführer. Kessler gelang es zudem, Wilhelm Ernst zur Schirmherrschaft zu bewegen.

Der preußische Gesandte Felix von Müller berichtete ausführlich schriftlich nach Berlin. Er befürchtete, dass die neue Gruppe versuchen könne, den Weimarer Großherzog gegen Berlin in Stellung zu bringen. Allerdings äußerte er die Hoffnung, dass diesem letztlich eine politische Konfrontation mit dem Kaiser, geboren aus einer Gegnerschaft in der Kunst, nicht recht wäre. Womit Müller die nachfolgenden Entwicklungen richtig vorgezeichnet hatte. Wilhelm Ernst war zwar kein Anhänger des kaiserlichen Autoritätsgebarens, und Wilhelms Poltern über Kunst befremdete ihn, aber er war auch weit davon entfernt, sich in den Kämpfen Kesslers zu einem Werkzeug machen zu lassen.

Kessler hingegen wurde nun durch seine Rolle bei der Gründung der neuen Vereinigung deutschlandweit als zentraler Vorkämpfer für die Moderne wahrgenommen. Und Kessler selbst wurde sich, auch angesichts seines Erfolges, seiner Macht bewusst. Doch er begann, diese zu überschätzen.

Wie stark die Gegenkräfte waren und wie rasch sie in Position gingen, zeigte sich schon fast zur gleichen Zeit auf anderen Bühnen in Weimar. Derlei Störgeräusche nahm Kessler zwar wahr, maß ihnen aber vergleichsweise wenig Bedeutung bei.

Im Herbst 1903 gastierte die Schauspielerin Louise Dumont mit Dramen Henrik Ibsens im Nationaltheater in Weimar, und sie regte die Gründung eines großen »Deutschen Nationaltheaters« in Weimar an, das ähnlich wie Bayreuth in der Musik neue Wege im Sprechtheater einschlagen sollte. Jahr für Jahr in den

Sommermonaten sollten in einem dafür errichteten Bau die besten Schauspieler des Landes Stücke der Klassik und der Moderne aufführen. Dieses neue Theater sollte in der Nähe der Falkenburg zwischen Stadt und Belvedere entstehen, und van de Velde sollte es entwerfen. Kessler war sofort begeistert.

Allerdings tut man sich auch in der Kunst oft mit Konkurrenz oder mit dem, was man als solche sieht, schwer. Daher war Hippolyt Vignau, der amtierende Hoftheaterintendant, entschieden gegen die neuen Pläne. Preußens Gesandter Müller wiederum mutmaßte in seinen Berichten nach Berlin, das Ganze sei nur ein Versuch Kesslers, seine Leute unterzubringen. Der Plan einer Strahlkraft bis ins Ausland – die Schauspielerin Dumont sei dort im Übrigen unbekannt – müsse fehlschlagen. Vignau startete eine Kampagne, die auch antiausländische und antisemitische Einstellungen bediente, und war damit erfolgreich. Daher zerschlug sich Louise Dumonts Vorschlag ebenso wie Kesslers Plan, im Naturtheater des Schlossparks von Belvedere in Reminiszenz an die Goethezeit ein neues Liebhabertheater einzurichten.

In der Tat entwickelte sich Weimar parallel zu den Aktivitäten der fortschrittlichen Kräfte um Kessler und van de Velde zu einem Hauptkampfplatz für erzkonservative und deutschnationale Intellektuelle, die versuchten, den Hof, die Regierung und die breite Bevölkerung auf ihre Seite zu ziehen. Bereits 1896 war der Schriftsteller Adolf Bartels, der den Begriff »Heimatkunst« propagierte und in vorderer Reihe dieser literarischen Strömung stand, nach Weimar gezogen. Die Heimatkunstbewegung gründete auf einem Verständnis von Heimat als Abgrenzung und vertrat nationalistische, völkische und letztlich rassistische Ziele. Dies schloss Modernes nicht aus; aber all jenes Moderne, das man in irgendeiner Weise als fremd begriff.

Im November 1903 erhitzte ein Streit um den Abriss der Gartenmauer Goethes die Gemüter. Kessler und van de Velde hatten eine dementsprechende Petition unterzeichnet, zum Entsetzen von Traditionalisten. Es ging um Deutungshoheiten der Kultur und der Identität der Stadt. Das Konservative, das Bewahrende gegen die fortschrittliche Moderne. Und nun schienen sich die Vertreter der Moderne mit ihren Abrissplänen kaum weniger autoritär zu gerieren als jene, die sie zu überwinden versuchten.

Die Gartenmauer blieb, und bei vielen in Weimar auch der Argwohn, was der Kreis um Kessler als nächstes im Schilde führen würde, um ihre Stadt und ihre Geschichte zu verändern. Zudem hatte der Streit um Goethes Gartenmauer viele Konflikte der Zeit gebündelt. Und Weimar selbst blieb fortan ein Brennglas dieser Konflikte.

Kunst entsteht und zeigt sich

Christian Rohlfs folgte weiterhin den sich öffnenden Wegen der modernen Malerei. 1904 veränderte er seine Pinselführung, so dass sie in ihrer wellenhaft bunten Gestaltgebung an die Bildwelten Edvard Munchs erinnerte. In diesem Stil malte er in diesem Jahr zum Abschied von Weimar sein bescheidenes Atelier in der Amalienstraße 13, das er nun aufgeben musste, da das Haus umgebaut werden sollte.

Besagter Edvard Munch, dessen Bilder Jahre zuvor Deutschlands Kunstszene tief gespalten hatten, reiste im März 1904 nach Weimar. Harry Graf Kessler kannte den Norweger schon seit 1895 und hatte ihn mehrfach in seinem Domizil in Berlin als Gast empfangen. Nun hatte er Munch beauftragt, ihn, den Gründungsdirektor des Großherzoglichen Museums für Kunst und Kunstgewerbe in Weimar, zu porträtieren. In einem improvisierten Atelier im Hotel Elephant begann Munch mit der Arbeit.

Kessler versuchte, Munch mit den wichtigsten Persönlichkeiten Weimars bekannt zu machen. Er führte ihn bei Hofe ein, wo dieser Wilhelm Ernst und dessen Gattin Caroline kennenlernte; und Munch besuchte, ganz gegen seine sonstige eigenbrötlerische Art, begeistert einen Empfang bei Elisabeth Förster-Nietzsche. Auch sie saß Munch Modell. Es entstanden Vorzeichnungen und eine Porträtradierung.

Kessler zeigte in Weimar weiterhin unermüdlich Meisterwerke der Moderne. 1904 machte er mit der Ausstellung »Manet, Monet, Renoir, Cézanne« erneut weit über die Grenzen der Stadt Eindruck. Auch verlegerisch wurde Kessler tätig. Im Dezember 1904 erschienen die ersten beiden Bände der von ihm initiierten Großherzog-Wilhelm-Ernst-Ausgabe, für die er den Fürsten gewonnen hatte. Den Anfang machten Goethes Romane und Novellen und Schillers dramatische Dichtungen. Bis 1921 folgten zahlreiche weitere Werke von Goethe, Schiller, Kant, Körner und Schopenhauer. Die Editionen setzten Maßstäbe der Buchgestaltung in Deutschland.

Nach 1904 hielt Kessler sich aber nur noch sporadisch in Weimar auf. Er dirigierte nun seine Vorhaben von Berlin, Paris und London aus und pendelte permanent in Zügen zwischen den drei Metropolen hin und her. Weimar schien ihn ein wenig zu langweilen und für ihn mehr und mehr eine Art begriffsstutziges Kind zu sein, dem nur wenig beizubringen sei. Seine Verbündeten van de Velde und Förster-Nietzsche indes fühlten sich im Stich gelassen.

1905 ließ Kessler in Weimar eine erneute Neo-Impressionisten-Ausstellung folgen: Monet, Gauguin, außerdem Renoir, Corinth, Nolde, Kandinsky. Das Publikum aber ließ sich kaum erwärmen. Gauguins Südseebilder riefen sogar Entsetzen hervor.

1903 hatte der junge Maler Max Beckmann, der 1900 mit 16 Jahren die Aufnahmeprüfung an der Weimarer Kunstschule bestanden hatte, diese ohne Abschluss wieder verlassen, zunächst in Richtung Paris. In Weimar hatte er an der Kunstschule 1902 Minna Tube kennengelernt, die bald seine Frau wurde. Die Malerin und spätere klassische Sängerin war eine der ersten Frauen, die die Akademie besuchten. Ihr widmete Beckmann mit dem Kürzel »HBS1905«, was verklausuliert »Herr Beckmann Seiner Liebsten« bedeuten soll, sein 1905 in Berlin entstandenes großformatiges Gemälde »Junge Männer am Meer«, das Harry Graf Kessler so begeisterte, dass er es gleich für die stattliche

Summe von 6000 Mark für das Großherzogliche Museum für Kunst und Kunstgewerbe in Weimar erwarb.

Kessler reiste nach wie vor zu den Künstlern, besuchte sie in ihren Ateliers und schmiedete mit ihnen Pläne. Bei einem Besuch in Paris hatte der Bildhauer Aristide Maillol Kessler auf seinen Kollegen Auguste Rodin aufmerksam gemacht. Die Freundschaft, die Kessler daraufhin mit Rodin schloss, hatte für Kessler bald Folgen in Weimar.

Der Großherzog heiratete derweil. Als Wilhelm Ernst mit seiner Braut Prinzessin Caroline im Juni 1903 nach Weimar kam, war die Freude groß. Doch die Ehe wurde von Beginn an von dunklen Geschichten und Gerüchten begleitet. Caroline, eine geborene Reuß zu Greiz, in der Bevölkerung wegen ihres Wesens und ihres wohltätigen Wirkens bald schon »Stern von Weimar« genannt, hatte Wilhelm Ernst nicht heiraten wollen und ihm das mehrfach gezeigt. Der wollte schließlich von dem Ehevorhaben zurücktreten, doch Kaiser Wilhelm II. soll auf der Hochzeit bestanden haben. Die Ehe wurde zur Hölle, mit schlimmen Szenen und Wutausbrüchen des ohnehin cholerischen Wilhelm Ernst. Caroline versank in Depressionen; Pläne, ihren Mann zu verlassen, wurden vereitelt. Als sie nun zu Beginn des Jahres 1905 20-jährig an einer Lungenentzündung starb, vermuteten viele, sie habe ihren Tod bewusst mit ihren wilden Ausritten durch die eiskalten Landschaften um Weimar herbeigeführt.

Caroline hatte sich offen für die Kunstaktivitäten in Weimar begeistert, mit van de Velde und Kessler den Austausch gepflegt und sich von Hans Olde porträtieren lassen. Nach ihrem Tod kühlte Wilhelm Ernsts letztlich eher lauwarmes Eintreten für Kunst und Kultur vollkommen ab. Kessler wollte das nicht verstehen, und er legte in Gesprächen mit dem Großherzog über moderne Kunst eine wachsende Überheblichkeit an den Tag. Kessler tat Bemerkungen Wilhelm Ernsts ab oder lachte sie weg und spürte nicht, dass sein auf solcherlei Art herausgestelltes Wissen ihm das Gegenteil von Macht verlieh. Der vom Wesen her unsichere Wilhelm Ernst wiederum registrierte zweifellos, was Kessler von ihm hielt.

Dennoch wähnte Kessler Ende 1905 seine Möglichkeiten, nicht nur in Weimar, nahezu unbegrenzt. In seinem Tagebuch zählte er sich am 15. November alle seine Verbindungen und Freundschaften in Deutschland auf, sein »Prestige«, darunter die »Stellung in Weimar«, dies »trotz des großherzoglichen Schwachsinns«. Sein Fazit: »Niemand anders in Deutschland hat eine so starke, nach so vielen Seiten reichende Stellung«, und diese, so folgerte er, sei auszunutzen »im Dienst einer Erneuerung Deutscher Kultur«. Und mit Blick auf sich ergänzte er: »Sicher könnte Einer mit solchen Mitteln Princeps Juventutis sein. Lohnt es die Mühe?« Insbesondere im Begriff des *Princeps iuventutis*, einer Bezeichnung Ciceros für den jungen möglichen Nachfolger des Kaisers, zeigte sich Kesslers mittlerweile in geradezu unermessliche Sphären greifende Selbsteinschätzung.

Was das Abkanzeln des Großherzogs betraf, legte Kessler in seinem Tagebuch bald nach. Am 30. November 1905 bezeichnete er ihn darin als »unter Durchschnitt begabt, von bösartigem Charakter«. Kessler bekam nun wohl doch Zweifel, ob es in Weimar weitergehen würde. Doch, so redete er sich zu, man müsse zusammenhalten und »mit unserer ganzen Kraft jedesmal für Jeden eintreten und unser Zentrum immer mehr in Weimar sehen, das sich seiner Vergangenheit und seines Namens wegen besser als irgendein anderer Ort in Deutschland zum Mittelpunkt eigne«, wobei der Hof ganz gleichgültig sei. Allerdings mit dem letzten Halbsatz irrte er.

Die Verantwortlichen für die Institutionen der Kunst vor Ort hatte Kessler sich längst zu Feinden gemacht. Und das ist nachvollziehbar. Mit seinem Erneuerungsenthusiasmus bedrohte er die alten Institutionen, die Machtnetzwerke der Verwaltung, die Pfründe und Kompetenzen der Beamten wie der Höflinge. So klug und geschickt Kessler als Menschenfänger vorgehen konnte, so unsensibel, harsch und konfrontativ handelte er zuweilen, wenn seinen Ideen nicht gleich die Türen geöffnet wurden. Dann ging er, von der Richtigkeit seiner Absichten überzeugt, in den Kampf. Er griff an.

Palézieux machte er sich durch seine Eingriffe in dessen »Permanente« zum Gegner. Der Hoftheaterintendant Vignau fühlte sich von Kesslers offensiv betriebenen Theaterreformplänen bedroht. Der Leiter des Kunstmuseums Ruhland musste erleben, wie Kessler ihn durch seinen Freund Bodenhausen ersetzen wollte. Man kann nachvollziehen, dass sie alle das Feld nicht kampflos räumen wollten. Und auch sie folgten dem Antrieb, zu modernisieren, zu verändern, Weimar neue Impulskraft zu geben. Doch man wollte sich nicht dem Diktat eines Mannes beugen, der den Weg, die Ämter und die Inhalte diktieren wollte und noch dazu die offene Konfrontation mit dem Kaiser in Berlin in Kauf nahm, dabei aber übersah, mit welchen politischen Abhängigkeiten man im Großherzogtum jonglieren musste und dass eine übermäßige Konfrontation mit dem Kaiser viele Gefahren barg. Im Frühjahr 1906 kam es im Kampf um die Gunst des Großherzogs zur Entscheidung.

Kessler stürzt

1906 malte Edvard Munch während eines weiteren Aufenthalts in Weimar sein »Selbstporträt mit Weinflasche« im Restaurant des Hotels Russischer Hof. Er sitzt im dunklen Anzug, leicht vorgebeugt, die Hände in den Schoß gelegt, mit abwesendem Blick. Die Perspektiven und Linien um ihn herum verschwimmen, die Menschen im Raum sind schemenhaft. Munch malte sich als ein unsicheres Ich in unsicherer Welt. Im gleichen Jahr porträtierte er noch einmal Kessler. Er malte ihn in Lebensgröße, in dem Format, das er für viele seiner Porträts wählte. Langgestreckte zwei Meter hoch, doch nur knapp einen Meter breit ist das Bild. Die Porträtierten Munchs stehen sehr häufig aufrecht. So malte er Walther Rathenau, so malte er auch Kessler. Mit einem hellen breitkrempigen Hut, in einem dunklen, maßgeschneiderten, eng am schlanken Körper anliegenden Anzug, dunkler Weste, weißem Hemd mit Stehkragen steht Kessler mit Schnurrbart selbstbewusst, in der Hand einen dünnen Spazierstock, vor einem gelben Hintergrund. Er schaut den Betrachter fest und gleichsam mit nach innen gewandtem Blick an. Doch trotz seiner selbstsicher anmutenden Haltung scheint Kessler auch auf Munchs Bild nicht auf solidem Grund zu stehen.

1906 wuchsen die Spannungen Deutschlands sowohl mit England als auch mit Frankreich. Kessler versuchte mit seinen Kontakten alles, um zwischen den Ländern zu vermitteln, sogar gemeinsam mit dem Auswärtigen Amt in Berlin. Seine familiären und persönlichen Verbindungen in der deutschen wie englischen Bankenwelt nutzte er für Vermittlungsversuche, etwa vor dem Hintergrund der Krise um den Bau der Bagdadbahn, die von der Deutschen Bank finanziert werden sollte. Eine Bahnlinie unter Beteiligung Deutschlands im Nahen Osten empfand Großbritannien als Bedrohung seiner Interessen.

Kessler hielt daneben Vorträge zum Thema »Kunst und Patriotismus« und betonte das Verbindende. Es sei »kein Gegensatz, ein guter Deutscher und ein ›guter Europäer‹ zu sein«, und es gebe keinen Konflikt zwischen nationalem und internationalem Denken. Am 23. Mai 1906 eröffnete eine Ausstellung Kesslers in London mit deutscher Kunst und viel Moderne. Es gab große Aufmerksamkeit. Doch das Moderne traf nicht den Geschmack des Publikums und der Rezensenten. In Berlin freute sich Wilhelm II. über die Verrisse.

Dann kam jene entscheidende Ausstellung in Weimar. Rodin hatte seinem Freund Kessler mehrere Aquarelle weiblicher Akte als Dank für dessen Förderung geschenkt, einschließlich einer Widmung an den Großherzog. Im Januar 1906 ließ Kessler in Weimar diese weiblichen Akte ausstellen. Es gab einen Skandal, und er wurde noch befeuert. In der einflussreichsten Zeitung vor Ort warnte der konservative Weimarer Maler Hermann Behmer, ein Porträtist des Adels und des gehobenen Bürgertums, »unsere Frauen und Töchter« vor dem Anblick. Es sei

»eine Frechheit des Ausländers unserem hohen Herrn so etwas zu bieten«.

In den Tagen, da Kessler die Rodins ausstellte, befand sich Wilhelm Ernst auf einer Indienreise. Kessler wiederum hielt sich in London auf. Oberhofmarschall Palézieux witterte nun seine Chance, sich seines Intimfeindes Kessler zu entledigen. Er gründete einen »Verein zum Schutz des in Indien abwesenden Souveräns«.

Was Palézieux nicht wusste: Wilhelm Ernst hatte zuvor die Zeichnungen Rodins als Geschenk akzeptiert und angenommen. Eine Tatsache, die, wenn sie öffentlich belegt werden konnte, Kessler entlasten musste. Den dementsprechenden Brief eines Kabinettssekretärs aber konnte Kessler zunächst nicht finden. Als er doch noch auftauchte, machte er sich den Spaß, die öffentliche Streiterei über die Angelegenheit weiterzuführen, um das Schriftstück zu passender Zeit zu präsentieren und somit Palézieux bloßzustellen: »Der komische Effekt, wenn der Brief herauskommt, wird grandios sein«, freute er sich in einem Brief an Hofmannsthal. Und in der Tat waren Kesslers Gegner düpiert. Kessler allerdings hatte durch sein perfides, genüssliches Vorgehen das Wohlwollen des Großherzogs verloren.

Bei der 3. Künstlerbundausstellung in Weimar am 11. Juni 1906 schritt Wilhelm Ernst die Reihe der Würdenträger ab, begrüßte alle, gab jedem die Hand, wechselte mit jedem einige Worte. So war es üblich. Vor Kessler aber blieb er stumm stehen, verzog wortlos verächtlich das Gesicht, ging ohne Gruß weiter und ließ alle Anwesenden mit entgeisterten Blicken auf den bloßgestellten Kessler zurück.

Am 3. Juli notierte Kessler in seinem Tagebuch: »Meinen Abschied eingereicht. Begründet mit Mangel an Vertrauen und Mitgehen des Großherzogs: milder Ausdruck für seine Trottelhaftigkeit.« Zehn Tage später nahm Wilhelm Ernst Kesslers Rücktrittsgesuch an.

Palézieux hatte gesiegt und organisierte die Museumslandschaft in Weimar in seinem Sinne wieder um. Kessler hingegen versuchte, Palézieux nun öffentlich zu vernichten. Er startete eine Zeitschriftenkampagne. Darin spekulierte man über Palézieuxs Verbindungen, man lancierte Anschuldigungen über finanzielle Unregelmäßigkeiten, und Kessler versuchte Palézieuxs Ehre als Soldat zu zerstören. Am 10. Februar 1907 verstarb Palézieux. Man vermutete Selbstmord. Kessler hatte ihn zum Duell gefordert und Palézieux sich geweigert, darauf einzugehen. Kessler an Hofmannsthal: »Mitgefühl mit ihm [...] keins. Ich hätte mich lieber mit ihm geschossen.«

Während seiner etwas mehr als vier Jahre in amtlicher Verantwortung in Weimar hatte Kessler mit über 30 Ausstellungen der modernen Kunst eine Bühne geschaffen und wesentlich zu deren Anerkennung in der Welt beigetragen. Nun befand er sich wieder dort, wo er sich innerlich vor seiner Zeit in Weimar gefühlt hatte. Er war orientierungslos in seinem Leben, in seiner Zeit. Doch das waren viele.

Van de Velde bleibt

Van de Velde hatte nach seinem Eintreffen in Weimar im November 1902 ein Kunstgewerbliches Seminar eingerichtet, das seine Heimat im Prellerhaus fand, dem ehemaligen Atelier des Malers Louis Preller. Dort konnten sich Handwerker des Großherzogtums unentgeltlich Rat holen und Werkstätten nutzen. Ab 1905 entstand für die nunmehr geplante Großherzogliche Kunstgewerbeschule der rechtwinklige Bau, der als Van-de-Velde-Bau in die Architekturgeschichte einging. Darin richtete man Werkstätten für Weberei, Goldschmiede, Emaillebrennerei, Stickerei, Teppichknüpferei, Buchbinderei, Keramik und Ziselieren ein. Im Ostflügel erhielt die 1905 neugegründete Bildhauerschule von Adolf Brütt ihre neue Heimat. Im ersten Stock am Ende des bis 1906 fertiggestellten Südflügels lag das Atelier van de Veldes, des Schöpfers des Gebäudes.

An der Großherzoglich-Sächsischen Kunstschule studierte seit dem Frühjahr 1905 auch Julia Berg. Sie wollte hier ihre in Berlin begonnene Ausbildung fortsetzen. Julia war 25 Jahre alt, stammte aus einer wohlhabenden Kaufmannsfamilie und war mit dem Arzt Walter Berg verheiratet. Im Juli lernte sie im Urlaub an der Ostsee den durch seine Zeitungsveröffentlichungen in ganz Deutschland bekannten Karikaturisten Lyonel Feininger kennen, einen Deutsch-Amerikaner, in New York geboren, Sohn eines Musikerpaares. Feininger hatte in Hamburg Kunst studiert. Auch er war verheiratet. Nach dem Urlaub trennten er und Julia sich von ihren Ehepartnern.

Im Februar 1906 besuchte Feininger Julia Berg in Weimar. Der Aufenthalt in der Stadt bildete in vielerlei Hinsicht einen Wendepunkt im Leben beider. Lyonel begann, die Landschaft der Umgebung zu zeichnen, und Julia ermutigte ihn, sich der Malerei zuzuwenden und sich auch mit Drucktechniken zu beschäftigen. Als die beiden im Sommer 1906 nach Paris reisten, war Julia schwanger. Im Dezember kam dort der gemeinsame Sohn Andreas zur Welt. Er wurde einer der bedeutendsten Photographen des 20. Jahrhunderts. Lyonel lernte in Paris Henri Matisse, Robert Delaunay und Amedeo Modigliani kennen. Insbesondere Delaunays dreidimensionale Ansätze in der Motivwiedergabe beeinflussten bald seine bildgestalterischen Überlegungen.

In Weimar begann derweil Henry van de Veldes Kunstgewerbeschule 1907 mit dem Lehrbetrieb. Unterricht gaben er selbst, mehrere seiner Assistenten und Assistentinnen, die Lehrerinnen und Lehrer der einzelnen Handwerke und zahlreiche Künstler aus verschiedenen Ländern, die dafür zeitweise nach Weimar kamen. Van de Velde sah in der von ihm geleiteten Institution weniger eine Schule als ein Laboratorium, in dem sich die Dinge und die Menschen in gemeinsamer Arbeit entwickeln sollten. Projekte, mit denen man zudem konkret den Arbeitsalltag der Welt draußen erleichtern konnte, gab es genug. So sollte van de Velde auch die Keramikproduktion des Großherzogtums retten, etwa in der Töpferstadt Bürgel. Diese sollte neue Entwürfe aus der Weimarer Kunstgewerbeschule erhalten. In der Tat wurde Bürgel zu einem Zentrum der europäischen Jugendstilkeramik, und bald setzte man Waren auch im Ausland ab.

Van de Velde dachte in Weimar schließlich auch an ein Haus für sich und seine Familie. Im Sommer 1906, da sein Mitstreiter Kessler zurücktrat, suchte er das Grundstück dafür. Van de Velde wollte bleiben und ein Zeichen setzen. Es war Selbstbindung. Doch auch ein praktischer Gedanke war da: Er und seine Frau Maria hatten mittlerweile fünf Kinder. Bereits Jahre zuvor hatte er 1895 in Uccle, einem Vorort von Brüssel, mit *Bloemenwerf* das erste selbstentworfene Haus gebaut. Als Autodidakt. Doch es war ihm ein Meisterstück des Jugendstils gelungen, und er hatte damit als Architekt für Aufsehen gesorgt.

Das Haus, das er nun etwas zurückgesetzt von der Straße an der Belvederer Allee in den Jahren 1907 und 1908 baute, entstand auf einem Grundstück mit einer Gruppe außergewöhnlich hochgewachsener Pappeln. Van de Veldes Sohn nannte das Haus eines Tages »Das Haus unter den hohen Pappeln«, und als »Haus Hohe Pappeln« wurde das Gebäude nun berühmt. Insbesondere mit der Inneneinrichtung gelang van de Velde ein Gesamtkunstwerk. Farbe, Möbel, Einbauten, alles bis hin zum Geschirr hatte er aufeinander abgestimmt. In Konzept und Ausführung drückt das Haus eine neue und freiere Art der Gestaltung und der Auffassung des Wohnens aus. Van de Velde entwarf es von innen nach außen und plante den Grundriss entlang der Raumfunktionen, wodurch es auch die asymmetrische Rhythmik seiner Fassade erhielt.

Das Haus wurde zur Heimat und zum Kraftzentrum der Familie. Hier wuchsen, wie van de Velde festhielt, »in der Unschuld und Fröhlichkeit eines sorglosen Lebens ohne Krankheiten« die fünf Kinder Nele, Helen, Anne sowie Thyl und Tilla »ohne konventionellen Zwang und ohne von allzuviel Arbeiten gequält zu werden, in der Fülle ihrer Kräfte und in der freien Entwicklung ihres Wesens« auf.

Doch Spaziergänger zerrissen sich angesichts des Hauses mit dem beeindruckenden Walmdach, den unregelmäßig angeordneten Fenstern in verschiedenen Größen und Ausführungen die Mäuler. Van de Velde belauschte die Gespräche manchmal versteckt hinter den Büschen im Garten.

Die van de Veldes blieben überhaupt unter Beobachtung. Sie verhielten sich weiter, wie sie selbst es für richtig hielten. Zwar taten sie niemandem etwas, doch sie erregten Argwohn. Die Kinder wurden zum Entsetzen konservativer Bürgerkreise zu Hause statt in der Schule unterrichtet. Und noch schlimmer: Sie waren nicht getauft. Maria van de Velde wirkte als Antrieb und förderte die Schöpfungskraft ihres Mannes. Den Garten gestaltete vor allem sie. Gäste beeindruckte die gelernte Pianistin zudem durch ihr Klavierspiel. Claude Debussys Musik war ihr besonders nah.

Kessler verließ nach seinem Scheitern in Weimar die Stadt Richtung Paris und erholte sich unter anderem bei Aristide Maillol. Danach hielt er sich in Potsdam bei seinem alten Regiment auf. Sein Domizil in Weimar beschloss er aber nicht aufzugeben. Dort, meinte er, könne er seinen Freunden am besten helfen. Er stürzte sich in verschiedene Buchprojekte und hielt Vorträge. 1908 reiste er mit Maillol und Hofmannsthal nach Griechenland. Vom 10. bis 12. Februar 1909 schrieben Hofmannsthal und Kessler gemeinsam das Szenario für das Libretto von Richard Strauss' Oper *Der Rosenkavalier*. Über Hofmannsthals in Kesslers Augen mangelnde Würdigung des wohl nicht geringen Beitrags Kesslers zerbrach deren Freundschaft.

Lyonel und Julia Feininger waren mit ihrem kleinen Sohn 1908 nach Berlin gezogen, wo sie in den nächsten Jahren zwei weitere Söhne bekamen. Im Jahr zuvor hatte Lyonel seine ersten Gemälde geschaffen. Nun in Berlin schloss er sich der Künstlervereinigung »Berliner Secession« an und stellte mit dieser aus. Bald arbeitete Feininger zudem mit den beiden bedeutendsten Künstlervereinigungen des Expressionismus – »Blauer Reiter« und »Die Brücke« – zusammen.

In Weimar sah Kesslers Wohnung weiterhin viele besondere Abendgesellschaften. Gerhart Hauptmann kam. Auch Rainer Maria Rilke, den eine Vortragsreise 1910 in die Stadt führte. Rilke konnte sich auch vorstellen, »dort eine Zeit lang zu wohnen und zu arbeiten«, wie er seiner Schwester in einem Brief berichtete. Er kam bis 1913 noch zwei weitere Male. Aber nach Weimar zog er letztlich nicht. Kessler gründete 1913 einen kleinen Verlag, der sich besonderen Editionen widmen sollte. Er nannte ihn nach der Straße, in der er wohnte, Cranach-Presse. In seinem Anspruch auf Perfektion entwickelte er für die Ausgaben der Cranach-Presse mit Aristide Maillol ein besonderes Papier, das »Kessler-Maillol-Papier«.

Kafka in Goethes Garten

Es war Abend, als Franz Kafka und Max Brod ankamen. Weimar lag im goldenen Licht der tiefstehenden Sommersonne. Die beiden Freunde hatten beschlossen, für einige Tage auf Goethes und Schillers Spuren zu wandeln. Der junge Versicherungsangestellte Kafka fühlte sich der Literatur nahe, hatte aber bislang kaum etwas veröffentlicht. In seiner Freizeit arbeitete er an Prosatexten. Brod hingegen war als Autor seit einigen Jahren mit Novellen und Romanen hervorgetreten.

Zunächst versuchten Kafka und Brod an diesem Samstagabend, dem 29. Juni 1912, noch schwimmen zu gehen, fanden aber keine der beiden Weimarer Badeanstalten geöffnet vor. Sie bezogen ihr Zimmer im Hotel Chemnitius und traten dann, wie Kafka notierte, ihren »Gang in der Nacht zum Goethehaus« an. Dort: »Sofortiges Erkennen. Gelbbraune Farbe des Ganzen. Fühlbare Beteiligung unseres ganzen Vorlebens an dem augenblicklichen Eindruck. Das Dunkel der Fenster der unbewohnten Zimmer. Die helle Junobüste. Anrühren der Mauer.« Und mitten in weiteren Beschreibungen von Haus und Umgebung liest man den geheimnisvollen Satz: »Kein Bild gibt das Ganze wieder.«

Am nächsten Tag gingen Kafka und Brod nach dem Besuch des Schillerhauses erneut zum Goethehaus. Diesmal erhielten sie Zutritt. Doch sofort lenkte die 16-jährige Tochter des Hausverwalters Kafkas Aufmerksamkeit auf sich. Margarete Kirchner, genannt Grete, lief mit ihrer kleinen Schwester vorbei. Kafka notierte: »Der Gipsabguß eines Windspiels, der unten im Treppenhaus steht, gehört in meiner Erinnerung mit zu diesem Laufen.« Sie ließ ihn nicht los: »Dann sahn wir sie wieder im Junozimmer, dann beim Anblick aus dem Gartenzimmer. Ihre Schritte und ihre Stimme glaubte ich noch öfters zu hören. Zwei Nelken durch das Balkongeländer gereicht.«

Im Garten sprach Kafka, von Max Brod ermutigt, Grete an. Die Freunde erhielten eine Einladung zu einem Familienausflug nach Tiefurt am Nachmittag und danach die Erlaubnis, das Goethehaus auch außerhalb der Öffnungszeiten zu besuchen. Das tat Kafka nun jeden Tag. Und er stellte Grete heimlich nach, folgte ihr durch die Straßen Weimars, beobachtete, wie sie sich mit einem jungen Mann stritt, fortrannte, von ihm verfolgt wurde und ihm doch wieder entgegenlief.

Am Mittwoch, dem 3. Juli, wurde Kafka 29 Jahre alt. Er notierte: »Es wird photographiert.« Er und Grete im Garten des Goethehauses. »Wir zwei auf der Bank.« Und Grete gewährte ihm »ein Rendezvous für den nächsten Tag«. Doch am Tag darauf notierte er: »Sie kam nicht zum Rendezvous. – Treffe Max angekleidet im Bett. Beide unglücklich.«

Am nächsten Tag aber gewährte Grete ihm einen Spaziergang im Ilmpark. Ein Gespräch kam kaum zustande. Grete dachte an einen Ball, den sie am Abend besuchen wollte. Später am Tag sah Kafka sie noch einmal. Sie stand in ihrem Ballkleid in der »ein wenig geöffneten Küchentür«. Ihre Augen waren verweint. Und Kafka wusste: »Ich verabschiede mich für immer. Sie weiß es nicht, und wenn sie es wüßte, läge ihr auch nichts daran.«

Am 7. Juli reisten Kafka und Brod ab. Kafka sah Grete nie wieder. Einige wenige Briefe wechselten sie noch. Über einen Brief von Grete bemerkte Kafka in einem Brief an Brod: »Bedenke vor allem, daß diese Zeilen von Anfang bis zu Ende Literatur sind. Denn wenn ich ihr nicht unangenehm bin, so bin ich ihr doch gleichgültig wie ein Topf.«

Kafka hatte zu jener Zeit, da er Weimar besuchte, nur einen kleinen Sammelband mit Texten und einige Zeitungsartikel veröffentlicht. Vielleicht hat bei seinem Aufenthalt die eingehende Beschäftigung mit Goethe und Schiller durch die Herzensgeschichte mit Grete ein wenig gelitten. Dennoch nutzte er die Zeit für Besichtigungen etwa der Großherzoglichen Bibliothek, für Studien und für Treffen, zum Beispiel mit den Schriftstellern Paul Ernst und Johannes Schlaf.

Kafka besaß viele Werke von Goethe. Er las sie intensiv und häufig. Doch es sind wenige Äußerungen Kafkas über Goethe überliefert. In seinem Tagebuch hatte er am 25. Dezember des Jahres vor dem Weimarbesuch festgehalten: »Goethe hält durch die Macht seiner Werke die Entwicklung der deutschen Sprache wahrscheinlich zurück.« Einen Monat nach dem Aufenthalt in Weimar lernte Franz Kafka am Abend des 13. August 1912 in Prag Felice Bauer kennen. Als sie ihn um eine Lektüreempfehlung bat, antwortete er im nächsten Brief: »Blindlings: Lies Werthers Leiden!«

Nicht einmal drei Monate nach dem Besuch in Weimar, in der Nacht vom 22. zum 23. September 1912, verfasste Kafka in einem Zug die Erzählung *Das Urteil* und fand damit auch nach eigener Ansicht seine Stimme als Schriftsteller. Kafkas lebenslanger Freund Max Brod, der später dessen Werk edierte, nannte Kafkas Roman *Das Schloss* im Nachwort zu der Ausgabe von 1935 »Franz Kafkas Faust-Dichtung«.

Architektonische Träume

Nachdem Kessler 1910 aufgrund seiner Orientierungslosigkeit in ein persönliches Tief geraten war und sich mit seinen 42 Jahren zunehmend alt fühlte, nahm Anfang 1911 Elisabeth Förster-

Nietzsche die Idee für ein Nietzsche-Denkmal in Angriff. Der Unternehmer Arno Krehan hatte Grundstücke neben der Villa Silberblick gekauft. Der Ausblick drohte nun zugebaut zu werden. Dies ließ den Plan reifen, einen Nietzsche-Verehrer zu finden, der Krehan die Grundstücke abkaufte, um statt anderer lästiger Bauten ein Denkmal für den großen Philosophen zu errichten.

Elisabeth Förster-Nietzsche gewann Kessler sofort für die Denkmalidee, von der nicht zu ermitteln ist, wer sie zuerst hatte. Man überlegte, van de Velde, der gerade in Jena ein Gedenkmonument für Ernst Abbe errichtet hatte, die Ausführung anzuvertrauen, und vielleicht könnte man das Denkmal am 15. Oktober 1914, dem 70. Geburtstag Nietzsches, einweihen. Für das Komitee schwebten Kessler, der endlich wieder das Große witterte, keine Geringeren vor als Auguste Rodin, George Bernard Shaw, William Butler Yeats, Henri Bergson und viele mehr. Bei dem zu errichtenden Monument dachte er an einen von van de Velde gestalteten Tempel. Davor konnte er sich die Statue eines Jünglings vorstellen, geschaffen von Aristide Maillol. Und vielleicht könnte man das Tempelinnere mit Reliefs von Max Klinger verzieren.

Am 12. März 1911 fand in Berlin die Gründungssitzung des Ausschusses statt. Vorsitz: Kessler. Längst dachte der sogar an einen Nietzsche-Park; bald aber schon wurde der geplante Tempel in seinen Überlegungen zu einer Halle, und dann kam in Kesslers grenzenlosem Ideenkosmos noch ein Stadion für Wettkämpfe hinzu. Turnen, Rennen. Friedrich Nietzsche habe ja die Gedanken wieder auf den Körper gelenkt, argumentierte er. Doch Elisabeth Förster-Nietzsche war entsetzt und Kessler von ihrer Reaktion beleidigt. Im April 1911 notierte er in seinem Tagebuch, Förster-Nietzsche sei eine »kleine spiessige Pastorstochter, die zwar auf die Worte ihres Bruders schwört, aber entsetzt und empört ist, sobald man sie in Taten umsetzt«.

Doch auch van de Velde fehlte es diesmal an Begeisterung. Kessler merkte das. Die Entwürfe seines Freundes fielen nach seinem Geschmack einfach nicht monumental genug aus. Doch van de Velde war nach wie vor erfüllt von der Begeisterung, mit der 1910 die Beiträge Deutschlands auf der Weltausstellung in seiner Heimat Brüssel gefeiert worden waren. Qualität und Stil aus Deutschland, initiiert und angeleitet von einem Belgier, hatte es geheißen. Das Augenmerk van de Veldes galt nun eher Projekten zur Gestaltung des Alltags, des Wohnens, des tatsächlichen Lebens, als einem neuen Olymp. Da war weiterhin die Kunstgewerbeschule, und 1912 kam der Bau der Villa Dürckheim hinzu. Wie Kesslers Domizil und das ehemalige der van de Veldes fand auch dieses Gebäude – ein wuchtiger, ausladender, dreigeschossiger Bau – seinen Platz in der Cranachstraße.

Dann folgte der Bau des von van de Velde entworfenen Werkbundtheaters in Köln, zu dessen Eröffnung am 18. Juni 1914 Goethes *Faust* gegeben wurde, und zwar im Rahmen der ersten Leistungsschau des dort 1907 gegründeten Werkbundes. Im Werkbund verbanden sich Theoretiker wie Hermann Muthesius, Gestalter und Architekten wie Bruno Taut, Walter Gropius und auch Henry van de Velde. Sie alle suchten nach Wegen zur Harmonisierung von Qualität und Ästhetik in der Produktion, Gestaltung und Architektur. Der junge Lokalpolitiker Konrad Adenauer hatte zu den treibenden Kräften hinter der Ausstellung gehört. Van de Velde eröffnete sie am 16. Mai. Sie endete allerdings vorzeitig am 6. August. Der Erste Weltkrieg war ausgebrochen.

Trotz aller schrecklichen Ereignisse in Europa fand die Werkbundausstellung weltweit große Aufmerksamkeit. Aber sie wurde auch zum Schauplatz einer Kontroverse unter den Werkbundmitgliedern über ihren weiteren Weg. Muthesius forderte in einer Rede stärkere Normen und Typisierungen. Van de Velde widersprach und beharrte auf Individualität.

In Weimar indes verfolgte Großherzog Wilhelm Ernst Pläne, im Stadtschloss modernere Wohnverhältnisse zu schaffen. Er wollte dem bislang dreiflügeligen Bau, dessen Hof zur Stadt hin offen lag, einen Südflügel anfügen und damit das Gebäude in seinem Umriss zu einem Viereck schließen. Der weite Hof wäre somit künftig den Blicken von außen verborgen. Schon 1903, als er mit seiner ersten Frau Caroline die Ehe geschlossen hatte, waren erste Ideen dafür gereift. Als Caroline früh verstarb, legte man die Pläne zunächst beiseite, um sie später, als Wilhelm Ernst Feodora von Sachsen-Meiningen heiratete, erneut anzugehen. Der Münchener Architekt Max Littmann, der bereits das Theater in Weimar modernisiert hatte, erhielt den Auftrag und legte im Frühjahr 1912 erste Pläne vor. Der Bau begann, und am 23. September 1912 feierte man Richtfest. In der Bevölkerung hieß es, Wilhelm Ernst zeige nun auch durch seine Bauprojekte, wie sehr er sich abschotten wolle.

Tatsächlich war dieser Schlossbau in Weimar auch einer der letzten in Europa, übertroffen noch vom kurz nach Beginn der Bauarbeiten in Weimar 1913 begonnenen Vorhaben in Potsdam, das ebenfalls viele als aus der Zeit gefallen empfanden. Dort errichtete man das letzte Schloss der Hohenzollern, das 1917 als Schloss Cecilienhof fertiggestellt wurde. Die Pläne dafür stammten von dem autodidaktischen Architekten und Kunsttheoretiker Paul Schultze-Naumburg. Der, als Paul Schulze bei Naumburg geboren, hatte 1901, während man mit Kessler und van de Velde über den Einzug der Moderne in Weimar und seine Kunstinstitutionen nachdachte und verhandelte, 32-jährig einen Lehrauftrag an der Weimarer Kunstschule erhalten, von wo er sich nach und nach zu einem der einflussreichsten rechtskonservativen und schließlich nationalsozialistischen Kulturpolitiker entwickelte.

Der unermüdliche Kessler fand derweil an der Berkaer Chaussee ein Grundstück, das sich für seine hochfliegenden Nietzsche-Festspielpläne anbot. Hartnäckig hielt er daran fest, in Weimar den Geist der Antike wieder aufleben zu lassen. Beharrlich verwies er auf die Stätten von Delphi und Olympia, deren Vorbild es aufzugreifen gelte. Aber Elisabeth war weiterhin nicht zu überzeugen. Sie bat ihn mit Verweis auf die einst abfälligen Worte ihres Bruders zur »Nachäfferei des Griechentums«, seine

Pläne aufzugeben oder wenigstens zehn Jahre zu warten, »da werde ich ja hoffentlich tot sein«.

Doch Kessler war nicht von seinem Weg abzubringen. Er hatte Finanziers gefunden und das Grundstück erworben. Doch während er weiter Geld sammelte, trat Funkstille zwischen ihm und Elisabeth ein. Gleichzeitig gewann er den Großherzog als Schirmherr, der sogar bereit war, Kessler wieder zu akzeptieren, wenn auch zögerlich.

Am 15. Oktober 1914, die Planungen hatten sich in die Länge gezogen, sollte schließlich zwar nicht Einweihung, jedoch feierliche Grundsteinlegung sein. Doch der Ausbruch des Ersten Weltkriegs machte Kesslers Vorhaben zunichte.

Van de Velde geht und bleibt

Van de Velde hielt sich mit seiner Familie bei Ausbruch des Krieges Anfang August 1914 im Urlaub in Belgien auf. Geahnt hatte er es, wie viele. Ein bewaffneter Konflikt hatte nach den Spannungen der vergangenen Jahre und den Entwicklungen nach dem tödlichen Attentat auf den österreichischen Thronfolger Erzherzog Franz Ferdinand und dessen Gattin Sophie in Sarajevo am 28. Juni 1914 in der Luft gelegen.

Van de Velde war nach Belgien gereist, um sich zu erholen und Abstand zu gewinnen, denn in Weimar hatte er am 15. Juli sein Entlassungsgesuch eingereicht. Ihm war zu Ohren gekommen, der Großherzog empfange potentielle Nachfolger, darunter Paul Schultze-Naumburg. Dessen Architekturstil nannte van de Velde verächtlich »Neo-Biedermeier-Richtung«. Nun sollte wohl Schultze-Naumburg ebendiesen Stil in der Lehre der Kunstgewerbeschule durchsetzen, die nach wie vor privat aus der Schatulle des Großherzogs finanziert wurde. Die Schule sollte verstaatlicht werden. Van de Veldes Entlassungsgesuch wurde öffentlich, doch zunächst noch nicht wirksam. Freunde beschafften ihm nun mit Hilfe eines Gesetzes, nach dem ein Ausländer,

der in Staatsdiensten stand, die deutsche Staatsbürgerschaft erhalten konnte, einen deutschen Pass. Dieses Gesetz sollte es Jahre später auch Adolf Hitler ermöglichen, die deutsche Staatsbürgerschaft zu erlangen.

Seine Amtsgeschäfte durfte van de Velde noch bis Oktober 1915 fortführen. Derweil suchte er einen Nachfolger. Er fragte auch den jungen Architekten Walter Gropius. Der zeigte Interesse und knüpfte nun Kontakte mit Weimar. Der Hof forderte Gropius auf, Dokumente einzureichen, und Mitte Januar empfing ihn Wilhelm Ernst, um sich seine Ideen für eine Neugestaltung der mittlerweile geschlossenen Kunstgewerbeschule vortragen zu lassen. Danach bat man Gropius, diese schriftlich einzureichen, was er auch Anfang 1916 tat. Gropius' Konzept sah, beeinflusst von den Ideen des Werkbundes, die Einrichtung von Meisterwerkstätten vor und das Zusammenspiel von Kunst, Unternehmertum und Technik zur Schaffung einer hohen Qualität. Nicht mehr Einzelstücke standen im Mittelpunkt, sondern handwerkliche, gemeinschaftlich geschaffene, wie einst in den Bauhütten beim Bau der Kathedralen. Man überlegte ein Jahr lang. Dann sagte man Gropius ab. Zu wenig Handwerk, hieß es.

Der Winter von 1916 auf 1917 geriet außerordentlich kalt und hart. In Deutschland kam es zu einer Hungersnot. In Weimar saßen die van de Veldes bei oft minus 27 Grad Außentemperaturen in einem einzigen vom Ofen geheizten Raum im Haus Hohe Pappeln. Die Diener verließen die Küche nur, wenn nötig. 1917 konnte van de Velde dank der Unterstützung einflussreicher Freunde in die Schweiz ausreisen. Seine Familie blieb zunächst noch in Weimar. Großherzog Wilhelm Ernst hatte den Pass Maria van de Veldes einziehen lassen. Erst das Kriegsende ermöglichte es ihr und den Kindern, Henry in die Schweiz zu folgen.

Anfang November 1918 brach nach jahrelangem verlustreichem Krieg das Deutsche Kaiserreich zusammen. Matrosen meuterten, es bildeten sich Arbeiter- und Soldatenräte, Menschen gingen überall im Land auf die Straßen. Die Abdankung des Kaisers wurde gefordert. Am frühen Nachmittag des 9. November rief Philipp Scheidemann in Berlin die Republik aus. Wilhelm II. floh am Tag darauf ins Exil in die Niederlande.

Im Weimarer Residenzschloss hatte Wilhelm Ernst schon am Vortag seine Abdankungsurkunde unterzeichnet. Am Abend bei der 100. Aufführung von Schillers *Maria Stuart* skandierte man: »Nieder mit der monarchistischen Theaterei!« Man wolle nun selbst Theater machen.

Vom Bauhaus bis zum Bruch mit der Menschlichkeit 1919–1933

Verheerungen

Trotz seiner Abneigung gegen den Kaiser war auch Harry Graf Kessler begeistert in den Krieg gezogen. Nun war dieser vorbei und hatte größere Verheerungen zurückgelassen als alle Kriege zuvor. Das Kaiserreich, das Deutschland nach Jahrhunderten endlich vereint und das einst verschlafene Land in fast einem halben Jahrhundert zu einer fortschrittlichen Industrienation entwickelt hatte, war an übersteigertem Nationalismus und einer Hybris, die sogar in späte imperialistische Aktivitäten ausgeartet war, zerschellt.

Abermals suchten Deutschland und die Deutschen nach sich selbst. Harry Graf Kessler, nun nicht mehr der Impresario in Weimar, änderte tief verstört vom Geschehenen und Erlebten seine politische Ausrichtung radikal. Dieser außerordentliche Individualist reagierte allerdings ganz anders als die meisten in den Kreisen des Militärs und des Adels auf den verlorenen Krieg. Denn Kessler wurde von einem zuvor leidenschaftlichen Befürworter deutschen Machtstrebens und deutscher Kriegsführung – mitten im Krieg hatte er sich 1916 von Max Liebermann in Uniform porträtieren lassen – zu einem Mann, der mit dem Sozialismus sympathisierte, was ihm den Beinamen »der rote Graf« eintrug. Darüber hinaus verschrieb Kessler sich dem Pazifismus. Er versuchte, eine Aussöhnung zwischen den Nationen voranzutreiben, stürzte sich in diplomatische Missionen und beschäftigte sich intensiv mit der Idee eines Völkerbundes. 1919 veröffentlichte er in seiner

Cranach-Presse einen *Plan zu einem Völkerbunde auf Grund einer ›Organisation der Organisationen‹ (Weltorganisation)*.

Am 19. Januar 1919, dem Wahltag zu einer verfassungsgebenden Nationalversammlung für die künftige deutsche Republik, führte das Weimarer Theater *Wilhelm Tell* auf. Der neue Theaterleiter Ernst Hardt, ein Dichter und Schriftsteller aus dem Kreis um Stefan George, rief das »Deutsche Nationaltheater in Weimar« aus. Zwei Tage später kam die Nachricht, die Übergangsregierung in Berlin habe beschlossen, die Nationalversammlung nach Weimar einzuberufen. Auch Hardt hatte darauf hingewirkt.

Berlin war vom 9. bis 12. Januar vom Spartakusaufstand erschüttert worden, und man hatte aufgrund der weiterhin unsicheren Lage in der Hauptstadt beschlossen, einen anderen Tagungsort für die verfassungsgebende Nationalversammlung zu suchen. Das kleine, nach wie vor eher abgelegene Weimar schien sich vor drohenden Unruhen und politisch motivierter Gewalt besser schützen zu lassen. Zudem hoffte man so, gleich mit der Gründung der Republik einen »Geist von Weimar« im Sinne Goethes und Schillers als Gegenstück zum soldatischen »Geist von Potsdam« zu setzen.

Ein Freikorps unter Generalleutnant Georg Maercker hatte während des Spartakusaufstands Teile der Hauptstadt erfolgreich gesichert, indem Maercker die Taktik massiver militärischer Präsenz mit Drohungen verband. Nun, Anfang Februar 1919, wurde das Freikorps nach Weimar verlegt. Dort vertrieb es den bewaffneten Arbeiter- und Soldatenrat und schützte die Nationalversammlung.

Etwa 2000 Dauergäste kamen nach Weimar mit seinen nun 37 000 Einwohnern. Man hatte das nunmehr Nationaltheater betitelte Gebäude, in dem so viele Stücke von Schiller und Goethe zur Aufführung gebracht worden waren, als Ort gewählt, von dem aus man mit Deutschland jenen Weg des Geistes einschlagen wollte, den man von den beiden Dichtern seit jeher beschworen sah: kosmopolitisch, universell und humanistisch.

Am 6. Februar 1919 trat die verfassungsgebende Deutsche Nationalversammlung im Nationaltheater zusammen. Bei der Wahl zur Nationalversammlung hatten erstmals Frauen das aktive Wahlrecht bekommen, und sie durften auch selbst gewählt werden. Aus der Wahl war die SPD mit 37,9 Prozent der Stimmen mit Abstand als stärkste Partei hervorgegangen. Zweitstärkste Kraft war die katholisch geprägte Zentrumspartei mit 19,7 Prozent, an dritter Stelle lag die linksliberale DDP. Der Anteil der Frauen an den Delegierten betrug 9 Prozent.

Um 15 Uhr 15 eröffnete der Sozialdemokrat Friedrich Ebert die erste Sitzung mit einer Rede in seiner Funktion als Vorsitzender des Rats der Volksbeauftragten, der seit dem 10. November eingesetzten provisorischen Regierung. »Mit den alten Königen und Fürsten von Gottes Gnaden ist es für immer vorbei«, sagte er. Gegen Ende rief er aus: »Wir müssen die großen Gesellschaftsprobleme in dem Geiste behandeln, in dem Goethe sie im zweiten Teil des *Faust* und in *Wilhelm Meisters Wanderjahren* erfasst hat. Nicht ins Unendliche schweifen und sich nicht im Theoretischen verirren! Nicht zaudern und schwanken, sondern mit klarem Blick und fester Hand ins praktische Leben hineingreifen!«

Am 11. Februar 1919 wählte die Nationalversammlung Friedrich Ebert zum ersten demokratischen Staatsoberhaupt in der deutschen Geschichte; und am 19. Februar hielt im Weimarer Nationaltheater die Sozialdemokratin Marie Juchacz als erste Frau eine Rede in einem deutschen Parlament. In umgekehrter Reihenfolge als üblich eröffnete sie mit »Meine Herren und Damen!« ihre Rede. Im Protokoll wurde als Reaktion »Heiterkeit« vermerkt. Marie Juchacz fuhr fort: »Es ist das erste Mal, dass eine Frau als Freie und Gleiche im Parlament zum Volke sprechen darf«, und sie betonte: »Ich möchte hier feststellen, dass wir deutschen Frauen dieser Regierung nicht etwa Dank schuldig sind. Was diese Regierung getan hat, das war eine Selbstverständlichkeit. Sie hat den Frauen gegeben, was ihnen bis dahin zu Unrecht vorenthalten worden ist.« Zustimmende Rufe von Männern.

Welchen Rahmen dieser Staat haben sollte, darüber stritt man im Nationaltheater weiter. Man war auch uneins darüber, welche Werte in die Katastrophe geführt hatten und welche vor künftigem Leid schützen könnten, und das in einem Land tief verletzter Seelen. Eine dieser tief verletzten Seelen war die von Walter Gropius. Und der kam am 11. April 1919 nach langem Hin und Her der Kriegsjahre und der einstigen Absage an ihn doch noch nach Weimar.

Walter Gropius stammte aus einer großbürgerlichen Familie, die Unternehmer, hohe Beamte und Architekten hervorgebracht hatte. Sein Großonkel Martin Gropius, ein Schüler Carl Friedrich Schinkels, hatte zu den bedeutenden deutschen Architekten des 19. Jahrhunderts gehört; sein Vater war als Geheimer Baurat in der Berliner Bauverwaltung ein hoher preußischer Beamter gewesen.

1903, als 20-Jähriger, hatte Walter Gropius das Studium der Architektur in München aufgenommen, dieses 1906 in Berlin fortgeführt, doch 1908 abgebrochen. Einen Abschluss machte er nie, auch weil er – wie er zugab – Schwierigkeiten hatte, seinen Ideen zeichnerisch die richtige Gestalt zu geben. Der Mäzen Karl Ernst Osthaus vermittelte Gropius eine Stelle im Büro von Peter Behrens, dem in jenen Tagen vielleicht einflussreichsten modernen Architekten Deutschlands. Einige der jungen Männer, die bei Behrens in den nächsten Jahren arbeiteten, wurden bedeutende Architekten der Moderne, wie Ludwig Mies van der Rohe, Le Corbusier und eben Gropius, der zunächst bei Behrens Bauleitungen übernahm und sich ansonsten, wie er später zu Protokoll gab, »als Faktotum« betätigte. Nichtsdestotrotz, sein Ehrgeiz galt der großen Architektenkarriere. Einen ersten aufsehenerregenden Eindruck dessen, was von ihm zu erwarten war, hatte Gropius 1912 in Zusammenarbeit mit Adolf Meyer in Alfeld an der Leine mit dem Bau der Fagus-Werke hinterlassen.

Gropius sah Architektur nie isoliert, denn sie musste in seinen Augen gesellschaftliche Funktion und Aufgaben erfüllen. Um aus allen Bereichen der Gestaltung Anregungen zu sammeln, aber auch, um die entscheidenden Personen kennenzulernen, die ihm bei seinem Ehrgeiz und seinen hehren Plänen helfen konnten, tummelte er sich in der Welt der Kultur und der Kunst, knüpfte und pflegte Verbindungen. Er versuchte auch die Kontakte der Frauen zu nutzen, mit denen er zuweilen parallel Liebschaften hatte. 1910 lernte er bei einer Kur die große Femme fatale der Avantgarde Alma Mahler kennen und begann mit ihr eine leidenschaftliche Affäre. Ihr Gatte, der bedeutende Komponist, Dirigent und Musikerneuerer Gustav Mahler, kam durch einen Liebesbrief an Alma, den Gropius angeblich »aus Versehen« an ihn adressiert hatte, dahinter und stürzte in eine tiefe Krise. 1911 starb Mahler. Das Herz. Und Alma brach zunächst die Beziehung zu Gropius ab.

In den ersten Tagen des Krieges hatte Gropius sich wieder bei den Husaren gemeldet, bei denen er zuvor schon Dienst verrichtet hatte – zuletzt als Unteroffizier. Er kämpfte in den Vogesen und erhielt das Eiserne Kreuz. Danach setzte man ihn in den Schützengräben in Lothringen ein. Von Granatbeschuss traumatisiert bekam er Sonderurlaub. Während dieser Zeit erhielt er Anfang 1915 einen Brief von Alma, in dem sie ihr Interesse an einer erneuten Annäherung andeutete. Und die gelang; rasch und weitreichend. Im August 1915 war Hochzeit. Am 15. Oktober kam die Tochter Manon zur Welt. Doch trotz der gemeinsamen Ehe und Tochter inszenierte sich Alma weiterhin als Witwe Gustav Mahlers. In einem Brief ließ sie ihren neuen Gatten wissen, »dass die Thüren der ganzen Welt, die dem Namen Mahler offenstehen, zufliegen vor dem gänzlich unbekannten Namen Gropius«. Daher nannte sie sich mal Alma Gropius-Mahler, mal Mahler-Gropius.

Als Gropius im weiteren Verlauf des Krieges zwischenzeitlich unter anderem die Ausbildung von Sanitäts- und Meldehunden verantwortete, war Alma entsetzt. »Mein Mann muss erstrangig sein«, forderte sie in einem Brief an ihn und ging eine Liebesbeziehung mit dem bekannten expressionistischen Dichter Franz Werfel ein.

Walter Gropius kämpfte derweil, wie viele andere auch, mit dem Trauma eines alle bisherigen Vorstellungen vom Krieg übertreffenden Gemetzels. Von Menschen geschaffene Technik hatte in vielerlei Hinsichten die Grenzen des Aushaltbaren gesprengt. Neue Waffen der Moderne waren zum größten Teil erstmals umfassend zum Einsatz gekommen: Giftgas, Artillerietrommelfeuer, U-Boote, Maschinengewehre, Flugzeuge, Panzer. Allein in der »Hölle von Verdun« kämpften fast 1,2 Millionen deutsche Soldaten. Über 700 000 Soldaten starben allein auf diesem Schauplatz auf beiden Seiten. Der gesamte Krieg forderte letztlich etwa 17 Millionen Menschenleben weltweit.

Nach Ende des Krieges stellte sich die Frage, wie Massenproduktion und Serienfertigung, wie Gestaltung im Industriezeitalter zu einem neuen Humanismus beitragen könne und wie Menschen über ihre Arbeit, über verschiedene Berufe und Blickwinkel hinweg zur Erreichung dieses Zieles zusammenkommen können. Es galt, das Gute über das gemeinsame Tun zu bewirken. Das hatte Walter Gropius im Sinn, als er nach Weimar aufbrach.

Gropius, Feininger und das Bauhaus-Manifest

Am 11. April 1919 traf Gropius in Weimar ein. Er war nun 36 Jahre alt, und er ging schnell ans Werk. Schon am nächsten Tag schloss man die Großherzoglich-Sächsische Hochschule für Bildende Kunst mit der ehemaligen Kunstgewerbeschule Henry van de Veldes zum »Staatlichen Bauhaus Weimar« zusammen, und noch am Abend traf Gropius sich mit dem Lehrerkollegium, um gemeinsam die Werkstätten in Augenschein zu nehmen. Der einzige neue Lehrer aber war Lyonel Feininger. Alle anderen hatten bereits an den beiden bisherigen Schulen gelehrt. Das sollte zum Problem für Gropius' Vorhaben werden, vollkommen neue Lehransätze zu etablieren.

Seine Ziele formulierte Gropius in dem von ihm verfassten Bauhaus-Manifest, einer schmalen Programmschrift, deren Titelseite ein Holzschnitt von Lyonel Feininger schmückte: *Die Kathedrale der Zukunft*. Das Bild der Kathedrale wies bewusst auf die Dombauhütten des Mittelalters und damit auf die Gotik hin. Auch der Name Bauhaus schöpft aus dieser Tradition, er erinnert an die damit verbundene Arbeitsethik und Arbeitsauffassung. Diese wollte Gropius nun nutzen und in die Moderne führen. Das kollektive Bewusstsein, gemeinsam an etwas Großem und Gutem zu arbeiten, sollte wieder aufleben und zu einer gemeinsam gestalteten Ästhetik führen.

Drei Sterne umgaben die Kathedrale auf Feiningers Holzschnitt. Sie dienten als Symbole für die drei Künste Architektur, Malerei und Bildhauerei. Doch sie standen noch für einen weiteren Ansatz, den Gropius verfolgte: »Es gibt keinen Wesensunterschied zwischen dem Künstler und Handwerker. Der Künstler ist eine Steigerung des Handwerkers«. Deshalb sei das Ziel des Bauhauses »die Sammlung alles künstlerischen Schaffens zur Einheit, die Wiedervereinigung aller werkkünstlerischen Disziplinen – Bildhauerei, Malerei, Kunstgewerbe und Handwerk – zu einer neuen Baukunst als deren unablösliche Bestandteile«.

Es ist nicht überraschend, dass Gropius bei seinem Streben nach Gemeinsamkeit auch Goethe im Sinn hatte; er dachte an dessen Umarmung aller Phänomene des Daseins. In einem undatierten stichwortartigen Manuskript, betitelt mit *Erste Ansprache im Bauhaus*, das wohl aus diesem Jahr 1919 stammt, finden sich die Ideenfetzen: »Kein kleiner Plan, den ich mir vorgenommen. / Neues Leben in Weimar, / nicht am alten zehren, / sondern selbst aufbauen. / Goetheverständnis.« Auch bei Feiningers *Kathedrale der Zukunft* mochte Goethe im Spiel gewesen sein, dessen Erfahrung des Straßburger Münsters ihn 1772 zu der Schrift *Von deutscher Baukunst* inspiriert hatte.

Gropius verzichtete als Bauhaus-Leiter auf den ihm angetragenen Titel eines Professors. Es hätte seiner antiakademischen Forderung nach einer Rückkehr zum Handwerk widersprochen. Zumal er nun die Werkstätten für die einzelnen Disziplinen so organisierte, dass dort ein Künstler als Formmeister im Range eines Professors die Lehrtätigkeit übernahm, dem zur Unterstützung ein sogenannter Werkmeister, sprich: Handwerker, an die Seite gestellt wurde. Letztere aber erhielten im Laufe der Bauhaus-Geschichte nie die gleichen Kompetenzen wie die Formmeister.

Sein Architekturbüro in Berlin betrieb Gropius weiter. Dort blieb sein Mitarbeiter Adolf Meyer zunächst als Betreuer, kam dann aber im Herbst 1919 auch nach Weimar. Am Bauhaus in Weimar gab es keine eigentliche Architekturabteilung. Und während der gesamten Weimarer Zeit sollte es vor allem wegen der Finanznot so bleiben.

Gerade erst den vierten Tag in Weimar, bekannte Gropius in einem Brief an den Theaterleiter Ernst Hardt, der ihn in seinem Haus mit vielen wichtigen Persönlichkeiten der Stadt bekannt gemacht hatte: »Ich glaube schon, dass Weimar um seiner Weltbekanntheit willen, der geeignetste Boden ist um dort den Grundstein einer Republik der Geister zu legen.« Dann sprach er von seinem Plan, »um den Belvedereberg« eine Siedlung zu errichten, mit Theatern und einem »Kultbau« mit Festspielen im Sommer. Letzteres war nahe an den Ideen Kesslers.

Im Mai 1919 kam Alma mit ihrer Tochter Manon zu Besuch nach Weimar. Sie schlug Gropius vor, je ein halbes Jahr bei ihm in Weimar und dann in Wien bei ihrem neuen Freund Franz Werfel zu leben. Gropius lehnte ab. Am 18. Juli 1919 schrieb er Alma: »Unsere Ehe war niemals eine Ehe. Die Frau fehlte in ihr. Eine kurze Zeit warst Du mir herrliche Geliebte und dann gingst Du fort, ohne die Krankheit meiner Kriegsverdorrung mit Liebe und Milde und Vertrauen überdauern zu können – das wäre eine Ehe gewesen.«

Zu den Aufnahmebedingungen hatte Walter Gropius im Bauhaus-Manifest erklärt: »Aufgenommen wird jede unbescholtene Person ohne Rücksicht auf Alter und Geschlecht, deren Vorbildung vom Meisterrat des Bauhauses als ausreichend erachtet wird.« Seinen Lehrbetrieb nahm das Bauhaus zum Sommersemester 1919 auf. Mit 79 Studenten und 84 Studentinnen. Frauen bildeten also die Mehrheit. Von den Männern trugen nicht wenige noch immer ihre Uniformen von der Front. Andere Kleidung besaßen sie nicht.

Am Ende des Sommersemesters war Gropius mit den Ergebnissen unzufrieden und erklärte, er wolle für keine der Arbeiten einen Preis vergeben. Meister wie Studierende blieben in seinen Augen mit ihren vorgestellten Arbeiten bis auf wenige Ausnahmen zu sehr im Alten verhaftet.

Allerdings trug der einzige Neue im Lehrerkollegium, Lyonel Feininger, die Ideen und Ansätze von Gropius in das Bauhaus. Er hatte etwa 1912 damit begonnen, alle Bildelemente in seinen Gemälden in aufeinander abgestimmte mehrdimensionale Formen zu fassen. Zu Feiningers eindrücklichsten Arbeiten gehörten seine Landschaften mit Motiven der Weimarer Umgebung, für die er auf seine Skizzen von seinem ersten Aufenthalt in Weimar zurückgriff und die er schlicht nach den entsprechenden Orten betitelte: Tiefurt, Oberweimar oder Gelmeroda. 1917 hatte Feininger mit einer Einzelausstellung in der Galerie »Der Sturm« des einflussreichen Verlegers Herwarth Walden für Aufsehen gesorgt und im Jahr darauf damit begonnen, intensiv mit der Holzschnitttechnik zu arbeiten. Zu den dabei entstandenen Werken gehörte 1919 auch die *Die Kathedrale der Zukunft*.

Zum Wintersemester bekam der Lehrkörper am Bauhaus entscheidende Verstärkung. Gropius hatte seinen Freund, den Bildhauer Gerhard Marcks, gewonnen, mit dem er, wie auch mit Feininger, bereits im Arbeitsrat für Kunst zusammenarbeitete. Marcks wirkte allerdings nicht vor Ort in Weimar, sondern baute die keramischen Werkstätten des Bauhauses im etwa 30 Kilometer entfernten Dornburg auf. Aus Wien aber kam – folgenschwer – der Schweizer Johannes Itten, den Gropius dort über Alma Mahler kennengelernt hatte. Vor allem Itten stürzte sich nun mit Feuereifer in eine besondere Mission. Von ihm erhielten die Studierenden die Anweisung, bis Weihnachten nichts anderes als Kinderspielzeug herzustellen. Kunst sollte aus dem Schöpfungsprozess entstehen.

Die alten Lehrer waren über diese neuen Ansätze empört und fanden in ihrem Protest Mitstreiter bei den konservativen Kräften in Weimar. Der sich formierende Widerstand gestaltete sich vielfältig. Da bildete sich eine Studentengruppe um den Bauhausschüler Hans Groß, der nationalistisch ein »deutsches Bauhaus« forderte und schließlich mit 13 Anhängern die Schule verließ. Die rechte Presse wurde aktiv. Schmähartikel erschienen. Ein Bürgerverein mit konservativ-nationalem Einschlag erhob im Dezember 1919 die Stimme. Man sah Fremde am Werk und linke Propaganda. Ferner wuchs Kritik in der Handwerkerschaft, die Konkurrenz befürchtete. Eine Gruppe »Weimarer Bürger und Künstler« meldete sich und stellte sich gegen den ihrer Meinung nach fortschreitenden Niedergang der Schule. Im Zentrum der Kampagne agierten auch die am Bauhaus beschäftigten Lehrer der alten Kunsthochschule, die deren Reaktivierung als vom Bauhaus selbständige Institution forderten.

Die Nationalversammlung war, nachdem die neue Republik in Weimar ihre Verfassung bekommen hatte, zurück nach Berlin gezogen. Walter Gropius gestaltete die Bronzeplatte, die man an der Fassade des Deutschen Nationaltheaters anbrachte: »In diesem Haus gab sich das deutsche Volk durch seine Nationalversammlung die Weimarer Verfassung vom 11. August 1919.« Bemerkenswert, dass hier diese Verfassung bereits mit dem Zusatz »Weimarer« benannt wird.

Gleichzeitig verlief Gropius' Liebesleben mehr als turbulent. Im Herbst 1919 begann er eine Beziehung mit der Malerin und Grafikerin Lily Hildebrandt, die vier Jahre dauerte und in der beide Hunderte von Liebesbriefen schrieben. Nach ihrer Trennung blieben Gropius und Lily Hildebrandt lebenslang befreundet. Ein halbes Jahr nach dem Beginn der Beziehung mit Lily Hildebrandt ging Gropius ein weiteres parallel verlaufendes Verhältnis mit der verwitweten Dichterin Maria Benemann ein.

In diesem Dezember 1919 erhielt Oswald Spengler einen Preis des Nietzsche-Archivs für sein Buch *Der Untergang des Abendlandes*, dessen Pessimismus und geschichtsdeterministische Erörterungen viele in ihrer erschütterten Kultur und in ihrer nationalistisch-antidemokratischen Haltung bestätigten. Das Nietzsche-Archiv stimmte ein.

Beim Weihnachtsfest am Bauhaus las Gropius den Schülern und Lehrern an einer langen Tafel die Weihnachtsgeschichte vor. Dann servierte er persönlich jedem einzelnen Schüler die Speisen.

Johannes Itten

Gropius wollte das Bauhaus nutzen, um das Akademische, das Klassische und mit Letzterem – bei aller Bewunderung – auch Goethe zu überwinden. Auch daher wurde das frühe Bauhaus zu einem Ort des Suchens und des Ausprobierens. Neben Gotik, Expressionismus, Romantik übten auch Esoterik und Symbolik ihren Einfluss aus. Das frühe Bauhaussignet von 1919 enthielt neben Runen und Sternensymbolik auch eine Swastika, ein Hakenkreuz, ein indisches Zeichen für Glück, das in dieser Zeit aber zunehmend von völkischen und antisemitischen Bewegungen vereinnahmt und ab 1920 von den Nationalsozialisten für die neu geschaffene Hakenkreuzfahne benutzt wurde.

Mit dem nun dazugestoßenen Johannes Itten begann eine verstärkte Zuwendung zur Esoterik. Johannes Itten war 1888 im Berner Oberland in eine Bauernfamilie geboren worden. Der Vater arbeitete auch als Lehrer. Noch als Knabe wurde Itten zu einem Onkel in Thun gegeben, wo er, wie er sagte, ohne Liebe und

Wärme aufwuchs. Schon in dieser Zeit zeichnete er. Doch man verbot es ihm. Es sei unnütz. Er solle Lehrer werden.

Doch Itten widersetzte sich und studierte Kunst in Bern, brach das Studium aber ab und erlernte doch den Beruf des Schullehrers, um nach dem Abschluss jedoch wieder die Kunst zu wählen. Er ging nach Stuttgart, studierte bei Adolf Hölzel, einem der Wegbereiter der Moderne und einem Pionier moderner Lehrmethoden, und arbeitete schließlich als Lehrer. Dies aber anders, als es die Familie für ihn geplant hatte. Itten hatte schon als Student Malunterricht gegeben und war damit so erfolgreich, dass er nach Wien gerufen wurde, wo er weiterhin unterrichtete und abstrakt malte. Er beeindruckte auch Alma Mahler, und die machte ihn mit ihrem damaligen Gatten Walter Gropius bekannt.

Itten war erst 30 Jahre alt, als er an das Bauhaus kam. Dort führte er mit dem Vorkurs als Grundausbildung eine entscheidende Neuerung ein. Dieses Lehrelement wurde später in modernen Kunstakademien obligatorisch. Itten wollte, dass seine Studierenden keinen vorgegebenen Stil übernahmen, erst recht nicht seinen. Er wollte lediglich Wege aufzeigen. Die Ziele sollten die Studierenden selbst finden. Seinen Erfolg als Lehrer maß Itten daran, wie umfassend es ihm gelang, die Individualität jedes einzelnen seiner Schülerinnen und Schüler zu wecken. Zu seinen ersten Schülern im Vorkurs gehörte Josef Albers, der später großen Einfluss auf die moderne Malerei insbesondere in den USA ausüben sollte, wo er lange lehrte.

Itten folgte der zoroastrisch beeinflussten Mazdaznan-Lehre, hatte sich den Kopf kahlgeschoren, lebte asketisch und trug eine selbstentworfene Kutte, die sogenannte Bauhauskutte, die viele seiner Schüler kopierten. Einige scharte er in einem engen Kreis um sich, darunter 14 Studenten, die er aus Wien mitgebracht hatte. Ihr Verhalten, ihre Kleidung, ihre Forderungen, ihre zur Schau gestellte Riten stießen nicht nur in der Bevölkerung von Weimar auf Ablehnung. In der Stadt ging bald der an Kinder gerichtete Satz um: »Wenn du nicht artig bist, kommst du ins Bauhaus.« Während Itten und seine Gruppe vegetarisches Essen in der Kantine verlangten, Atem- und Meditationsübungen am sogenannten Tempelherrenhaus im Ilmpark abhielten und die Übernahme ihrer Lebensweise auch für die übrigen Kurse am Bauhaus forderten, wuchs bei den übrigen Lehrern und Studierenden am Bauhaus das Befremden, auch bei Gropius.

Im Tempelherrenhaus hatte Itten sein Atelier eingerichtet. Das neugotische Gebäude war 1786 während der Regierungszeit Carl Augusts aus dem Umbau eines ehemaligen Gewächshauses entstanden und vom Hof als Veranstaltungsort für Feste und Konzerte genutzt worden. Seinen Namen verdankte es vier an den oberen Ecken des Gebäudes angebrachten Figuren. Auf Anregung Goethes war 1816 noch ein Turm vor das Tempelherrenhaus gesetzt worden. Später hatte Franz Liszt, der in seiner letzten Weimarer Zeit nur wenige Schritte vom Tempelherrenhaus entfernt wohnte, dort oft stundenlang Klavier gespielt. Auch Konzerte hatte er dort gegeben.

Itten band die Umgebung des Tempelherrenhauses in seinen Unterricht ein. Er regte seine Studierenden dazu an, Materialien in Stadt und Natur zu sammeln, forderte sie auf, diese zu durchdenken und auf neue Weise zu nutzen. Und im Atelier des Tempelherrenhauses entstanden nun einige seiner Hauptwerke, darunter 1920 die Plastik »Turm des Feuers«, auch »Turm des Lichts« genannt. Dieser bildete eine fast vier Meter hohe Spirale aus farbigen aneinander gesetzten Glasflächen, die sich in halbkreisförmigen Schirmen stufenweise nach oben zu einer Spitze verjüngten.

Ittens Plastik ist auch als eine Art Umsetzung der Programmatik des Bauhauses zu verstehen, als Zusammenwirken aller Kunstdisziplinen. Zudem schlug sich darin Ittens Farbenlehre nieder, die er während seiner Zeit im Bauhaus entwickelte, wozu auch der berühmte zwölfteilige Farbkreis gehört, der ein sechsteiliges Prisma umgibt und die Gesetze der Farbmischung veranschaulicht. Auch das war eine Bezugnahme auf Goethe und dessen Farbenlehre.

Itten entwarf auch Stühle, was weit weniger bekannt ist. Sie waren von überraschend schlichtem Design. Woran zu erkennen ist, wie vielseitig der eigentliche Mensch ist, wie einseitig oft sein Bild in Öffentlichkeit und Geschichte. Die Anregung, diese Einseitigkeit aber zu durchbrechen, lieferte insbesondere Weimar in seiner Geschichte immer wieder. Wie einst mit Goethe, nun mit Itten.

Trennungen und Anfänge

Vom 13. bis 17. März 1920 brachte der von rechten Freikorps durchgeführte Kapp-Putsch mit landesweit aufflammenden Kämpfen und zahlreichen Toten die junge Republik an den Rand des Bürgerkriegs. Der Putsch scheiterte, auch aufgrund eines Generalstreiks.

Am 1. Mai 1920 schuf man das Land Thüringen. Landtagswahlen folgten am 20. Juni. Die SPD, ihre linke Abspaltung USPD und die linksliberale DDP erhielten eine knappe Regierungsmehrheit. Zuständig für das Bauhaus wurde der Minister für Volksbildung Max Greil von der SPD, der sich nun öffentlich für das Bauhaus einsetzte und den Etat durch das Parlament brachte, wodurch das Bauhaus nun endgültig als Projekt der Linken galt.

Das erste Architekturvorhaben, das unter Mitarbeit von Lehrern und Studierenden des Bauhauses verwirklicht wurde, war das Wohnhaus des Unternehmers Adolf Sommerfeld in Berlin, für das ursprünglich sogar ein Bau in weit größerem Rahmen mit zusätzlichem mächtigem Bürogebäude vorgesehen war. Letztlich entstand ein Wohnhaus mitsamt Chauffeurhaus und Garage. Am 18. Dezember 1920 war Richtfest. Der ungarische Student Marcel Breuer hatte für die Inneneinrichtung geometrische Möbel entworfen, die Studentin Dörte Helm kreierte einen Vorhang, Josef Albers gestaltete Fenster. Das Ensemble selbst war stark beeinflusst vom Präriehausstil des Amerikaners Frank

Lloyd Wright. Beim Richtfest feierten alle Beteiligten eine Zeremonie mit Zunftkleidung, eigens gestalteten Frauenkopftüchern, Tanz und Sprechchor. Rituale, die sich an die der Bauhütten anschlossen.

Bereits bei der Errichtung des Hauses Sommerfeld zeichneten sich die Entwicklungs- und Konfliktlinien des Bauhauses ab. Der Auftrag und der Entwurf des Hauses lief über Gropius' Architekturbüro, viele Details der Umsetzung aber vertraute man dem Bauhaus an. Das sollte Gropius' Vorgehen der nächsten Jahre sein. Sein Büro profitierte vom Bauhaus, das Bauhaus aber auch von seinem Büro. Für Gropius gehörte das zu seinem Konzept. Im Bauhaus sollten die Bereiche der Welt des Gestaltens harmonisch zusammenwachsen, ebenso wollte er das Bauhaus mit den realen wirtschaftlichen Zwängen der Welt außerhalb in Einklang bringen. Darin lag aber schon der spätere Konflikt mit Itten.

Im Herbst 1920 nahm Gropius am Wettbewerb für ein Denkmal für die »Märzgefallenen« des Kapp-Putsches teil. Er wählte eine expressionistische Zackenkonstruktion, zu der ihn ein Werk des Expressionisten Karl Schmidt-Rottluff inspiriert hatte. Er gewann. Gropius stand in dieser Zeit dem Bolschewismus nahe, der »trotz aller seiner üblen Nebenerscheinungen« den Weg zu einer neuen Kultur aufzeige. Dennoch bestand er immer wieder darauf, dass das Bauhaus selbst sich nicht in politische Auseinandersetzungen zu mischen habe.

Im Herbst erfolgte die Scheidung von Alma. Gropius ließ sich, inszeniert von gedungenen Detektiven, mit einer Prostituierten in einem Hotel erwischen, damit Alma auf schuldhafte Scheidung klagen konnte. Am 20. Oktober 1920 war diese unglückliche Ehe auch amtlich beendet.

Im Oktober 1920 war am Lago Maggiore ein Telegramm aus Weimar eingetroffen. Es war für Paul Klee. »Lieber verehrter Paul Klee, wir lassen einstimmig den Ruf an Sie ergehen, zu uns als Meister ans Bauhaus zu kommen.« Absender waren Gropius, Feininger, Marcks, Muche und Itten. Klee machte sich sofort auf den Weg.

Im Herzen des Versprechens von Weimar, das viele weitere Versprechen birgt, gibt es eine besondere Kammer. Es ist jene, die Paul Klee mit seinem Universum einnimmt. Geboren in der Schweiz als Sohn eines deutschen Musiklehrers und einer Schweizer Sängerin, hatte er schon als Kind seine hohe Begabung für Musik und das Zeichnen gezeigt. Die Eltern förderten jedoch nur Klees musikalische Seite, woraufhin der sich auch zu einem meisterhaften Geigenspieler entwickelte; und das Geigenspiel sollte er während seines ganzen Lebens nicht aufgeben. Dennoch entschied Klee sich für die Malerei, wobei die Erfahrungswelt der Musik immer wieder in seine Bildwelten hineingreifen sollte.

Klee studierte Malerei in München, reiste mehrere Monate durch Italien, verdiente sich danach in Bern den Lebensunterhalt als Geiger, zog wieder nach München und heiratete die Pianistin Lily Stumpf. In den ersten Jahren seiner Ehe kümmerte er sich um den Haushalt und die Erziehung des gemeinsamen Sohnes Felix, während Lily die Familie durch Klavierstunden ernährte. In dieser Zeit schuf Klee für Felix ein ganzes Ensemble aus mehreren Dutzend Puppen.

Und er malte. Klee stellte bei der Münchner und der Berliner Sezession aus. Er lernte August Macke, Wassily Kandinsky und Franz Marc kennen. Ab Ende 1911 gehörte er zum Umfeld des Blauen Reiters. Er besuchte Paris; dann ging er im Frühjahr 1914 mit August Macke und dem Schweizer Maler Louis Moilliet auf die berühmt gewordene Reise nach Tunis.

Wenig später, im Sommer 1914, brach der Erste Weltkrieg aus. Schon nach wenigen Wochen fiel Klees Freund August Macke an der Westfront. Weder Klees deutscher Vater noch Klee selbst hatten sich um die Schweizer Staatsbürgerschaft bemüht. Also war er, der deutsche Staatsbürger, wehrpflichtig. Am 5. März 1916 erhielt er seinen Einberufungsbefehl. An diesem Tag erfuhr er, dass Franz Marc in der Schlacht um Verdun gefallen war. Klee selbst hatte im Krieg Glück. Er wurde für die Tarnbemalung von Kriegsflugzeugen eingesetzt.

Das Universelle trieb Klee an. Und die Harmonie im Universellen. In einem Textentwurf 1918 zeigte sich seine Beschäftigung mit Schillers ästhetischen Briefen: »Die Kunst geht über den Gegenstand hinaus über den realen sowie über den imaginären. Sie spielt mit den Dingen ein unwissend Spiel. So wie ein Kind im Spiel uns nachahmt, ahmen wir im Spiel den Kräften nach, die die Welt erschufen und erschaffen.«

Seine Lehrtätigkeit am Bauhaus nahm Klee im Januar 1921 auf. Er war nun 41 Jahre alt und übernahm als Formmeister die Buchbinderei. Wie die Formmeister in allen anderen Klassen arbeitete auch er gemeinsam mit einem Handwerksmeister. Am Bauhaus nannte man Klee den »Mann mit dem leisen Schritt«. Er war schweigsam. Schüler erzählten, der scheue Klee sei bei der ersten Vorlesung rückwärts in den Raum gekommen. Klee hatte noch nicht gelehrt, nur kurz akademisch studiert, war »Selbstlehrling«, wie er erklärte. Anfangs führte er mit seinen Studenten Analysen der eigenen Bilder durch und verband das dann mit der gemeinsamen Begutachtung der Schülerarbeiten.

Im Herbst 1921 kamen Lily und Felix nach Weimar und die Familie bezog eine Wohnung in der Straße Am Horn. Dort hatten die Klees etwas vollkommen Neues: eine Zentralheizung, und die Familie war überwältigt, dass es elektrisches Licht gab. Sohn Felix erzählte später, er habe es, fasziniert wie er war, zu Beginn permanent ein- und ausgeschaltet. Felix wurde mit erst 13 Jahren der jüngste Bauhaus-Schüler, und schon bald trat er mit seinen Puppen bei den Bauhausfesten auf, die zum Zusammenhalt der Institution beitrugen. Die Planung der teils turnusmäßig veranstalteten Feste im Bauhaus – sie hießen Lampionfest,

Drachenfest, Sonnenwendfest oder Schlagwörterfest – oblag den Schülern und Lehrern mit den jeweiligen Bauhauswerkstätten. Sie dekorierten, schufen Themenkostüme, entwarfen Plakate und Einladungskarten. Die Bauhauskapelle spielte.

Der Weg zu seinem Atelier im Van-de-Velde-Bau führte Paul Klee durch den Park an Goethes Gartenhaus vorbei. Goethes Ideenwelt war ihm vertraut. Mit dessen *Italienischer Reise* im Gepäck war er in Italien gewesen. Goethes Gedanken zu den Gesetzmäßigkeiten von Metamorphosen, von Ähnlichkeiten des Wandels in Kunst und Natur ähnelten den Ideen Klees.

In Weimar am Bauhaus war es zunächst vor allem Itten, der Klee inspirierte. Zwar meinte auch Klee, Itten übertreibe, aber dessen Auffassungen von Form und Farbe begeisterten ihn. Das alles verband er nun mit seinen in Paris gewonnenen Eindrücken von den Werken von Henri Matisse, Vincent van Gogh, Paul Cézanne und Pablo Picasso sowie dem Einfluss der Farbakkorde seiner gefallenen Freunde August Macke und Franz Marc. Hinzu kam Klees Beschäftigung mit dem Konstruktivismus der beiden Russen El Lissitzky und Wladimir Tatlin. Diese Strömung bezog sich in vielerlei Hinsicht, wie etwa durch den Einsatz geometrischer Formen, auf die Architektur und besaß durch ihre Verbindung mit den revolutionären Kräften in Russland auch ein stark politisches Element. Vor allem aber schuf der Konstruktivismus eine erste rein abstrakte Bildsprache, die dann durch Kasimir Malewitschs Suprematismus weiterentwickelt wurde, der das Erfassen durch das Gefühl dem intellektuellen Zugang zum Bild voranstellte. Die konstruktivistischen Einflüsse führten in den Niederlanden zur Gründung der Gruppe *De Stijl*. Und das sollte weitreichende Folgen für das Bauhaus haben.

Vom Konstruktivismus, aber auch von den abstrakten Arbeiten Klees war wiederum Oskar Schlemmer beeinflusst. Er nahm wie Klee im Januar 1921 seine Lehrtätigkeit am Bauhaus auf, zunächst als Formmeister für Wandmalerei und Steinbildhauerei. Der Kaufmannssohn Oskar Schlemmer hatte nach dem frühen Tod seiner Eltern, weil die Mittel dafür nicht reichten, die Schule abbrechen müssen und mit 15 Jahren eine Lehre als Zeichner in einer Intarsienwerkstatt begonnen. Nach abgeschlossener Lehre hatte er an der Kunstgewerbeschule seiner Geburtsstadt Stuttgart studiert, danach dort an der Akademie der Bildenden Künste. Als Student machte er die Bekanntschaft Willi Baumeisters und wurde 1913 Meisterschüler bei Adolf Hölzel, dessen Schüler bereits Itten gewesen war. Schlemmer verschrieb sich schon früh der avantgardistischen Kunst, und noch 1913 waren erste Skizzen zu seinem später berühmten Triadischen Ballett entstanden. Dieses setzte Tänzer und Tänzerinnen in bunten, in den Grundformen der Geometrie gestalteten Bühnenkostümen in Szene. Kubismus und Französische Moderne beeinflussten ihn weiterhin in seinem nachfolgenden Jahr in Berlin. 1914 bei Ausbruch des Krieges hatte Schlemmer sich freiwillig gemeldet. Er kämpfte an der West- wie der Ostfront und wurde verwundet. Doch nun, nach dem Krieg, hatte er im Herbst 1920 Hochzeit gefeiert. Kurz darauf hatte er Walter Gropius' Ruf an das Bauhaus erhalten und angenommen.

Ein Niederländer und die Wende im Bauhaus

Nachdem Goethe einst das Moderne seiner Zeit in einem Umfeld hatte fördern können, das ihm unzählige Möglichkeiten eröffnet hatte, musste Gropius beständig die Steine wegräumen, die ihm in den Weg gelegt wurden. Die Mehrheit der Menschen in der Stadt wollte keine Moderne, keine entscheidenden Veränderungen der Gesellschaft, in der sie bislang gelebt hatten. Im Grunde wollten sie behalten, was sie kannten. Die Abläufe, den Alltag, die Bilder.

Die Konservativen setzten schließlich nach monatelangen Streitereien mit Gropius zum 4. April 1921 die Neugründung der Staatlichen Hochschule für Bildende Kunst durch, die eigentlich in das Bauhaus integriert worden war. Die damals vom Bauhaus übernommenen Lehrer wechselten nun zurück und trugen dazu bei, dass die Staatliche Hochschule für Bildende Kunst ein Zentrum der konservativen Gegner des Bauhauses wurde.

Trotz dieses Rückschlags kämpfte Gropius unverdrossen weiter. Er versuchte die Finanzierung des Bauhauses auf ein breiteres Fundament zu stellen und ab Frühjahr 1921 die Werkstätten stärker mit Aufträgen zu versorgen. Itten aber war strikt dagegen. In seinen Augen hatte das Bauhaus zu lehren und das Individuum zu bilden, nicht aber Aufträge auszuführen.

In dieser Situation betrat der Niederländer Theo van Doesburg die Bühne des Bauhauses. Er war als Christian Emil Marie Küpper geboren. Doch er meinte, sein Stiefvater Thedorus Doesburg sei sein eigentlicher Vater, und signierte mit dessen leicht abgewandeltem Namen nun seine Werke. Beeinflusst von van Gogh und Kandinsky gehörte van Doesburg zu den Gründungsmitgliedern der 1917 mitten im Krieg in Leiden gegründeten Künstlergruppe *De Stijl*. Zu deren engstem Kreis gehörten neben van Doesburg der Maler Piet Mondrian, der Architekt Jan Wils und der Bildhauer Georges Vantongerloo. *De Stijl* propagierte, beeinflusst vom Konstruktivismus Malewitschs und Tatlins, die vollkommene Abstraktion und das Besinnen auf die bildnerischen Elemente Grundfarbe, Vertikale und Horizontale. Ziel war es, in der Gestaltung etwas zu schaffen, das überall in der Welt verstanden werden konnte.

Gropius hatte Doesburg in Bruno Tauts Haus in Berlin kennengelernt und lud ihn nach Weimar ein. Doesburg hielt dort einen programmatischen Vortrag, begeisterte und zog am 29. April 1921 in die Stadt. Die Redaktion der Zeitschrift *De Stijl* verlegte er gleich mit dorthin.

Doesburg hielt in Weimar nun Vorlesungen außerhalb des Bauhaus-Lehrbetriebs und wurde unter den Studierenden rasch populär. Unter seinem Einfluss machte das Bauhaus den wichtigen Schritt weg vom Expressionismus hin zu einem Gestaltungskosmos, der aus der Reduzierung auf das Elementare schöpfte: den rechten Winkel, die drei Grundfarben ergänzt um Schwarz, Weiß und Grau.

Doesburg, auf seine Art ebenso autoritär wie Itten, forcierte die von Gropius nun angestrebte Umorientierung fort vom Handwerk, hin zur industriellen Fertigung. Ab 1922 formulierte Gropius, der noch im Jahr zuvor zusätzlich zur Gesamtleitung des Bauhauses die Leitung der Möbelwerkstatt übernommen hatte, das Ziel des Bauhauses bestehe in der Einheit von Kunst und Technik. 1919 war es noch die Einheit von Kunst und Handwerk gewesen. Zu dieser Neuausrichtung trug auch die nach wie vor eher ablehnende Haltung der Handwerksverbände bei, die Gropius hartnäckig umworben hatte. Gropius setzte jetzt auf Aufträge aus der Industrie.

Nahezu passend dazu entwarf Marcel Breuer 1922 in der von Gropius geleiteten Möbelwerkstatt den von den Arbeiten Gerrit Rietvelds beeinflussten Lattenstuhl. Dieser vereinte die Anforderung des besten Sitzkomforts mit einer Gestaltung für eine industrielle Fertigung. Funktion und Technik traten in den Vordergrund.

Schließlich führte ein Auftrag des Stadttheaters Jena zum Umbruch im Bauhaus. Den Auftrag erhielt Gropius für die Bauhauswerkstätten vom Weimarer Generalintendanten Ernst Hardt, dem auch das Theater in Jena unterstand, da es seinerzeit dem Nationaltheater als Außenspielstätte diente.

Zunächst geriet Gropius bei dem Projekt in Streit mit dem dominanten Doesburg, was letztlich auch dazu führte, dass der Niederländer nicht ans Bauhaus berufen wurde. Weil Gropius die Bauhauswerkstätten mit einbezog, kam es darüber hinaus zum Zerwürfnis mit Itten, der ankündigte, seine Tätigkeit niederzulegen. Die Räume des Stadttheaters, die nach ersten Arbeiten durch Oskar Schlemmer von van Doesburg vernichtend kritisiert und dann neu konzipiert wurden, markierten in ihrer anschließenden Neugestaltung die Hinwendung des Bauhauses zur klaren Geometrie im Sinne von *De Stijl*, was zu einem wesentlichen Erkennungsmerkmal des künftigen Bauhauses werden sollte.

Doesburg entschwand Ende 1922 nach Berlin. Seine Ideen

blieben. Auch in dem neuen Bauhaus-Logo klangen sie an, das Oskar Schlemmer gestaltet hatte und schließlich berühmt wurde: ein Gesicht in einem Kreis, anmutend wie ein Halbprofil, geformt aus weißen Geraden und Rechtecken auf schwarzem Grund.

Kandinsky

Ein anderer war derweil eingetroffen, dessen Ideen und Werke bereits großen Einfluss auf die Meister und Schüler des Bauhauses ausübten und nun weitere tiefe Spuren hinterlassen sollten: Der Russe Wassily Kandinsky. Der damals 55-Jährige kam am 1. Juli 1922 als Formmeister zum Bauhaus. Als Sohn eines wohlhabenden Teehändlers in Moskau geboren und in Odessa aufgewachsen, war er als studierter Jurist zur Malerei gewechselt und nach München gegangen. Dort hatte er bei Franz von Stuck studiert, Gabriele Münter kennengelernt, sich mit ihr verlobt und in Zusammenarbeit mit Alexej von Jawlensky und Marianne Werefkin mit ihr begonnen, expressionistisch zu malen.

Anfang 1911 hatte Kandinsky Franz Marc kennengelernt. Unter dem Eindruck eines gemeinsam besuchten Konzerts von Arnold Schönberg im gleichen Jahr schuf Kandinsky mit *Impression III* sein erstes abstraktes Bild. Als Synästhetiker fühlte er in Farben bestimmte Stimmungen bis hin zu Musik. Nun dachte er in seinen Bildern eine Vereinigung von Malerei und Musik an. Ebenfalls 1911 gründete Kandinsky mit Marc den »Blauen Reiter«. Kandinsky war auch mit seinen Texten zur Kunst hervorgetreten. Seine Schrift *Über das Geistige in der Kunst* von 1912 hatte Itten tief beeindruckt. Klee hatte sie ebenfalls gelesen. Nach Ausbruch des Ersten Weltkriegs war Kandinsky nach Moskau gegangen und in der nach Kriegsende und Revolution entstehenden Sowjetunion unter Lenin in verschiedenen Funktionen in der Kulturpolitik tätig gewesen. Dort musste bald die moderne Kunst, insbesondere der Suprematismus Kasimir Malewitschs und die Ideenwelt Wladimir Tatlins, der Ideologie und damit dem »Sozialistischen Realismus« weichen. 1921 ließ Kandinsky sich die Genehmigung geben, nach Deutschland zu reisen, und kehrte nicht wieder zurück.

Im April 1923 verließ Itten zum Semesterende das Bauhaus. Er ging zu einem Mazdaznan-Zentrum in der Schweiz, während van Doesburg öffentlich gegen das Bauhaus wetterte, nicht nur in seiner Zeitschrift, sondern auch im Herbst 1922 in Weimar und Jena auf einem Kongress von Konstruktivisten und Dadaisten.

Die Bauhausausstellung

Gropius kämpfte weiter unermüdlich für das Bauhaus. Neunzig Prozent der Arbeit, kommentierte er, sei »Abwehr von Feindseligkeiten«. Am 24. Januar 1923 veröffentlichte er den Text *Idee und Entwicklung des Staatlichen Bauhauses in Weimar* und ging damit auf Vortragsreise. Am Bauhaus selbst betrieb er nun die Überarbeitung der Lehrkonzepte für die Vorkurse. Er wollte Produktiv- und Lehrbetrieb trennen. Die Gelder, die der Produktivbetrieb erarbeitete, sollten den Etat des Lehrbetriebs entlasten.

Als Nachfolger Ittens wurde am 1. April 1923 der 28-jährige Ungar László Moholy-Nagy Leiter des Vorkurses und Formmeister der Metallwerkstatt. Auch er brachte den Einfluss des Konstruktivismus mit und intensivierte mit seiner Frau Lucia die Auseinandersetzung mit den verschiedensten Formen der Fotokunst. Moholy-Nagy kleidete sich gerne in einen roten Monteuranzug und trug darunter weißes Hemd mit Krawatte. So war er Arbeiter und Chef in einem.

Am 28. Mai lernte Gropius bei einem Vortrag seiner Vision »Einheit von Kunst, Technik und Wirtschaft« in Hannover Ilse Frank kennen. Er nannte sie nur Ise. Er war gerade 40 Jahre alt geworden, sie war 26, verlobt und wollte im Juli heiraten. Ise war

Buchhändlerin und eine Erbin der Frank'schen Eisenwerke. Gropius warb heftig um sie, und eine intensive Liebesbeziehung begann. Ise löste ihre Verlobung wenige Tage vor der geplanten Hochzeit und zog im August nach Weimar. Dort wohnte sie als Gast bei den Klees.

Das Bauhaus stand derweil vor weiteren Herausforderungen. Im Juni des Vorjahres erhielt es von der thüringischen Landesregierung einen Kredit, verbunden mit der Auflage, in einer Leistungsschau die Ergebnisse des bisherigen Schaffens zu präsentieren. Das war auf starken Widerstand im Bauhaus selbst gestoßen. Man sei noch nicht so weit, war der Tenor der Kritik. Doch seit Oktober 1922 arbeitete eine Kommission an der Planung.

Vom 15. August bis zum 30. September 1923 fand die Bauhausausstellung statt. Gropius – Ise war nun in der Öffentlichkeit an seiner Seite – hielt zur Eröffnung den richtungweisenden Vortrag »Kunst und Technik. Eine neue Einheit«, in dem er sein neues Programm erklärte. Individuelle Gestaltung und industrielle Produktion sollten zu neuer Harmonie gelangen.

Eingeleitet wurde die Leistungsschau durch die Bauhauswoche mit Vorträgen, Festen, Ballett- und Musikaufführungen, begleitet von Veröffentlichungen des eigens gegründeten Bauhausverlags, gedruckt in der Bauhausdruckerei. Zu den Ausstellungsorten gehörten das Hauptgebäude des Staatlichen Bauhauses, das Landesmuseum und das eigens für die Ausstellung errichtete Musterhaus Am Horn. Im Hauptgebäude des Bauhauses war neben Arbeiten der Werkstätten auch das von Gropius für die Ausstellung entworfene Direktorenzimmer zu sehen. Gropius hatte den ursprünglichen Raum zu einem Kubus von 5 mal 5 mal 5 Metern verkleinert. Im Zimmer selbst zeigte sich erneut der Einfluss der geometrischen Konzeption von *De Stijl*. Sessel, Tisch, Fenster – alles Würfel und Quadrate.

Zum Programm der Bauhausausstellung gehörte auch die Aufführung des Triadischen Balletts von Oskar Schlemmer im Deutschen Nationaltheater in Weimar. Der Architekt Pieter Oud hielt einen Vortrag über die moderne Architektur in den Niederlanden. Bruno Taut, Erich Mendelsohn und Ludwig Mies van der Rohe reisten dafür extra an. Es wurde auch das neue Bauen gezeigt, anhand von Plänen und Entwürfen von Frank Lloyd Wright.

Ein Haus und eine Wiege

Bereits Mitte 1919, kurz nach der Eröffnung, hatte Gropius Pläne für eine Bauhaussiedlung gehabt. Im Spätsommer 1920 pachtete er dafür vom Finanzministerium 7000 Quadratmeter am Hornberg oberhalb des Osthangs des Ilmparks. Zunächst aber wurde das Gelände als Gemüsegarten für die Bauhauskantine genutzt. Nun war im Rahmen der Planungen für die Leistungsschau im Meisterrat die Idee entstanden, ein Musterhaus zu bauen. Es sollte bis ins Detail eingerichtet werden.

Von drei intern ausgearbeiteten Entwürfen, darunter einer von Gropius selbst, setzte sich der von Georg Muche in einer internen Abstimmung Anfang Oktober 1922 nach einer leidenschaftlichen Rede Muches durch. Georg Muche, der als Maler seine Werke bereits mit Max Ernst und Paul Klee ausgestellt hatte, war von Gropius 1920 als Meister für die Holzschnitzerei ans Bauhaus gerufen worden. Seit 1921 leitete er die Werkstatt für Weberei. Gropius kommentierte Muches Auftritt und Sieg mit: »Ihr Schwung – und sei er auch aus Wahn geboren – ist der Nerv unserer Ausstellung. Ich bin bereit und mache mit.«

Am 11. April 1923 war Grundsteinlegung auf dem Gelände eines bisherigen Obstgartens. Das Büro von Gropius in Berlin übernahm nun die Ausführung unter Beteiligung der Bauhauswerkstätten und mehrerer Handwerksfirmen, die neue Materialien teilweise zwecks Werbung zum Selbstkostenpreis einsetzten. Für den Bau des Musterhauses warb Gropius um Gelder. Auch Friedrich Ebert spendete. Einen großen Teil der Kosten aber trug Adolf Sommerfeld, und so gehörte das Haus letzten Endes ihm. In nur vier Monaten Bauzeit gelang es, den Bau trotz aller Widrigkeiten termingerecht zum Ausstellungsbeginn am 15. August fertigzustellen.

Das Musterhaus am Horn entstand in Modulbauweise und zeigte die neue Richtung, die Gropius und das Bauhaus einschlugen. Oskar Schlemmer kommentierte das später mit: »Abkehr von der Utopie. Statt Kathedralen die Wohnmaschine.«

Man wollte, auch um die Wohnungsnot zu überwinden, mit neuen Baumaterialien wie Platten aus Torf als umlaufender Wärmedämmung sowie mit Massen- und Modulproduktion die Kosten senken. Dies sollte konsequenterweise mit einer klaren und funktionalen Ästhetik einhergehen. Die ließ dem Menschen und der Dynamik Raum.

Das Haus am Horn stand für die gesellschaftlichen Entwicklungen. Der frisch verheiratete Muche wollte im Musterhaus die Rolle der Frau mit gleichen Rechten verwirklicht sehen. Er gestaltete ein Wohnhaus für eine Familie ohne Angestellte, eine moderne Familie der Mittelschicht, ein Haus der Moderne und somit ein frühes Einfamilienhaus des gesamten nachfolgenden Jahrhunderts. In seinem quadratischen Grundriss mit dem zentralen Wohnraum und einem mittig umlaufenden quadratischen Aufbau mit Oberlicht, als seien der Hauptraum eines Tempels und die Symmetrie Palladios mitempfunden, fand sich auch eine Reminiszenz an klassische Architekturvorbilder.

In Entwurf und Ausführung ist das Musterhaus in vielerlei Hinsicht eine Umsetzung dessen, was in der Luft lag. Viele später bedeutende Persönlichkeiten der Gestaltung setzten darin erste Zeichen. Marcel Breuer trug zur Einrichtung des Wohn- und Damenzimmers bei, Benita Otte und Ernst Gebhardt gestalteten eine funktionale Küche, László Moholy-Nagy schuf die Beleuchtung im Wohnzimmer. Gunta Stölzl und Benita Otte entwarfen neben anderen die Teppiche des Hauses.

Eine Kinderwiege, entworfen von Peter Keler, einem Bauhausschüler des gerade vor wenigen Monaten eingetroffenen Wassily Kandinsky, die als »Bauhauswiege« oder »Wiege nach Wassily Kandinsky« berühmt wurde, stellt ein Amalgam aller

Absichten dar, die das Bauhaus nun vereinte. Sie griff in Form- und Farbgebung Wassily Kandinskys Elementarunterricht mit den Grundformen Dreieck (gelb), Rechteck (blau), und Kreis (rot) auf. Die Wiege, ein gelbes Dreieck mit der Spitze nach unten, wo es rot gestrichen ist, wird an Kopf- und Fußende von je einem blauen Ring aus Holz gerahmt, auf denen sie schwingt.

Obwohl die Ausstellung noch bis zum 30. September dauerte, waren Walter Gropius und Ise Frank bereits Mitte August zu einer Reise nach Verona und Venedig aufgebrochen. Mitte Oktober heiratete das Paar in Weimar. Trauzeugen waren Kandinsky und Klee. Gropius war nach zahlreichen, oft parallel verlaufenden Liebeswirren angekommen. Zudem wurde Ise auch beruflich seine Beraterin, Organisatorin und mehr als eine rechte Hand.

Doch die Farben schwinden

Der Erfolg der Bauhausausstellung verschaffte den Lehrern und Schülern Selbstvergewisserung; zudem hatte die Arbeit an Konzeption und Umsetzung sie zusammengeschweißt und ihnen geholfen, die eigenen Ziele zu schärfen. Während das Bauhaus auf dem neuen Weg voranschritt, wuchsen jedoch die Gefahren im Umfeld.

Die Gegner des Bauhauses blieben aktiv, zumal sich dieses in Weimar befand und die Stadt längst auf vielfältige Weise zu einem Symbolort geworden war, nicht nur aufgrund ihrer reichen Vergangenheit. Weimar war der Schauplatz der Republikgründung gewesen, nun war es darüber hinaus Hauptstadt des Landes Thüringen und damit auch das politische Zentrum der Region. Auf dieser Ebene wurde es nun besonders turbulent.

Am 10. Oktober 1923 bildeten Kommunisten und Sozialdemokraten in Thüringen eine Koalitionsregierung. Es kam zu Aufruhr. Reichskanzler Gustav Stresemann verhängte am 13. Oktober den Ausnahmezustand. Die Reichswehr übernahm die militärische Gewalt in Thüringen. Im Dezember trat die Regierung zurück. Es wurden Neuwahlen für den 10. Februar 1924 angesetzt. Im nun anhebenden Wahlkampf gehörte auch das Bauhaus zu den Themen der heftigen Auseinandersetzungen.

Am 18. Januar 1924 erlebte Weimar eine wuchtige Machtdemonstration der völkischen Rechten auf dem Marktplatz. Soldaten, Reichswehr, Armeeoffiziere marschierten auf. General Otto Hasse schimpfte in einer Rede auf den Vertrag von Versailles. Bei den Wahlen erhielten die Rechten weit mehr Stimmen als in Thüringen insgesamt, wo sie ohnehin schon weit über dem Durchschnitt des übrigen Deutschlands lagen. Die Mitte-Rechtsregierung ab dem 22. Februar 1924 unter dem Vorsitz des Staatsministers Richard Leutheußer war von der Duldung durch die extreme Rechte, darunter die Nationalsozialistische Deutsche Arbeiterpartei (NSDAP), abhängig. Auch die Versuche, Juden aus Kultur und Gesellschaft auszugrenzen, wurden massiver. Gegner des Bauhauses hatten seit jeher thematisiert, dass dort Juden und Ausländer wirkten.

Der politische Rückhalt für das Bauhaus war weggebrochen; die Mittel wurden um die Hälfte gekürzt. Bis Ende des Jahres kämpfte vor allem Gropius vehement um den Fortbestand der Schule und versuchte, den Produktionsbereich weiter zu privatisieren, um Finanzierungslücken zu schließen. Die neue Regierung indes strich oder blockierte weitere Mittel. Die Konservativen unter den Kulturschaffenden in Weimar forderten die Schließung sowie die Wiederherstellung der alten Organisation der Kunst- und Gewerbeschulen. Gropius wurde persönlich in der Öffentlichkeit immer heftiger und beleidigender angegriffen. Er sammelte Berühmtheiten wie Marc Chagall, Albert Einstein, Arnold Schönberg, Gerhart Hauptmann, Peter Behrens im »Kreis der Freunde des Bauhauses« und hoffte auf Unterstützung aus der Industrie, doch man verlängerte seinen Vertrag nicht und forderte nun Garantien über Jahre hinaus.

Im Bauhaus selbst taten 1924, als das Ende der Institution in Weimar zu nahen schien, Lehrer und Studierende weitere entscheidende Schritte hin zu dem, was als Bauhausstil später berühmt werden sollte. Ausgerechnet in der Metallwerkstatt, der Itten mit seinem Plädoyer für eine von jeglichen wirtschaftlichen Überlegungen freie Kunst vorgestanden hatte, entstanden nun unter der Ägide von László Moholy-Nagy nüchtern funktionale, der Geometrie verpflichtete Alltagsprodukte. Dazu gehörte die berühmte Wagenfeld-Lampe, die Wilhelm Wagenfeld nach Vorarbeiten von K. J. Jucker gestaltete, und das berühmte Tee-Extraktkännchen von Marianne Brandt, mit dessen Produktion die Studierenden – wenn auch in kleinen Mengen – nun begannen.

Grau wird braun

Ab Herbst 1924 suchte Gropius nach einer anderen Stadt als Heimat für das Bauhaus. Frankfurt am Main bemühte sich um die Hochschule. Auch andere Städte waren im Gespräch. Und es kam ein Angebot aus dem etwa 115 Kilometer nordöstlich gelegenen Dessau. Weimar hatte zu jener Zeit knapp 46 000 Einwohner, Dessau hingegen 70 000. Es wuchs schnell und hatte eine besonders schnell wachsende Industrie, zu der die Junkers-Werke gehörten. Die Industriestadt wurde von einer liberalen und sozialdemokratischen Mehrheit regiert. Der liberale Oberbürgermeister Fritz Hesse bemühte sich um die Finanzierung des Umzugs, und der Flugzeugbauer Hugo Junkers bot finanzielle Unterstützung an.

Am 26. Dezember 1924 löste sich das Bauhaus in Weimar selbst auf. Es gab eine öffentliche Erklärung aller Meister und der meisten Studierenden. Drei Monate später beschloss der Rat in Dessau gegen die Stimmen der rechten Parteien, das Bauhaus nach Dessau zu holen. Der Bau eines eigenen Bauhausgebäudes war bald beschlossen. Gropius übernahm den Entwurf, und noch im gleichen Jahr begannen die Bauarbeiten an dem Gebäude, das zu einer Architekturikone werden sollte.

Weimar blieb zurück. Dort wandte man sich wieder der Erinnerung an die klassische Zeit zu, interpretierte, bewahrte und pflegte den Ort in zum Teil rechtsnationaler, spießbürgerlicher Attitüde. Egon Erwin Kisch verglich die Stadt 1926 mit einem großen Freilichtmuseum, das er »Naturschutzpark der Geistigkeit« nannte. Das Schwelgen in der alten Größe, einhergehend mit der Skepsis angesichts von Neuem, und die heroisierende Selbststilisierung im Alten waren Vorboten des Hermetischen, das alles, was anders, was fremd ist, verteufelt und sogar vernichtet.

Auch in Thüringen war die Nationalsozialistische Deutsche Arbeiterpartei unter Führung des rechtsradikalen Agitators Adolf Hitler nach dessen gescheitertem Putsch am 9. November 1923 in München verboten worden. Doch schon im März 1924 wurde sie wieder erlaubt, durfte an Wahlen teilnehmen und ihr Ziel weiterverfolgen, die Republik zu zerstören. Im Jahr 1924 veröffentlichte Adolf Bartels, einer der wichtigsten Protagonisten der nationaldeutschen Kräfte in Weimar, die Schrift *Der Nationalsozialismus Deutschlands Rettung*.

Es blieb nicht bei einer Zeit des Grau, wie sie nicht nur Kandinsky mit seiner Farb-Synästhesie vermutlich bezeichnet hätte. Sie wurde braun wie die Uniformen derer, die nun mehr und mehr in Weimar die Straßen bevölkerten. Die Stadt geriet in den Griff der Nationalsozialisten und wurde zu einer ihrer Hochburgen.

»I met him in the opera«

Zu den jungen Männern einer nationalkonservativen Jugendgruppe, die am 22. März 1925 für einen besonderen Empfang bereitstanden, gehörte auch der 17-jährige Baldur von Schirach. Er war der jüngere Sohn von Carl Baily Noris von Schirach, des ehemaligen Leiters des Nationaltheaters von Weimar. Der hatte sein Amt einst im Herbst 1909 noch unter Wilhelm Ernst angetreten. Zwar war Carl von Schirach ein guter Geigenspieler, doch verdankte er seine Berufung wohl eher seiner Militärlaufbahn und seinen Verbindungen mit den nationalkonservativen Kreisen, die nach dem Abgang Kesslers im Umfeld des militärisch geprägten Großherzogs die Oberhand gewannen. Schirach pflegte engen Kontakt mit Adolf Bartels, unterstützte im Jahr seines Amtsantritts dessen »Nationalfestspiele für die deutsche Jugend« und stand im Austausch mit Bartels' damaligem Privatsekretär Hans Severus Ziegler, einem der frühen Nationalsozialisten und ab 1925 stellvertretender Gauleiter der NSDAP in Thüringen.

Unter der Leitung Carl von Schirachs hatte sich das Weimarer Theater zu einem Zentrum des konservativen Bildungsbürgertums entwickelt. In der Novemberrevolution 1918 verlor er dann sein Amt. Als im Januar 1919 einflussreiche Nationalkonservative eine literarische Gesellschaft gründeten, um den alten »Geist von Weimar« wieder aufleben zu lassen, war er mit nationalkonservativen Schriftstellern wie Johannes Schlaf und Friedrich Lienhard dabei. Carl von Schirach hatte zwei Söhne und eine Tochter. Baldurs älterer Bruder, der Lieblingssohn des Vaters, erschoss sich 1919. Der Grund lag wohl in seiner tiefen Enttäuschung über den verlorenen Krieg und die Abdankung des Kaisers.

Bis zu seinem fünften Lebensjahr hatte Baldur nur Englisch gesprochen. Seine Mutter, eine gebürtige Amerikanerin, wollte es so. Überhaupt war Baldur von Schirach von der Abstammung weniger ein Deutscher als ein Amerikaner. Sein Großvater väterlicherseits Karl Friedrich von Schirach war zwar Deutscher gewesen, hatte aber im Amerikanischen Bürgerkrieg auf Unionsseite gekämpft, ein Bein bei Bull Run verloren und später Ehrenwache an Abraham Lincolns Sarg gehalten. Dessen Frau und Baldurs Großmutter war eine Amerikanerin gewesen wie Baldurs Mutter.

Baldur, der in den Augen des Vaters nie an den älteren Bruder heranreichen konnte, suchte nach Erklärungen für alle Tragödien in seiner Familie und in der Welt. Er las früh die Werke der

Antisemiten Houston Stewart Chamberlain und Adolf Bartels. Auch die antisemitische Schrift Henry Fords hatte er bereits gelesen, als er am 22. März 1925 als Teil eines Empfangskomitees den Mann erwartete, der an diesem Tag mehrere Reden in Weimar halten sollte und von dem in Deutschland immer mehr Menschen sprachen: Adolf Hitler.

Hitler war nach seinem gescheiterten Putschversuch 1923 in München und seiner nachfolgenden äußerst milden Verurteilung bereits im Dezember 1924 aus seiner zudem sehr bequem gestalteten Haft in der Festung Landsberg entlassen worden. Dort hatte er den ersten Band seines programmatischen Buches *Mein Kampf* diktiert, das kaum im Unklaren ließ, was zu erwarten war, sollten er und seine Gefolgsleute je in Deutschland an die Macht kommen. Nun besuchte er erstmals Weimar. Vier Veranstaltungen in den nächsten Tagen waren geplant. Bis kurz vor der Stadt war er im Zug angereist, dann aber in einen repräsentativen sechssitzigen Mercedes gestiegen. Wie beabsichtigt gelang es ihm, damit Eindruck zu machen, auch auf Baldur von Schirach, der später sagte, er habe zunächst Hitler kaum wahrgenommen, weil er die Augen nicht von dem Auto lassen konnte.

Zwei Reden hielt Hitler an diesem Tag. Schirach war fasziniert. Zwischen den Reden ruhte sich Hitler kurz im Haus von Ziegler aus. Schirach und ein Freund hielten vor der Tür Wache. Hitler bedankte sich bei den beiden jungen Männern, gab ihnen die Hand und blickte jedem dabei lange und tief in die Augen. Schirach war wie hypnotisiert. Er lief nach Hause und verfasste dort ein überschwängliches Gedicht, das Hitler als den Vertreter des Volkes verherrlicht, der wie dieses fühlt und denkt. Am nächsten Tag besichtigte Hitler unter anderem das Schiller- und das Goethehaus. In Letzterem lobte er die Gedichte seines verstorbenen Förderers, des Nationalisten und Antisemiten Dietrich Eckart, der den Ruf »Deutschland erwache!« und den nationalsozialistischen Kampfbegriff »Drittes Reich« geprägt hatte. Laut Schirach habe Hitler im Goethehaus gesagt, die Gedichte Eckarts seien so schön wie die Goethes.

Schirachs eigenes Gedicht wurde veröffentlicht. Ziegler druckte es in seiner Zeitschrift *Der Nationalsozialist* ab. Hitler ließ Schirach daraufhin ein Foto mit Widmung zusenden. Im Oktober 1925 kam Hitler erneut nach Weimar. Er und die Nationalsozialisten erkannten, dass sie hier eine frühe Hochburg gewinnen konnten. Diesmal besuchte Hitler auch eine Aufführung im Nationaltheater. Man gab die Lortzing-Oper *Der Wildschütz*, nach einem komischen Bühnenstück Kotzebues. Baldur von Schirach erzählte später zwar, man habe Wagners *Walküre* gehört. Doch Schirachs Berichte widersprachen im Laufe seines Lebens häufig den belegten Tatsachen. So antwortete er viele Jahre nach dem Zweiten Weltkrieg in einem Interview auf David Frosts Frage, wie er Hitler zum ersten Mal begegnet sei, mit: »I met him in the opera.« Hitler, dem Schirach in Wahrheit über ein halbes Jahr zuvor schon begegnet war, war an diesem Abend von Ziegler in die Loge seines Vaters gebracht worden und hatte sich gut informiert über Musik gezeigt. Hitler habe Smoking getragen und mit »guten Manieren« beeindruckt. In der Tat hatte der ein gutes Gespür dafür entwickelt, in welcher Umgebung er sich wie geben musste. Man lud ihn am nächsten Tag zum Tee. Hitler kam mit Blumenstrauß und gab Baldurs Mutter einen Handkuss.

Im Sommer 1926 wählte die NSDAP Weimar als Ort für ihren ersten Reichsparteitag nach Aufhebung des Parteiverbots. »Der Tag von Weimar« hieß es in großen Lettern Anfang Juli in der Parteizeitung *Völkischer Beobachter*. Hitler weihte neugeschaffene Standarten auf der Bühne des Nationaltheaters und übergab die »Blutfahne« des gescheiterten Putsches von 1923 an die neugegründete SS. Die SA, die paramilitärische Truppe der Nationalsozialisten für den Straßenkampf, terrorisierte in Weimar derweil Menschen auf offener Straße, rempelte Passanten zur Seite, pöbelte jene an, die sie für Juden hielten, oder auch junge Frauen mit modischer Kurzhaarfrisur. Baldur von Schirach fungierte in diesen Tagen als Fahrradmelder und Führer für ortsfremde Parteigenossen.

Hitler forderte Schirach auf, nach München zu kommen und dort zu studieren. Der schrieb sich dort im Sommersemester 1927 für die Fächer Anglistik, Germanistik und Psychologie ein. In München überzeugte er Hitler davon, sich auch um die Unterstützung von Studenten zu bemühen. Denn Schirach hatte schnell gemerkt, dass seine Agitation für Hitler bei seinen Kommilitonen ankam. 1928 ließ Hitler Schirach zum Reichs-Studentenführer des Nationalsozialistischen Studentenbundes ernennen.

Bei den Landtagswahlen am 8. Dezember 1929 erhielt die NSDAP 11,3 Prozent der Stimmen. In ihrer Hochburg Weimar entfielen 26,4 Prozent der Stimmen auf sie. Eine linke oder bürgerliche Mitte fand im neuen Landtag keine Mehrheit, und so kam der NSDAP, die lediglich sechs der 53 Mandate innehatte, eine Schlüsselposition bei der Regierungsbildung zu. Hitler reiste nach Weimar und bestand darauf, dass sein früher Mitstreiter Wilhelm Frick Ressortleiter für das wichtige Erziehungs- und Innenministerium wurde. Die Bürgerlichen fürchteten die Kosten eines erneuten Wahlkampfs sowie dessen möglichen Ausgang und gaben nach. So wurde in einer Koalition aus Thüringer Landbund, Deutschnationaler Volkspartei, Deutscher Volkspartei, NSDAP und Wirtschaftspartei Wilhelm Frick am 23. Januar 1930 in Thüringen Staatsminister für Inneres und Volksbildung. Er war somit der erste Minister der NSDAP in der Weimarer Republik. Obendrein fungierte er als Stellvertreter des Vorsitzenden der Landesregierung Erwin Baum.

Und: Viele Generationen später wurde Frick als oberster politischer Funktionsträger für Kultur ein Nachfolger Goethes. Frick, der fanatische Nationalsozialist, der im Reichstag in Berlin den Regierenden mit dem Galgen drohte und zwei Monate nach Amtsantritt im April 1930 den Erlass »Wider die Negerkultur« veröffentlichte, begann nun einen noch härteren Kulturkampf und lief somit Probe für den angestrebten nationalsozialistischen Staat. Aus dem Weimarer Schlossmuseum ließ Frick 70 Werke der modernen Kunst entfernen, darunter Arbeiten von Feininger, Klee und Kandinsky.

Am Pfingstsonntag 1930 tagte der von der NSDAP gegründete »Kampfbund für deutsche Kultur« in der Stadt. Zu der Vereinigung gehörten Bartels, Schultze-Naumburg und Carl von Schirach. NS-Chefideologe Alfred Rosenberg, unter anderem Herausgeber des Parteiblattes *Völkischer Beobachter*, sprach in Anwesenheit von Hermann Göring und Joseph Goebbels von einer »Einheit von Potsdam und Weimar«.

Die Universität Jena war bereits 1930 im Wesentlichen nationalsozialistisch geprägt. F. K. Günther, bislang Gymnasiallehrer und Autor einer »jüdischen Rassenkunde«, wurde zum Professor für »Sozialanthropologie« ernannt. Die Bezeichnung »menschliche Züchtungskunde« konnte man noch nicht durchsetzen, und so sprach man von einem »Recht auf Kinderlosigkeit« für »erblich Minderwertige«.

In diesem Jahr wurde die Fürstliche freie Zeichenschule nach mehr als 150-jährigem Bestehen geschlossen. Mit ihr, die einst auf Anregung Bertuchs gegründet und lange von Goethe begleitet worden war, war damals auch die Keimzelle für viel Großes danach geschaffen worden. Die Weimarer Malerschule hatte an sie anknüpfen können, aber auch Kessler und van de Velde sowie schließlich das Bauhaus.

Weimar und Hitlers Einbürgerung

Schon 1924 hatte der Österreicher Hitler sich in Thüringen um die Einbürgerung als Deutscher bemüht. Er fürchtete damals als Ausländer die Ausweisung, wie es von Bayern tatsächlich zeitweise betrieben wurde. Seit man in Österreich 1925 Hitlers Bitte um Entlassung aus der österreichischen Staatsbürgerschaft umgehend stattgegeben hatte, war er staatenlos. Wilhelm Frick versuchte nun, seinen »Führer« aus seiner Position in der Landesregierung zum deutschen Staatsbürger zu machen und ihm damit überhaupt erst das Recht zu verschaffen, für politische Ämter in Deutschland zu kandidieren.

Wie zuvor im Kaiserreich konnte man in der Weimarer Republik die deutsche Staatsbürgerschaft durch Einbürgerung in einem Land erhalten oder – automatisch durch die Ernennung zum Beamten. Frick plante, für Hitler ausgerechnet im Nachfolgeinstitut des Bauhauses, der Staatlichen Hochschule für Handwerk und Baukunst, die Neu-Parteimitglied Paul Schultze-Naumburg seit 1930 leitete, eine Professur zu organisieren. Doch das Vorhaben scheiterte am Widerstand des der Koalition vorsitzenden Staatsministers Erwin Baum und weiteren Teilen der Landesregierung.

Als Baum im Urlaub war, versuchte Frick es auf andere Weise. Er ernannte Hitler zum Gendarmeriekommissar ohne Verpflichtung zum Dienst in Hildburghausen. Hitler erhielt die Urkunde von Frick am 12. Juli 1930 beim NSDAP-Gautag in Jena, hatte jedoch Bedenken und zerriss später das Schriftstück. Es waren somit Parteigenossen in Braunschweig, die schließlich am 25. Februar 1932 Hitlers Einbürgerung ermöglichten. Der Innenminister Dietrich Klages ernannte Hitler zum Regierungsrat. Nun war Hitler Beamter und damit Deutscher. Und er konnte für das Amt des Reichstagspräsidenten kandidieren.

Letzte Momente

Am 1. April 1931 stürzte die Landesregierung und damit auch Frick durch einen Misstrauensantrag der Sozialdemokraten und der Kommunisten. Die DVP, bislang in der Koalition, stimmte dafür. Worte und Taten Fricks sowie der Nationalsozialisten wollten sie nicht mehr dulden. Schon bald aber sollten die Nationalsozialisten zurückkehren.

Weimars Kultur lebte weiter von der Erinnerung. Und das war nun eine, die weit zurückreichte. Am 22. März 1932 feierte man den 100. Todestag Goethes. Aus Berlin reisten die Größen der Republik an, darunter Reichskanzler Heinrich Brüning und Reichstagspräsident Paul Löbe. Bei der Kranzniederlegung trug man Zylinder. Auch Thomas Mann kam in die Stadt. 1929 hatte er den Literaturnobelpreis erhalten. Nun ehrte man ihn neben anderen mit der vom Reichspräsidenten gestifteten Goethe-Medaille. Mann, der in diesen Tagen in Weimar ein Gemisch aus »Hitlerismus und Goethe« ausmachte, urteilte: »Weimar ist ja eine Zentrale des Hitlertums.« Noch im gleichen Jahr hielt er in seinem Essay *Goethe als Repräsentant des bürgerlichen Zeitalters* ein Plädoyer für die Demokratie und das Weltbürgertum. Damit setzte er ein Gegenmodell zu dem nun allseits beschworenen »deutschen Volkstum«.

Die Abwehrkräfte der Republik schwanden weiter. Bei der Landtagswahl am 31. Juli 1932 gaben 42,5 Prozent der Wählerinnen und Wähler den Nationalsozialisten ihre Stimmen. Als stärkste Partei und mit Unterstützung des Thüringer Landbundes übernahmen sie unter dem Nationalsozialisten Fritz Sauckel die Regierung.

Im Nietzsche-Archiv arbeiteten laut Kesslers Aussage mittlerweile ausschließlich Nazis. Nur Elisabeth Förster-Nietzsche grenzte sich ab und behauptete, sie sei deutschnational. Doch seit 1925 intensivierten sich die Kontakte zu dem italienischen Faschistenführer Benito Mussolini, der das Archiv auch finanziell unterstützte. 1932 unterbrach Hitler seinen Wahlkampf zur Reichspräsidentenwahl, für die er nun kandidierte, um der Aufführung des Theaterstücks *Campo di Maggio*, dessen deutscher Titel *Hundert Tage* lautete, beizuwohnen. Das Stück stammte aus der Feder von Giovacchino Forzano und Benito Mussolini. Darin ging es um die letzten hundert Tage bis zu Napoleons endgültiger Abdankung und Verbringung nach St. Helena. Nach der Aufführung übergab Hitler der entzückten Elisabeth Förster-Nietzsche einen großen Blumenstrauß.

Hitler verlor die Wahl gegen den amtierenden greisen Reichspräsidenten Paul Hindenburg. Bei den Reichstagswahlen am 6. November 1932 büßten die Nationalsozialisten Stimmen ein. Mancher hoffte, ihr Aufstieg sei damit gestoppt. In Thüringen allerdings bekamen sie zusammen mit den Deutschnationalen mit 52,2 Prozent die absolute Mehrheit.

In den nachfolgenden krisenhaften politischen Entwicklungen in Berlin ernannte Hindenburg Hitler schließlich am 30. Januar 1933 zum Reichskanzler. Der ehemalige Weimarer Kunststudent Max Liebermann blickte von seinem Domizil am Brandenburger Tor auf die vorbeimarschierenden SA-Männer und sagte: »Ich kann gar nicht so viel essen, wie ich kotzen möchte.«

Epilog

Der Bruch aller menschlichen Versprechen begann spätestens mit diesem 30. Januar 1933. Nun wurde er rasch und konsequent in die Tat umgesetzt. Angekündigt aber hatte er sich weit früher. Hitler und die Nationalsozialisten hatten keinen Hehl daraus gemacht, was für einen Staat sie schaffen wollten, auf welchem Menschen- und Gesellschaftsbild er gründen sollte und welche Verachtung sie für jene hegten, die diesem nicht entsprachen. Viele aber hatten die Wucht und Brutalität ihres weiteren Vorgehens unterschätzt. Die Ausführung von Hitlers Plänen in ihrer unerbittlichen Konsequenz allerdings war nur möglich, weil der Widerstand gering war und die Unterstützung in einigen Teilen der Bevölkerung groß; vielleicht noch größer war die Gleichgültigkeit und die Bereitschaft, wegzusehen.

In wenigen Wochen schafften Hitler und die Nationalsozialisten die Republik ab. Mit Notverordnungen, die Hindenburg abzeichnete, mit dem Straßenterror Zehntausender SA-Männer, denen kaum noch etwas entgegengesetzt werden konnte, mit neuen Gesetzen, die der Willkür der absoluten Diktatur, die nun errichtet wurde, freie Hand ließen.

Weimar spielte nun erneut eine besondere Rolle. Eine grausame und traurige. Ab Juli 1937 errichtete man ausgerechnet in den Wäldern auf dem Höhenrücken des Ettersbergs, der aufgrund seiner Nähe von vielen Stellen in der Stadt gut zu sehen ist, ein Konzentrationslager. Es lag nahe, ihm den Namen Ettersberg zu geben. Dieser aber war mit dem dortigen Schloss Ettersburg verbunden, mit Goethe und der großen Zeit Weimars. Diese Namen aber mit dem, was dort geplant war, in Verbindung zu setzen, fand man dann doch zu heikel. So fiel die Wahl auf die Baumart, die am häufigsten auf dem Ettersberg anzutreffen war. Und das Konzentrationslager hieß Buchenwald.

Ab Februar 1938 brachte man erste Insassen dorthin. »Arbeitsscheue« nannte man sie. Im Sommer bauten Häftlinge die Zufahrtsstraße, die sogenannte Blutstraße. Noch vor Ausbruch des Zweiten Weltkrieges 1939 nahm das Sonderstandesamt Weimar II seine Arbeit auf, vor allem, um die zahlreichen Toten zu registrieren. Bis Kriegsende 1945 leisteten im Konzentrationslager Buchenwald über eine Viertelmillion Inhaftierte Zwangsarbeit unter unmenschlichen Bedingungen. Etwa 56 000 von ihnen starben an Typhus, Ruhr und Misshandlungen oder bei medizinischen Versuchen. Die Menschen, die vor den Toren Weimars Unbeschreibliches erlitten, stammten aus Deutschland, aus Polen, aus Ungarn, Frankreich, aus der Sowjetunion. Sie waren Juden, Roma, politische Gegner der Nationalsozialisten, Zeugen Jehovas, Homosexuelle. Dieses organisierte Quälen und Morden war der Bruch mit einer Kulturnation, die vor allem in Weimar so viele Beiträge geliefert hatte, mit aller Zivilisation, insbesondere jener Zivilisation, zu deren humanistischer Entwicklung so viel aus Weimar beigetragen worden war – und zu deren Zerstörung man nun aus Weimar so stark beitrug.

Ausblick

Geht man nordwärts den geraden Weg von Goethes Gartenhaus durch den Garten, gelangt man noch immer zum »Stein des guten Glücks«, dem schlichten Kubus mit der Kugel. Umrundet man die Skulptur und nimmt sie in seinen Blick, steht im Hintergrund hell das Gartenhaus.

Zur Rechten öffnet sich weit und heiter der Park an der Ilm. Oben auf dem Hang hinter den Bäumen hinter dem Gartenhaus liegt, nur wenige Schritte entfernt, aber nicht zu sehen, das Haus am Horn. Ebenfalls in der Nähe, auf der anderen Seite des Parks, blickt das Römische Haus von seinem Hang über die Wiesen an der Ilm. Etwas weiter weg, aber dennoch nahe bei all dem, liegt der Ettersberg mit dem ehemaligen Konzentrationslager Buchenwald.

Das alles sind Orte einschneidender Begebenheiten an diesem Ort Weimar, von dem so viele Ideen, Anregungen einer Kultur in die Welt strahlten. Sie strahlten dann besonders hell, weit und im guten Sinne bereichernd, wenn man mit der eigenen Identität nicht haderte, sondern offen, interessiert und zugeneigt die Begegnung mit anderen Identitäten suchte, Anregungen von ihnen aufnahm. Wenn man andere sein ließ, wie sie waren und sind. Insofern war Weimar und ist Weimar nie nur ein deutscher Ort, nie nur ein Ort deutscher Versprechen, sondern ein Ort eines humanistischen Versprechens, der dies umso mehr sein muss, da er so viele humanistische Versprechen gab – und weil an diesem Ort gerade diese Versprechen, zuvor so überzeugend gegeben, auch grausam und fundamental gebrochen wurden.

Die Größe, die Bedeutung, die Strahlkraft Weimars lebt vom Wirken Goethes, Schillers, Herders, Wielands, Anna Amalias, Carl Augusts, Karoline Jagemanns, Bertuchs, Liszts, Maria Pawlownas, van de Veldes, Kesslers, Gropius', Ittens, Klees, van Doesburgs, Schlemmers, Kandinskys; und schon allein diese Aneinanderreihung zeigt, dass neben Deutschen auch Belgier, Russen, Schweizer, Niederländer hier ihren Einfluss ausübten. Ganz zu schweigen von den Einflüssen aus Frankreich durch die Zeitläufte und die nie hoch genug zu schätzenden Anregungen Italiens in vielen Facetten. Eine komplexe und tiefgründige Kultur braucht Einflüsse und Widerstreit, um zu wachsen.

In Weimar gab es immer wieder sowohl den Blick zum Universellen als auch zum Elementaren, das Streben nach Veränderung ebenso wie zum Beständigen. So wie es der »Stein zum guten Glück« zeigt. Goethe ist vielleicht auch deshalb die alles überstrahlende Figur, weil er für all das stand.

Wenn Weimar kein bloßer Erinnerungsort wird, an dem man die zahlreichen Jubiläen Jahr für Jahr abhakt, wenn man hier nicht der Gefahr erliegt, über das Vergangene zu sinnieren, ohne es mit dem Jetzt und dem Morgen zu verbinden, kann Weimar ein bedeutender Kraft- und Ideenort sein. Ein Ort des Neuen, des Aufbruchs, der das bessere Leben und Zusammenleben sucht, so wie es einst das Bauhaus tat, als es trotz erdrückender Tradition und großem Erbe Neues anschob.

Insbesondere wegen seiner Beiträge gleißenden Lichts und gleichzeitig jener entsetzlicher schwärzester Schatten ist Weimar besonders gut geeignet, um der Ort weiterer Neuerungen zu sein. Denn dort, wo das Gute und das Böse geschahen, kann man sich besonders gut vom Guten inspirieren und vor dem Bösen warnen lassen.

Weimar ist und bleibt ein Versprechen und eine Herausforderung. Mit diesem Gedanken kann man den Blick vom »Stein des guten Glücks« lösen, dessen Geist und Gestalt so vieles vom Bauhaus vorwegnahm. Man kann das Auge am weißen Gartenhaus entlangstreifen lassen, an das Haus am Horn denken und kurz nachsinnen, wie wenige Meter und wie viele Jahre dazwischenliegen und wie nahe sich dennoch die Ideen sind, die wir mit ihnen verbinden.

Dann tritt man hinaus auf die Wiesen des Ilmparks, hat vielleicht das Glück, die niedrige Abendsonne mit goldenem Licht und blauen Schatten zu erleben. Goethes Farbenlehre im Sinn? Nein? Oder doch? Vielleicht nur kurz. Doch lieber atmet man tief ein und genießt den Augenblick der Harmonie, der hier in manchen Momenten bei der Wahrnehmung des Lebens gelang.

Literaturverzeichnis

Personen

Albrecht, Andrea: Goethe und die Kosmopolitismusdebatte seiner Zeit. In: Goethe-Jahrbuch 2009. S. 90–102.
Alt, Peter-André: Schiller. Leben, Werk, Zeit. München 2009.
Appel, Sabine: Madame de Staël. Kaiserin des Geistes. München 2011.
– Caroline Schlegel-Schelling. Das Wagnis der Freiheit. München 2013.
Aufenanger, Jörg: Schiller und die zwei Schwestern. München 2005.
Berger, Leonie / Berger, Joachim: Anna Amalia von Weimar. München 2006.
Boerner, Peter: Goethe. Reinbek bei Hamburg 1964.
Brender, Irmela: Christoph Martin Wieland. Reinbek bei Hamburg 1990.
Bütow, Wilfried: Kennst Du Heinrich Heine?. Weimar 2005.
Burschell, Friedrich: Schiller. Hamburg 1958.
Damm, Sigrid: Christiane und Goethe. Eine Recherche. Frankfurt a. M. / Leipzig 1998.
– Das Leben des Friedrich Schiller. Frankfurt a. M / Leipzig 2009.
– Sommerregen der Liebe. Goethe und Frau vom Stein. Berlin 2015.
– Goethe und Carl August. Wechselfälle einer Freundschaft. Berlin 2020.
Dömling, Wolfgang: Franz Liszt. München 2011.
Ebersbach, Volker: Carl August. Goethes Herzog und Freund. Köln/Weimar/Wien 1998.
Eckermann, Johann Peter: Gespräche mit Goethe in den letzten Jahren seines Lebens. München 1984.
Geier, Manfred: Die Brüder Humboldt. Reinbek bei Hamburg 2009.
Gersdorff, Dagmar von: Goethes erste große Liebe. Frankfurt a. M. / Leipzig 2002.
Goethes Gespräche. Hrsg. von Woldemar Freiherr von Biedermann. Bd. 1–10. Leipzig 1889–96.
Goethe, Johann Wolfgang: Goethe erzählt sein Leben. Frankfurt a. M. 1956.
– Dichtung und Wahrheit. Frankfurt a. M. 1982.
– Goethes Gespräche. In: Goethes Werke. Weimarer Ausgabe. III. Abt. Bd. 13.
Grumach, Ernst / Grumach, Renate (Hrsg.): Goethe Begegnungen und Gespräche 1749 bis 1779. Berlin 1966.
Grupp, Peter: Harry Graf Kessler 1868–1937. Eine Biographie. München 1995.

Günzel, Klaus: »Viele Gäste wünsch ich heut' mir zu meinem Tisch!«. Goethes Besucher im Haus am Frauenplan. Weimar 1999.
– Das Weimarer Fürstenhaus. München 2004.
Hauser, Oswald (Hrsg.): Friedrich der Große in seiner Zeit. Köln 1987.
Heizmann, Bertold: Caroline Jagemann und der Theatermann Goethe. 2022. Online: https://www.goethe-gesellschaft-erfurt.de/caroline-jagemann-und-der-theaterman-goethe/
Hohoff, Curt: J. M. R. Lenz. Reinbek bei Hamburg 1977.
Huschke, Wolfram: Franz Liszt. Wirken und Wirkungen in Weimar. Weimar 2010.
Jean Paul: Sämtliche Briefe. Online: https://www.jeanpaul-edition.de
Jena, Detlef: Das Weimarer Quartett. Die Fürstinnen Anna Amalia, Louise, Maria Pawlowna, Sophie. Regensburg 2007.
Kafka, Franz: Tagebücher 1910–1923. Frankfurt a. M. 1992.
Kaiser, Gerhard R. / Seifert, Siegfried (Hrsg.): Friedrich Justin Bertuch (1747–1822). Tübingen 2000.
Kleßmann, Eckart: Napoleon. München 2002.
Kreutzer, Hans Joachim: Die Zauberflöte in Weimar. In: Goethe-Jahrbuch 2010. S. 154–169.
Krippendorf, Ekkehart: Goethe. Politik gegen den Zeitgeist. Frankfurt a. M. 1999.
Lamping, Dieter: Kafka und Goethe. Die Geschichte einer Entfernung. In: Goethe-Jahrbuch 2018. S. 147–159.
Leuthold, Norbert: Friedrich II. von Preußen. Frankfurt a. M. 2011.
Liepsch, Evelyn: Liszts erster Besuch in Weimar – unbemerkt und unspektakulär. Klassik Stiftung Weimar Jahrbuch. Göttingen 2008.
Lupfer, Gilbert / Sigel, Paul: Gropius. Köln 2006.
Miller, Norbert: »Des Lebens ernstes Führen«. Tagebuch und Brief bei Goethe. In: Goethe-Jahrbuch 2017.
Möller-Christensen, Ernst / Möller-Christensen, Ivy (Hrsg.): Mein edler, theurer Großherzog! Briefwechsel zwischen Hans Christian Andersen und Großherzog Carl Alexander von Sachsen-Weimar-Eisenach. Göttingen 1998.
Müller, Olaf: Madame de Staël und Weimar. In: Klassik Stiftung Jahrbuch 2008. Göttingen 2008.
Nerdinger, Winfried: Walter Gropius. Architekt der Moderne. München 2019.
Neumann, Antje: Ein belgischer Architekt in Weimar. Klassik Stiftung Weimar Jahrbuch. Göttingen 2008.
Ortheil, Hanns-Josef: Jean Paul. Reinbek bei Hamburg 1984.
Philipps, Carolin: Anna Amalia von Weimar. München 2019.
Quilitz, Marisa: Goethe und die Götter auf dem Eis. 2021. Online: https://blog-archiv.klassik-stiftung.de/goethe-und-die-goetter-auf-dem-eis/

Safranski, Rüdiger: Romantik. Frankfurt a. M. 2010.
– Goethe & Schiller. Frankfurt a. M. 2015.
– Schiller oder die Erfindung des deutschen Idealismus. Frankfurt a. M. 2016
Schumann, Clara: Clara Schumann Jugendtagebücher 1827–1840. Hrsg. von Gerd Nauhaus und Nancy B. Reich. Hildesheim 2019.
Schmidt-Funke, Julia A.: Auf dem Weg in die Bürgergesellschaft. Die politische Publizistik des Weimarer Verlegers Friedrich Justin Bertuch. Köln/Weimar/Wien 2005.
Seele, Astrid: Frauen um Goethe. Reinbek bei Hamburg 2000.
Seemann, Hellmuth Th. / Valk, Thorsten: Prophet des Neuen Stil. Der Architekt und Designer Henry van de Velde. Jahrbuch der Klassik Stiftung. Göttingen 2013.
Seibold, Wolfgang: Nach Weimar zieht es die Deutschen gewaltig hin. Robert und Clara Schumann in Weimar. Online: www.schumann-portal.de
Seibt, Gustav: Goethe und Napoleon. Eine historische Begegnung. München 2010.
– Mit einer Art von Wut. Goethe in der Revolution. München 2014.
Steiner, Walter / Kühn-Stillmark, Uta: Friedrich Justin Bertuch. Ein Leben im klassischen Weimar zwischen Kultur und Kommerz. Köln/Weimar/Wien 2001.
van de Velde, Henry: Meine Jahre in Weimar. Wiesbaden 2020.
Wilms, Johannes: Napoleon. München 2007.
Zamoyski, Adam: Napoleon. München 2018.

Weimar

Bomski, Franziska / Seemann, Hellmuth Th. / Valk, Thorsten (Hrsg.): Ilm-Kakanien. Weimar am Vorabend des Ersten Weltkriegs. Jahrbuch der Klassik Stiftung Weimar. Göttingen 2014.
Gallas, Klaus: Weimar. Architektur und Kunst. Stuttgart 2019.
George Eliot: 1819–1880. Three Months in Weimar. Fraser's Magazine LI. Juni 1855. S. 699–706. Online: http://www.georgeeliotarchive.org/items/show/85
– Zu Gast in Weimar. Weimar 2019.
Günther, Gitta / Huschke, Wolfram / Steiner, Walter (Hrsg.): Weimar – Lexikon zur Stadtgeschichte. Weimar 1998.
Hendel, Gerhard / Meßner, Paul: Weimar. Köln 2000.
Hesse, Helge: Residenzschloss Weimar. Durch Räume und Zeit ins Heute. Schloss erzählen #01. Klassik Stiftung Weimar. Weimar 2022.
Huschke, Wolfram: Musikort Weimar. Köln/Weimar/Wien 2017.

Merseburger, Peter: Mythos Weimar. Zwischen Geist und Macht. Stuttgart 1999.
Oellers, Norbert / Steegers, Robert: Weimar. Literatur und Leben zur Zeit Goethes. Stuttgart 2016.
Pleticha, Heinrich (Hrsg.): Das klassische Weimar. Texte und Zeugnisse. München 1983.
Rückert, Joseph: Bemerkungen über Weimar. Weimar [o. J.]
Seemann, Annette: Weimar. Eine Kulturgeschichte. München 2012.
Seemann, Hellmuth (Hrsg.): Kultur in Weimar um 1800 – Abschied vom »Musenhof«. Jahrbuch der Klassik Stiftung Weimar. Göttingen 2007.

Kunst, Kultur und Wissenschaft

Becker, Hans-Joachim (Hrsg.): Goethes Biologie. Die wissenschaftlichen und autobiographischen Texte. Würzburg 1999.
Beyer, Andreas: Die Kunst des Klassizismus und der Romantik. München 2011.
Elias, Norbert: Die höfische Gesellschaft. Frankfurt a. M. 2003.
Fröschle, Hartmut: Goethes Verhältnis zur Romantik. Würzburg 2002.
Goethe, Johann Wolfgang: Sämtliche Werke nach Epochen seines Schaffens. Münchner Ausgabe in 20 Bänden. Hrsg. von Karl Richter. München 1986–1999.
Greiling, Wolfgang: Kultur aus den »zwey Hauptquellen« Europas. Friedrich Justin Bertuchs Journal *London und Paris*. In: Klassik Stiftung Jahrbuch. Göttingen 2008.
Hardy, Anne: Goethes Farbenlehre reloaded. 2016. Online: https://aktuelles.uni-frankfurt.de/forschung/goethes-farbenlehre-reloaded/
Heine, Heinrich: Sämtliche Werke in 4 Bänden. München 2006.
Lorenz, Ulrike / Valk, Thorsten (Hrsg.): Kult-Kunst-Kapital. Das Nietzsche-Archiv und die Moderne um 1900. Jahrbuch der Klassik Stiftung Weimar. Göttingen 2020.
Oswald, Stephan: Früchte einer großen Stadt – Goethes »Venezianische Epigramme«. Heidelberg 2014.
Rehm, Robin: Bild und Erfahrung. Goethes chromatisches Kartenspiel der *Beiträge zur Optik* von 1791. In: Zeitschrift für Kunstgeschichte 72 (2009) S. 497–518.
Reich-Ranicki, Marcel (Hrsg.): Der Kanon der deutschen Literatur. Essays. Frankfurt a. M. / Leipzig 2006.
Sabarsky, Serge: Lyonel Feininger. Zeichnungen und Aquarelle. Katalog. Städtische Galerie Bietigheim-Bissingen 1992.
Schiller, Friedrich: Sämtliche Werke in fünf Bänden. München 2005.

Schmidt, Arno: »Na, Sie hätten mal in Weimar leben sollen!«. Über Wieland – Goethe – Herder. Hrsg. von Jan Philipp Reemtsma. Stuttgart 2013.
Seemann, Hellmuth Th. / Valk, Thorsten (Hrsg.): Klassik und Avantgarde. Das Bauhaus in Weimar 1919–1925. Jahrbuch der Klassik Stiftung Weimar. Göttingen 2009.
– Das Zeitalter der Enkel. Kulturpolitik und Klassikrezeption unter Carl Alexander. Jahrbuch der Klassik Stiftung Weimar. Göttingen 2010.
– Übertönte Geschichten. Musikkultur in Weimar. Jahrbuch der Klassik Stiftung Weimar. Göttingen 2011.
– Entwürfe der Moderne. Bauhaus-Ausstellungen 1923–2019. Jahrbuch der Klassik Stiftung Weimar. Göttingen 2019.
van de Velde, Henry: Das Ornament als Symbol. In: H. van de V.: Die Renaissance im modernen Kunstgewerbe. Neue Ausgabe. Berlin 1903.
Wulf, Andrea: Fabelhafte Rebellen. Die frühen Romantiker und die Erfindung des Ichs. München 2022.

Zeitgeschehen

Martus, Steffen: Aufklärung. Das deutsche 18. Jahrhundert. Ein Epochenbild. Berlin 2015.
Preisendörfer, Bruno: Als Deutschland noch nicht Deutschland war. Reise in die Goethezeit. Köln 2018.
Seibt, Gustav: Wartburgfest. Freiheit und Feuerstank. In: Süddeutsche Zeitung. 21. Oktober 2017.
Stollberg-Rilinger, Barbara: Europa im Jahrhundert der Aufklärung. Stuttgart 2000.